易地扶贫搬迁与新型城镇化协调发展

基于广西深度贫困地区的实践研究

Yidi Fupin Banqian yu Xinxing Chengzhenhua Xietiao Fazhan

Jiyu Guangxi Shendu Pinkun Diqu de Shijian Yanjiu

何玲玲 区小兰 著

中国财经出版传媒集团
经济科学出版社
Economic Science Press

图书在版编目（CIP）数据

易地扶贫搬迁与新型城镇化协调发展：基于广西深度贫困地区的实践研究/何玲玲，区小兰著．—北京：经济科学出版社，2019.8

ISBN 978 -7 -5218 -0836 -0

Ⅰ.①易… Ⅱ.①何…②区… Ⅲ.①不发达地区 - 扶贫 - 移民 - 研究 - 广西②城市化 - 研究 - 广西 Ⅳ.①F127.67 ②D632.4③F299.276.7

中国版本图书馆 CIP 数据核字（2019）第 190301 号

责任编辑：刘 莎
责任校对：王肖楠
责任印制：邱 天

易地扶贫搬迁与新型城镇化协调发展：
基于广西深度贫困地区的实践研究
何玲玲 区小兰 著
经济科学出版社出版、发行 新华书店经销
社址：北京市海淀区阜成路甲 28 号 邮编：100142
总编部电话：010 -88191217 发行部电话：010 -88191522
网址：www.esp.com.cn
电子邮件：esp@esp.com.cn
天猫网店：经济科学出版社旗舰店
网址：http://jjkxcbs.tmall.com
北京密兴印刷有限公司印装
710×1000 16 开 20.25 印张 320000 字
2019 年 8 月第 1 版 2019 年 8 月第 1 次印刷
ISBN 978 -7 -5218 -0836 -0 定价：69.00 元
（图书出现印装问题，本社负责调换。电话：010 -88191510）

前　言

党的十九大把脱贫攻坚战作为决胜全面建成小康社会必须打赢的三大攻坚战之一，作出全面部署。当前，在习近平新时代中国特色社会主义思想为指导下，全面贯彻党的十九大和十九届二中、三中全会精神，深入落实习近平总书记关于扶贫工作的重要论述，坚持新发展理念，坚持易地扶贫搬迁的因地制宜、分类施策、针对不同安置方式立足不同类型安置区资源禀赋等基本要求，坚持新型城镇化战略，切实加大对易地扶贫搬迁人口市民化的后续扶持力度和后续生计问题的解决，着力推进产业培育、就业帮扶、社区管理、公共服务、社会保障等各项工作，推动易地扶贫搬迁与推进新型城镇化有机衔接、协调发展，有效提升搬迁群众的获得感、幸福感、安全感。广西作为我国脱贫攻坚主战场之一，取得了较显著的扶贫成效，截至2018年底，全区实现116万建档立卡贫困人口脱贫、1 452个贫困村出列、14个贫困县脱贫摘帽，农村贫困发生率降至3.7%，在国家对中西部22个省（区、市）2018年省级党委和政府脱贫攻坚成效考核中，连续第3年被评为“综合评价好”的等次。但是截至2018年底，广西深度贫困地区仍然有46.39万贫困人口、727个深度贫困村和11个深度贫困县尚未脱贫摘帽，该地区易地扶贫搬迁也面临较多问题，面临如产业发展、土地流转、户籍、社会保障、公共服务、生态环境、基层矛盾、社区治理等方面的问题，这些问题急需解决，以确保搬迁人口“搬得出、稳得住、能致富”。同时，2018 年，全国城镇化率为 59.58%，而广西城镇化率仅为 50.22%，低于全国 9.36 个百分点且排在全国的倒数第五。提高城镇化率是促进人口市民化和提升城镇化水平的有效途径，城镇化进程的发展实质是经济、政治、文化、社会等的全面普遍发展。由此，广西尤其是城镇化率更低的广西深度贫困地区还需大力推进新型城镇化进程。

本研究以广西深度贫困地区为范例，旨在研究该地区在脱贫攻坚背景下，易地扶贫搬迁政策执行和新型城镇化建设过程中遇到的阻力与困难，并富有创新性地提出将易地扶贫搬迁与新型城镇化有机衔接，实现两者协调发展。易地扶贫搬迁与新型城镇化协调发展不仅是一种创新型易地扶贫模式，还是一种新型的城镇化推进模式，具有较高的借鉴价值和社会效益。易地扶贫搬迁与新型城镇化的协调发展，在扶贫方面，以易地搬迁的形式扶贫，以搬迁人口市民化的方式加速城镇化；在城镇化方面，在提高城镇化率和城镇化水平的同时创新了易地扶贫搬迁的形式。为此，促进广西深度贫困地区易地扶贫搬迁与新型城镇化协调发展是促进搬迁人口市民化以及提高该地区经济发展水平的有效路径。

本书出版基于这几年我对民族地区反贫困与新型城镇化问题研究的积累。区小兰读研期间参与我的课题研究，多次与团队一起到广西各个地区调研，非常勤奋。一次和一位学生聊天时说起她生病了还坚持科研，我从来没有听到小兰同学本人提到此事，作为导师听到这样的情况既感动又内疚，为有这样努力的学生而感动，也深感对学生关心不够。经过共同努力，书稿得以如期付梓。

最后，真诚地希望读者对本书提出批评与建议。

何玲玲
民族地区新型城镇化研究中心
南宁师范大学经济与管理学院
2019 年 8 月 28 日

目　　录

第一章

导　　论

推进深度贫困地区加快摆脱贫困既是中国政府和社会长期关注的重大现实课题，也是脱贫攻坚战的主战场、促进区域协调发展和消除绝对贫困的关键领域。易地扶贫搬迁作为新型城镇化背景下是解决“一方水土养不起一方人”地区的贫困问题和提高城镇化率最为直接和有效的实现形式，在脱贫攻坚战打响以来被广泛实施。随着易地扶贫搬迁的深入开展，搬迁人口市民化程度加深，一方面促进了城镇化的发展以及城镇化率的提高，另一方面易地扶贫搬迁并非简单地将大量贫困人口转移到城镇中去，现阶段通过易地搬迁实现贫困人口的脱贫任务只是其中一个中短期目标，实现易地扶贫搬迁后贫困户脱贫致富和新型城镇化发展才是长期目标。

截至2018年底，广西深度贫困地区仍然有46.39万贫困人口、727个深度贫困村和11个深度贫困县①，脱贫任务艰巨。因此，在距离2020年所有贫困地区和贫困人口全面脱贫目标不到两年的时间里，贫困程度深、贫困发生率高、脱贫难度系数大的广西深度贫困地区面临着巨大的脱贫挑战。易地扶贫搬迁的短期脱贫效果还是比较明显的，但对于易地扶贫搬迁的长期性、复杂性以及艰巨性，各相关方的认识不足。《国家新型城镇化规划（2014～2020年）》中提到对新型城镇化的未来期望值是常住人

① 2018年广西壮族自治区党委十一届五次全会第一次全体会议．广西着力破解46.39万深度贫困地区贫困人口脱贫问题．

口城镇化率达到60%。2018年末，我国常住人口城镇化率为59.58%，户籍人口城镇化率为43.37%，但与新型城镇化的未来期望值仍然有一些距离。广西是城镇化发展相对滞后地区，城镇化率在全国处于较低水平且在全国各省中处于靠后位置，由于广西深度贫困地区长期受到贫困问题困扰，该地区的城镇率低于广西整体的城镇率。

把易地搬迁作为创新性的扶贫途径，并与新型城镇化结合作为快速提高城镇化率的有效措施，是脱贫攻坚中的一项重大政治抉择。《易地扶贫搬迁"十三五"规划》中也明确要求坚持易地扶贫搬迁与新型城镇化、农业现代化建设相结合。因此，易地扶贫搬迁与新型城镇化协调发展问题的研究，具有重要的现实意义。本研究以广西深度贫困地区为例，以目前广西深度贫困地区开展易地扶贫搬迁面临诸多挑战为基础，从理论上比较系统地分析、阐述了易地扶贫搬迁与新型城镇化协调发展需要深入探讨的问题，最后从经济融入、社会文化融入、生态融入以及多元协同等方面提出易地扶贫搬迁与新型城镇化协调发展的培育模式，并构建政策保障体系。

第一节　研究背景及研究意义

一、研究背景

（一）理论背景

1. 深度贫困地区的扶贫开发是国家发展的战略需要

在反贫困治理过程中，易地扶贫搬迁作为深度贫困地区贫困人口"拔穷根""挪穷窝"的核心策略，强调把易地搬迁作为脱贫及发展契机，通过对搬迁安置点的产业、基础设施、公共服务等进行改善，对搬迁人口的后续生计问题进行扶持，实现脱贫致富。实际上，这一行为是把深度贫困地区的深度贫困人口搬迁到集镇、新型社区或县城，既实现了脱贫目标，也提高了城镇化率。很显然，这促使了易地扶贫搬迁与新型城镇化的协调发展，而两者协调发展实现了脱贫与城镇化率提升的双重目标，是一项很好的扶贫开发顶层设计。因此，以人为本的新型城镇化背景下开展的广西深度贫困地区易地扶贫搬迁是要“拔穷根”“挪穷窝”，最终实现人的素质性脱贫，符合国家发展的战略需要。

2. 深度贫困地区是脱贫攻坚战的重点区域

作为脱贫攻坚战的重点区域，深度贫困地区是中国贫困程度最深、贫困发生率高、脱贫难度系数大的地区。易地搬迁脱贫一批作为“五个一批”精准脱贫工程的一项重要内容，是中国新型城镇化背景下推进深度贫困地区精准脱贫最为直接和有效的实现形式。易地扶贫搬迁的开展加快了城镇化建设的步伐，把贫困群众从深度贫困地区搬迁出来，彻底改变了贫困群众原有的生产生活环境，不但居住条件改善，公共服务和基础设施更加优越，为贫困群众脱贫致富打下坚实的基础。随着贫困人口的迁入，城镇化水平随之得到提高，也为新型城镇化建设奠定基础。

3. 广西深度贫困地区易地扶贫搬迁与新型城镇化的协调发展需要理论战略及政策规划等方面的新突破

脱贫攻坚是一场硬仗，深度贫困地区脱贫攻坚是这场硬仗中的硬仗。该地区经济基础薄弱，自然条件差，易地扶贫搬迁难度大，城镇化率低，必须寻求扶贫理念、战略、政策、规划等方面的突破，采取更有效的解决措施，才有可能进一步促进深度贫困地区易地扶贫搬迁与新型城镇化协调发展，进一步加强和改善扶贫开发工作，加速新型城镇化步伐。

国内外关于易地扶贫搬迁或移民搬迁和城镇化问题在各个学科领域都有了大量研究成果和实践探索，但研究多集中在各自相对独立的学科领域，缺乏对易地扶贫搬迁与新型城镇化相关关系的研究，研究系统性不足，对于广西深度贫困地区在区域内的易地扶贫搬迁与新型城镇化协调发展研究缺乏理论和方法的指导。如何认识和理解易地扶贫搬迁与新型城镇化的协调发展关系并将其转化为具体的建设要求，建立系统的理论方法指导具体建设，不仅关系到广西深度贫困地区的扶贫开发工作，而且也关系到整个广西深度贫困地区的新型城镇化建设。

4. 扶贫开发和新型城镇化发展战略要求加快广西深度贫困地区易地扶贫搬迁与新型城镇化协调发展

一方面，从扶贫开发工作层面看。易地扶贫搬迁人口城镇化是新型城镇化的一个重要推进模式。2011 年中共中央、国务院实施《中国农村扶贫开发纲要（2011～2020 年）》要求，加快贫困地区发展，促进共同富裕，促进新型城镇化建设，实现到 2020 年全面建成小康社会奋斗目标。2016 年国家发展改革委印发的《全国“十三五”易地扶贫搬迁规划》要求，计划五年内帮助居住在“一方水土养不起一方人”地区建档立卡贫困人口通过易地搬迁实现脱贫。《“十三五”时期易地扶贫搬迁工作方案》要求，紧紧围绕“易地搬迁脱贫一批”的目标。易地扶贫搬迁是扶贫开发工作的“头号工程”，通过易地扶贫搬迁，帮助“一方水土养不起一方人”地区的农村贫困人口摆脱贫困，促进扶贫开发工作的贯彻落实，并通过帮助搬迁人口城镇化，巩固易地扶贫搬迁成果和促进新型城镇化发展。

另一方面，从新型城镇化发展层面看。新时代中国的经济发展正在由高速增长阶段转化为高质量的发展阶段，相对应的中国的城镇化发展正处在由中期快速成长阶段向后期质量提升阶段转变的关键过渡期。2014 年中共中央、国务院印发的《国家新型城镇化规划（2014～2020 年）》要求，坚持走中国特色新型城镇化道路，以人的城镇化为核心，以提高城镇质量为关键。党的十九大报告提出要着力提高新型城镇化发展质量，走绿色、集约、高效、低碳、创新、智能的新型城镇化高质量发展道路。2019 年 3 月 31 日国家发展改革委印发的《2019 年新型城镇化建设重点任务》要求，加快实施以促进人的城镇化为核心、提高质量为导向的新型城镇化战略。高质量推动新型城镇化发展，根本在于解决城镇化质量“高不高”、城乡居民“满不满意”等关键问题，而促进易地扶贫搬迁与新型城镇化协调发展是提高城镇化率、城镇化水平以及城镇化质量的重要方式。

（二）现实背景

1. 打赢脱贫攻坚战和全面建成小康社会的现实要求

全面建成小康社会和全面脱贫攻坚最艰苦且最繁重的任务在深度贫困地区，特别是在集中连片特困地区，广西深度贫困地区作为全国集中连片特困地区的重要组成部分，其如何更好地对“穷根”进行对症下药、靶向治疗，对于打赢脱贫攻坚战、助推全面建成小康社会具有至关重要的作用。广西深度贫困地区作为全国脱贫攻坚战的重要战场之一，该地区打赢脱贫攻坚战在全国范围内的意义是不言而喻的，而且该地区打赢脱贫攻坚战进而助力全面建成小康社会的作用也是不言而喻的，两者协调发展彻底斩断了致贫、返贫、返迁的链条，为全面建成小康社会奠定坚实基础。因此，易地扶贫搬迁与新型城镇化协调发展成为促进广西深度贫困地区打赢脱贫攻坚战、加快新型城镇化建设步伐、促进全面建成小康社会的良策。

2. 推动新型城镇化建设和区域经济发展的现实要求

由于广西深度贫困地区致贫原因多样性、扶贫开发工作的复杂性以及地区经济发展的不平衡性，该地区推动新型城镇化发展不可能只有一种方式，而应该有多元化路径。易地扶贫搬迁与新型城镇化协调发展应该是多元路径中的一种有效路径。很显然，在政府的推动和相关国家扶贫开发政策的指导下，以“避灾减贫”为主要目标的易地扶贫搬迁工作，既加速了广西深度贫困地区新型城镇化发展进程，也拉动了广西深度贫困地区易地扶贫搬迁区域的经济快速发展，提高了贫困群众的民生福祉。坚持顶层设计与基层创新相结合的大规模易地扶贫搬迁与新型城镇化协调发展工程，不仅是简单地易地搬迁和物理空间的迁移，还是增强社会互动、推动新型城镇化建设和工农业现代化的过程。

3. 推动扶贫开发工作和新型城镇化发展的现实要求

易地扶贫搬迁与新型城镇化协调发展是集避灾减贫、扶贫开发、生态保护、发展城镇于一体的多维目标实现的重要路径。很显然，易地扶贫搬迁与新型城镇化协调发展工程，实现“挪穷窝”“拔穷根”“换穷业”，摆脱了贫困的束缚，跳出了简单“复制农村”的怪圈。易地扶贫搬迁与新型城镇化协调发展既是破解广西深度贫困地区发展桎梏和统筹城乡发展以及区域协调发展的积极探索，又是促进广西深度贫困地区城镇化、工农业现代化的重要方式，也是破解城乡二元结构从而促进城乡公共服务均等化、社会保障覆盖城乡居民的重要措施，还是贯彻习总书记提出的“五个扎实”要求的重要体现。易地扶贫搬迁与新型城镇化协调发展已经超越了“摆脱贫困”的理念和做法，其本质特征在于高位推动减少易地搬迁风险（包括自然灾害风险、贫困风险、返迁与返贫风险等），让搬迁群众更好地融入城镇。

二、研究意义

相对于既有研究，本研究对广西深度贫困地区易地扶贫搬迁与新型城镇化的探讨更为全面、系统。本研究运用人口迁移理论、可持续生计理论和可持续发展理论等进行探讨，具有明显的理论价值意义，从现实角度来看，广西深度贫困地区易地扶贫搬迁、新型城镇化建设面临很多困境，以致影响搬迁人口的后续生计和新型城镇化建设，这些问题引起国家与社会的高度重视，因此本研究具有理论意义和现实意义。

（一）理论意义

一是探索易地扶贫搬迁与新型城镇化协调发展理论的需要。易地扶贫搬迁推动贫困地区脱贫进程，新型城镇化战略推动贫困地区城镇化进程，在脱贫与城镇化进程中，需要构建促进易地扶贫搬迁与新型城镇化协调发展的理论与路径。在此背景下，广西深度贫困地区作为自然环境脆弱、贫困面广、贫困程度深、致贫原因复杂等多种因素的叠加区域，尤其需要新的发展理论作为支撑，以指导广西深度贫困地区尽快脱贫和加快新型城镇化建设步伐。

二是拓展易地扶贫搬迁与新型城镇化协调发展的研究范畴。通过查阅和总结易地扶贫搬迁与新型城镇化相关文献和专著，发现学术界对于易地扶贫搬迁与新型城镇化协调发展的研究相对较少，形成系统视角的相关文献也相对较少。本研究选取具有代表性与典型性的广西深度贫困地区，从易地扶贫搬迁与新型城镇化协调发展的角度，着重探讨易地扶贫搬迁与新型城镇化协调发展的培育模式及其政策保障，有利于拓展广西深度贫困地区乃至其他深度贫困地区易地扶贫搬迁与新型城镇化协调发展的研究范畴。

（二）实践意义

首先，有利于提升广西深度贫困地区易地扶贫搬迁速度与新型城镇化发展的质量，促进易地扶贫搬迁协调发展。脱贫攻坚打响以来，广西深度贫困地区易地扶贫搬迁整体上取得较好成效，城镇率有所提高，但该地区易地扶贫搬迁速度较缓慢，新型城镇化发展质量有待提高，今后的工作中应当更加注重易地扶贫搬迁速度及新型城镇化发展质量。此外，针对广西深度贫困地区易地扶贫搬迁与新型城镇化的发展现状，怎样结合地区实际，提出该地区易地扶贫搬迁与新型城镇化协调发展的培育模式和政策保障，无疑是摆在广西深度贫困地区实践中的重要问题，本书将分别针对这些问题展开探讨。

其次，具有重要的实践指导作用。广西深度贫困地区集少数民族聚集、石漠化、深度贫困于一体，因其地理、经济、政治等方面的特殊性，使本研究探析易地扶贫搬迁与新型城镇化协调发展问题，对帮助民族地区政府从新的角度制定脱贫与乡村全面振兴政策，推动深度贫困地区经济社会快速发展，加强民族团结，推进治理体系和治理能力现代化具有重要的实践意义。对易地扶贫搬迁与新型城镇化的协调发展进行剖析，提出两者协调发展的培育模式以及政策保障，这对于政府今后制定类似政策是有一定的借鉴和启示作用。研究易地扶贫搬迁与新型城镇化协调发展问题对于探索如何加快摆脱贫困、加快新型城镇化建设和促进经济社会发展具有重要意义。加强对易地扶贫搬迁与新型城镇化协调发展的政策保障研究，以使政府的相关政策更能反映民意、符合民意，从而在实践中取得更好成效。

再其次，有利于促进城乡协调发展。搬迁人口市民化是推进广西深度贫困地区新型城镇化的重要命题，搬迁人口市民化是提高搬迁人口融入城镇的能力、提高劳动生产率的必然选择，有利于破解城乡二元结构，进一步释放社会生产力和内需潜力，促进乡村与城镇和谐共进，是中国实现现代化的重要支撑。

最后，为其他深度贫困地区的易地扶贫搬迁与新型城镇化协调发展提供范例，有利于这些地区的脱贫与城镇化发展。本研究以广西深度贫困地区为例，探讨该地区易地扶贫搬迁与新型城镇化的发展现状、制约两者协调发展的因素、两者协调发展的内在逻辑等内容，并最终提出了促进两者协调发展的培育模式和政策保障，这为广西深度贫困地区因地制宜地促进易地扶贫搬迁与新型城镇化提供了借鉴。我国幅员辽阔、人文环境及社会环境复杂，仍然有大量的贫困人口生活在经济发展基础薄弱、基础设施滞后、生态环境脆弱且自然灾害频发的地区，这些地区通常也是我国深度贫困地区，为了扶贫开发、保护生态环境、推动新型城镇化进程，需要易地扶贫搬迁与新型城镇化的协调。广西深度贫困地区在易地扶贫搬迁问题和新型城镇化建设方面都具有的代表性及典型性，通过对广西深度贫困地区易地扶贫搬迁与新型城镇化协调发展的培育模式及政策保障进行研究，有助于“双轮”推进该地区易地扶贫搬迁工作与新型城镇化建设，也将有助于为其他深度贫困地区提供借鉴和示范，从而推动我国其他深度贫困地区的易地扶贫搬迁与新型城镇化建设。

第二节 研究方法、研究内容

一、研究方法

本书坚持理论与实践相结合，综合运用文献研究法、深度访谈法、参与观察法、个案分析法及比较研究法，这些具体运用的研究方法能够满足本书研究的需要，使研究更具有科学性、可行性。

（一）文献研究法

主要包括CNKI、维普和万方等数据库，对相关书籍、著作、网络资源研究，文献收集还包括政府部门相关工作报告、政策文件及调查报告。该方法用于研究全程，易地扶贫搬迁、新型城镇化、协调发展等相关文献的查阅、收集和研究是本课题必要的步骤和方法，通过对国内外相关研究文献的查阅和分析，探讨、总结和完善本课题的研究重点和路径。

（二）深度访谈法

拟借助课题组成员在政府部门工作和研究生联合培养基地优势，2017～2019年分组分批带领研究生前往广西宁明、大新、那坡等地区调研。对参与易地扶贫搬迁和新型城镇化活动的个体活动者进行深度访谈，做好访谈记录与录音，主要对象为深度贫困区易地扶贫搬迁涉及的各利益相关者，了解和掌握该地区易地扶贫搬迁、新型城镇化现状和面临的现实困境等。

（三）参与观察法

参与观察法是实地调查的一种特殊形式。选择区域内多个不同类型的具有代表性的个案群体活动，深入研究对象的日常生活、社会活动等背景中，从中观察存在的主要问题、影响因素等，并记录不同外部环境下各变量间的互动与结果。

（四）个案分析法

选择广西深度贫困地区范围内若干个既有典型性又有代表性的案例进行深度分析，分析该个案的易地扶贫搬迁和新型城镇化战略的实施状况和效果。

（五）比较研究法

比较研究是指对两个或两个以上的事务或现象相比较，以找出它们之间的相识与差异的一种分析方法。通过比较多个对象的有关一个问题的各个方面，得出的这个问题的结论，更能突出论证结论的准确度，并为促进易地扶贫搬迁与新型城镇化的协调发展提供启示。与此同时，研究易地扶贫搬迁与新型城镇化协调发展问题与其他地区进行比较才能更加凸显其特征与重要性。运用比较研究法分析我国其他地区易地扶贫搬迁与新型城镇化协调发展的共同趋势与区域差异，归纳提炼广西深度贫困地区易地扶贫搬迁和新型城镇化协调发展的培育模式和政策保障。

二、研究内容

（一）广西深度贫困地区易地扶贫搬迁和新型城镇化发展的现实基础

依据查阅文献与实地调研所获取的数据资料，分析与评估广西深度贫困地区易地扶贫搬迁与新型城镇化发展的现状，着重剖析阻碍广西深度贫困地区易地扶贫搬迁与新型城镇化协调发展的内在因素与外在条件。需要探析的现实问题：易地扶贫搬迁与新型城镇化的关系是内在的、紧密的，二者相辅相成、协调同步。但从广西深度贫困地区的实际来看，由于种种原因，易地扶贫搬迁与新型城镇化在一定程度上被“割裂”。为此，必须贯彻落实易地扶贫搬迁战略和新型城镇化战略，重新探索易地扶贫搬迁与新型城镇化协调发展模式与构建政策保障机制，统筹推进易地扶贫搬迁与新型城镇化协同实施。

（二）制约广西深度贫困地区易地扶贫搬迁和新型城镇化协调发展的主要因素

广西深度贫困地区作为一个集民族多样性、文化特殊性、主体多元性、生态复杂性于一体的特殊区域，其易地扶贫搬迁与新型城镇化协调发展受多种因素制约，主要分为结构性因素与非结构性因素。结构性制约因素：有产业方面（产业结构不合理、产业支撑后劲乏力、产业价值链低端等）、土地制度改革方面（土地流转法律法规不健全、集体土地收益分配不公、流转程序不规范、土地管理制度不到位等）和有公共服务方面（公共服务供给与需求失衡、城乡公共服务享受不均、制度缺陷导致权益保障失衡、城乡公共服务差距大等）的结构性问题。非结构性因素：基层治理方面（搬迁群众社区治理参与意愿不足、搬迁社区服务管理难度较大等）、生态环境方面（环境污染严重、水土流失严重、石漠化程度深、生态功能减弱等）的非结构性问题。结构性因素与非结构性因素制约广西深度贫困地区易地扶贫搬迁与新型城镇化协调发展，必须探讨解决措施，以利于两者协调发展。

（三）广西深度贫困地区易地扶贫搬迁与新型城镇化协调发展的内在逻辑

易地扶贫搬迁与新型城镇化协调发展不仅是一种创新型的易地扶贫模式，还是一种新型的城镇化推进模式，两者具有不可分割的密切联系，主要表现为：首先，易地扶贫搬迁与新型城镇化目标一致，易地扶贫搬迁主旨是实现新型城镇化，新型城镇化主要任务是推动农村人口向市民转化，而将易地扶贫搬迁与新型城镇化相结合，其实质是易地扶贫搬迁不仅解决了贫困地区的贫困问题，还可带动城镇化率的提高和城镇化水平的提升；其次，易地扶贫搬迁实现机制与贫困地区城镇化趋同，易地扶贫搬迁为新型城镇化提供现实基础，新型城镇化是易地扶贫搬迁在精准脱贫基础上进一步的开拓，由搬迁人口完成向市民转变的同时，易地扶贫搬迁的成果转换为现实效益，从而促进贫困地区脱贫后向新型城镇化过渡。

（四）广西深度贫困地区易地扶贫搬迁和新型城镇化的核心要素

易地扶贫搬迁面临农业资源有限和非农就业机会不足，导致了许多搬迁人口仍处于贫困的现实困境；城乡二元化产生的各种障碍制约新型城镇化发展。新型城镇化的核心是以人为本，其与以人的素质性脱贫为目标的易地扶贫搬迁价值目标一致。实际上，以人为本的新型城镇化背景下开展的广西深度贫困地区易地扶贫搬迁是要“拔穷根”“挪穷窝”，最终实现人的素质性脱贫。核心要素主要体现在：搬迁贫困人口由于生活水平低、教育水平受限，搬迁后的就业问题难以保障；长期的农村生活习惯使搬迁人口的思维与观念固化，言行举止、思想观念和价值观方面均与城镇生活不符，社会、文化融入问题突出；公共服务水平的高低与经济发展水平、政府的支持力度密切相关，搬迁人口迁入城镇势必增加城镇公共服务供给压力，影响城镇资源、环境的承载力，影响新型城镇化进程。这些问题制约着广西深度贫困地区易地扶贫搬迁与新型城镇化协调发展，必须探讨解决措施，以利于两者协调发展。

（五）广西深度贫困地区易地扶贫搬迁和新型城镇化协调发展的培育模式

广西深度贫困地区具有特殊性，仅靠单一的政策机制很难全面解决问题。研究易地扶贫搬迁和新型城镇化内在逻辑的基础上，提出促进两者协调发展的培育模式。探析易地扶贫搬迁和新型城镇化培育模式前提下，提出以多元主体协同为切入点，将易地扶贫搬迁和新型城镇化有机结合。以新型城镇化助推易地扶贫搬迁，从经济融入（收入、就业获得性等）、社会融入（身份协调、归属感和文化认同等）、生态融入（生态修复、发展生态产业等）等方面，使搬迁人口融入城镇，推动城镇化发展，实现真脱贫、脱真贫。

（六）广西深度贫困地区易地扶贫搬迁和新型城镇化协调发展的政策保障

以国家宏观政策为指导，因地制宜设置符合广西深度贫困地区特色的易地扶贫搬迁与新型城镇化协调发展的政策保障机制，统筹考虑政策的整合叠加效应。将住房、土地、就业、户籍政策及医疗、养老等社会保障政策协调运作，统筹管理，构建多元主体共同参与的政策实践网络，推动政策执行的资源整合，通过城乡协调，促进搬迁人口融入城镇，非农就业，最终解决多维贫困问题、促进迁出地生态保护与修复、加快该地区城镇化发展步伐的政策目标。

第三节 研究思路、区域选择、重点难点、研究情况

一、研究思路的阐述

本研究立足与易地扶贫搬迁和新型城镇化现状，以人口迁移理论、可持续生计理论和可持续发展理论为指导，综合运用多种学科和多种研究方法，从理论基础、经验借鉴、易地扶贫搬迁和新型城镇化发展条件及现状、机理分析、培育模式、政策保障机制等多维度出发，力图构建一个完整的广西深度贫困地区易地扶贫搬迁与新型城镇化相互协调发展的研究框架。主要运用“问题—理论（机制及模型）—借鉴—路径”的基本研究思路（见图1－1）：首先，运用文献研究、参与观察、个案分析、深度访谈等方法，获取广西深度贫困地区易地扶贫搬迁与新型城镇化发展的相关数据，根据分析相关数据和进行相关统计描述，深入探讨制约易地扶贫搬迁与新型城镇化协调发展的因素。其次，引入协调发展理论，通过运用协调发展理论的核心理念剖析易地扶贫搬迁与新型城镇化协调发展的内在逻辑。再其次，建构易地扶贫搬迁系统与新型城镇化系统的分析框架，分析

易地扶贫搬迁和新型城镇化良性互动的机理。然后，在借鉴其他地区（贵州铜仁市与凯里市、陕西省靖边县、云南昆明市东川区）推动易地扶贫搬迁与新型城镇化协调发展模式的基础上，开发适合广西深度贫困地区易地扶贫搬迁与新型城镇化协调发展的培育模式，创新搬迁人口真正融入城镇的路径和开发促进新型城镇化建设的对策。最后，从政策的整合叠加效应、政策实践网络、政策执行中的资源整合等方面，深入探讨广西深度贫困地区易地扶贫搬迁与新型城镇化协调发展的政策保障和构建多元主体协同的政策实践网络。

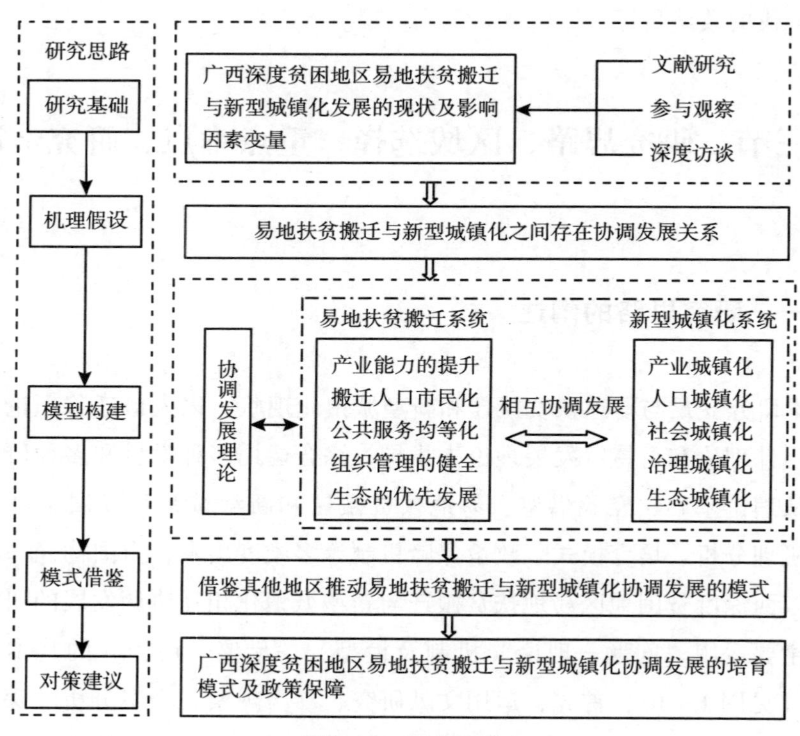

图1-1　技术路线

二、区域选择的说明

为了便于读者了解这部专著的研究区域，有必要对其进行简单说明。

本研究所选择的研究区域为广西深度贫困地区，该地区在全国脱贫攻坚战中具有重要的战略地位。广西深度贫困地区具有强烈的区域个性，只有从根本上把握广西深度贫困地区的这种个性，才能提出有针对性的易地扶贫搬迁与新型城镇化协调发展的战略。从现阶段来看，广西深度贫困地区的个性主要体现在以下几个方面。

——自然环境特殊。广西深度贫困地区多是处在石漠化片区、大石片区，石漠化严重，生态环境脆弱，自然灾害频发，自然资源匮乏，贫困群众生产生活条件差。该地区自然环境特殊，既加剧了易地扶贫搬迁的难度，又阻碍了新型城镇化的进程，对易地扶贫搬迁与新型城镇化的协调发展极为不利。

——社会环境特殊。经济条件：广西深度贫困地区属于经济条件较差的地区，经济基础薄弱，产业发展乏力，产业结构单一。人口素质：贫困人口素质低，文化水平不高，受教育水平低致使缺乏脱贫致富所需的智能、技能；相当一部分贫困人口脱贫内生动力不足、思想封闭守旧，“等、靠、要”思想严重，贫困代际传递情况较严重。基础设施：基础设施建设滞后、供给不足，基础设施普遍落后、陈旧。基本公共服务：教育、医疗、卫生、体育和社会保障等事业发展滞后、水平不高。

——战略地位特殊。广西深度贫困地区是典型的“老、少、边、山、穷”地区，贫困程度深、扶贫难度大，致贫原因特殊。广西深度贫困地区是历史悠久的革命老区、独具优势的边关地区、石漠化片区、少数民族聚居地区，其扶贫开发工作及脱贫成效将直接关系 2020 年全面脱贫目标及全面实现小康的程度和水平。

综上所述，不论是自然、社会环境特殊还是在战略地位特殊，探讨广西深度贫困地区易地扶贫搬迁与新型城镇化协调发展的意义极为重大。而从更直接的角度讲，易地扶贫搬迁与新型城镇化协调发展关乎广西深度贫困地区的易地扶贫、脱贫问题与新型城镇化建设问题。

三、重点难点的叙述

第一，针对广西深度贫困地区易地扶贫搬迁和新型城镇化发展的众多影响因素，如何运用协调发展理论建立分析框架，建立广西深度贫困地区易地扶贫搬迁和新型城镇化协调发展模型，分析影响因素在时空角度上的协调关联程度（协调度），开发适合广西深度贫困地区易地扶贫搬迁和新型城镇化协调发展的培育模式和政策保障机制，是本研究的重点之处。

第二，广西集合了边境、少数民族聚居、石漠化、深度贫困多重特殊属性，仅靠单一的政策机制很难全面解决问题。易地扶贫搬迁和新型城镇化的政府主导情况较严重，其他社会主体主动参与的积极性未能有效激发，搬迁人口能否真正融入城镇生活，影响该地区易地扶贫搬迁和新型城镇化发展进程。因此如何以多元主体参与为切入点，使易地扶贫搬迁和新型城镇化发展良性互动，达到搬迁人口既真正融入城镇又实现新型城镇化目标，是难点之处。

四、研究情况的说明

第一，研究视角需要区域性与整体性结合。本书研究的区域是深度贫困地区，而不是行政区划的某一地区，需要在国家宏观战略下研究区域性的易地扶贫搬迁与新型城镇化协调发展的问题。

第二，研究方法需要多学科和多方法结合。易地扶贫搬迁与新型城镇化原本就是涉及面广、结构复杂、影响因素众多的两大问题，那么要对两者的协调发展问题进行研究，则更加需要多学科和多方法的结合，及多领域的主体参与。

第三，研究重点需要特殊性与一般性结合。易地扶贫搬迁与新型城镇化协调发展研究既要充分考虑广西深度贫困地区的特殊性，也要注意一般理论与方法的适用性。

第四节 创新之处、理论支撑与表述框架

一、创新之处的说明

（一）研究思路创新

力图从易地扶贫搬迁与新型城镇化相互协调发展的理论基础、经验借鉴以及广西深度贫困地区易地扶贫搬迁与新型城镇化相互协调发展的内部条件、发展现状、培育模式和政策保障机制等多维角度构建一个完整的研究框架，系统研究推进易地扶贫搬迁与新型城镇化协调发展。

（二）研究观点创新

研究观点认为易地扶贫搬迁与新型城镇化协调发展不仅是一种创新型的易地扶贫模式，而且是一种新型的城镇化推进模式。并在顶层设计、治理创新、作用机制基础上将调研材料和数据上升到理论层面，基于广西深度贫困地区的地域特殊性和致贫原因复杂性，认为该地区易地扶贫搬迁与新型城镇化协调发展不能仅靠政府单一的政策和方针，应以多元主体参与为切入点，提出针对性强、可操作性强、前瞻性强的多元主体共同参与的政策实践网络，让多元主体真正参与到易地扶贫搬迁工作与新型城镇化建设中，并以此使易地扶贫搬迁与新型城镇化进行良性互动，达到搬迁人口既能真正融入城镇，又可实现新型城镇化的双重目的。

（三）研究方法创新

研究方法上，运用实证研究、个案分析、参与观察等多种研究方法，从政治学、经济学和民族学等多学科的角度深入探究广西深度贫困地区易

地扶贫搬迁与新型城镇化的协调发展，突出了广西深度贫困地区的区域特征，并且原创性的论证材料，使获得的理论观点更具代表性、针对性。

（四）研究结论创新

基于易地扶贫搬迁与新型城镇化协调发展视角，本书系统地提出易地扶贫搬迁与新型城镇化协调发展的培育模式和政策保障机制的具体内容。具体而言是在将获取的一手材料上升到理论层面基础上，从顶层设计层面首次提出前瞻性强、可操作性强的易地扶贫搬迁与新型城镇化协调发展的培育模式和政策保障机制，提升了培育模式和政策保障机制对广西深度贫困地区易地扶贫搬迁与新型城镇化的综合效应。

通过这些创新，有望推进广西深度贫困地区易地扶贫搬迁与新型城镇化协调发展提供理论参考和方法支持。

二、理论资源的援借

在众多理论中，与易地扶贫搬迁和新型城镇化较为契合的理论资源主要有人口迁移理论（推拉理论、人口迁移法则）、可持续生计理论和可持续发展理论，而且在探讨易地扶贫搬迁与新型城镇化协调发展的过程中搬迁人口的后续生计问题以及迁出地与迁入地的可持续发展问题同样需要运用可持续生计理论、可持续发展理论来支撑。在这里有必要进行简单介绍或交代。

（一）人口迁移理论

1. 人口迁移的推拉理论的主要内容

（1）推拉（Push－Pull）理论。人口迁移推拉理论是关于人口流动与迁移的重要理论。巴格尼（D. J. Bagne）从社会学视角提出“推力—拉力”理论（推拉理论），认为人口迁移受到两种相反方向力量影响，流入地的那些有利生活条件的因素就成了拉力，而流出地的不利生活条件的因素就是推力，人口迁移则由流出地“推力”和流入地“拉力”这两种力量前推后拉所决定。赫贝勒和米切尔（Herberle & Mitchell）分别于1938年、1946年提出的传统的人口迁移推拉理论，指出了人口推力因素主要源于迁移者对居住地的不满（对自然灾害、经济收入、居住条件、环境恶劣等不满）；拉力因素源于迁入地的各种可能的满足因素（就业机会、高收入、文化及社会环境、公共服务等）。迈德尔、索瓦尼、贝斯、特里瓦撒都对推拉理论作了修正，都认为人的迁移行为受到来自迁出地和迁入地两个不同力的作用。1956年李（E. S. Lee）揭示流出地和流入地都具有拉力和推力，认为人口迁移往往发生在推力大于拉力或拉力大于推力，并补充距离远近、物质障碍、语言文化的中间障碍因素和个人价值判断的个人因素促使人口迁移（见图1－2）[①]。

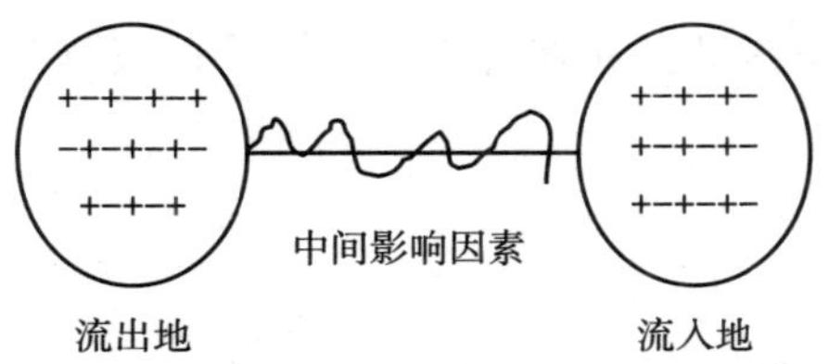

图1－2 影响人口迁移的推力和拉力因素

资料来源：段成荣．人口迁移研究理论与方法［M］．重庆：重庆出版社，1998.

有中国学者基于推拉理论，提出农村—城镇人口迁移模式（城乡推拉力模式），认为中国的人口迁移模式是拉力占主导地位的模式[②]。也有中国学者提出“双向推拉”理论，认为流动到城镇的农村人口除了受到推力及拉力外，还受到反推力及反拉力的作用[③]。

① Everett S. Lee. Atheory of migration［J］. Demography，1966（1）：47－57.

② 辜胜阻，简新华．当代中国人口流动与城镇化［M］．武汉：武汉大学出版社，1994.

③ 赖光宝，赵邦宏．基于“推拉理论”的农村人口流动原因探讨——以河北省为例［J］．商业经济研究，2015（17）：48－49.

（2）拉文斯坦的迁移法则。

联合国《多种语言人口学辞典》指出人口迁移是人口在两个地区之间的地理或空间流动，涉及永久性居住地由迁出地到迁入地的变化。英国统计学家拉文斯坦（Ernest - George Ravenstein）① 在1889年提出了迁移法则（即移民法），并总结出七条法则。第一，移民主体距离法则，迁移人口会受到迁移距离的影响，而且短距离的迁移更能调动迁移人口的积极性。第二，阶梯式迁移法则，人口迁移由“乡村—镇区—小城市—大城市”的梯级迁移，即城市吸引城市周围的城镇居民迁入城市，而周围城镇空出的空白区域则将由乡村居民来填补，呈现阶梯式增长趋势。第三，移民潮与反向移民潮法则，每股迁移流都存在相应的反向迁移流。第四，城乡移民差异法则，城镇居民迁移的倾向小于乡镇居民迁移的倾向。第五，性别选择法则，女性人数在短距离迁移中高于男性。第六，经济因素法则，追求更高生活水平是迁移的普遍原因。第七，经济发展或技术进步促进法则，科技可以促进人口迁移量，并随着交通与商业的发展带动越来越多的人口迁移。

2. 述评与启示

易地扶贫搬迁需要具备一定的理论基础作为支撑，巴格尼的推拉理论为人口迁移提供理论依据。根据人口迁移的推拉理论，搬迁人口是深度贫困地区的“推力”及城镇的“拉力”共同作用的结果，这就利于促进易地扶贫搬迁与新型城镇化协调发展。广西深度贫困地区生态环境脆弱、自然灾害高发、经济落后、基础设施以及基本公共服务等支撑体系薄弱都形成了易地搬迁的推力。美国社会人口学家金斯利·戴维斯断定“移民是政策的产物”。因此，2016年出台的《全国“十三五”易地扶贫搬迁规划》中计划五年内对近1 000万建档立卡贫困人口实施易地扶贫搬迁和2016

① Ravenstein, E. G. the Law of Migration [J]. Lournalof the Royal Statistical Society, 1889 (2): 167 - 22.

年实施的《广西易地扶贫搬迁“十三五”规划》中计划2016~2020年全区移民搬迁110万人，也是易地搬迁推力因素。与此同时，迁入地的产业发展、就业创业机会、完善的基础设施和基本公共服务等成为易地搬迁强有力的拉力因素。而政府引导和政策规定也是重要的拉力。随着搬迁人口生活水平的提高，对更加优越的生活环境的需求增加，如对休闲娱乐、旅游度假、文化教育等，而这些需求的增加又恰恰推进了社会经济的发展，扩展了城镇化的广度和深度，成为新型城镇化水平提升的推动力。正是在“推力”和“拉力”的综合作用下出现了贫困人口从深度贫困地区向城镇的搬迁，城镇地域的扩展，城镇数量的增多，贫困地域向城镇地域的转化，也就是我们所说的城镇化进程（谢文慧、邓卫，1996）[①]。因此，推进易地扶贫搬迁与新型城镇化协调发展，要优先选择自然生态条件、经济基础最为恶劣的地区，也就是“推力”较大的地区；在安置地，要采取完善基础设施、加强产业配套设施、提供就业岗位等综合措施，提高安置地的“拉力”[②]。

拉文斯坦的七条移民法则深刻分析了迁移者特征、迁移流向、迁移影响因素（年龄、性别、经济发展水平等）、迁移动力。但更多的强调了移民者的行为特征，移民的经济理性动因仅能是推论的一个方向，否则就不存在短途和长途、男性和女性的不同移民选择[③]。这也就能说明了七条移民法则包容了移民动因的复杂性。易地扶贫搬迁纷繁复杂，而拉文斯坦的人口迁移法则为我国搬迁人口的迁移提供了异常丰富的资料。根据拉文斯坦的迁移法则，易地扶贫搬迁过程中应需要考虑搬迁距离、迁入地经济发展状况、科技条件、交通和商业发展状况等，而对于深度贫困地区的贫困人口来说其迁移倾向高于一般地区居民。此外，易地搬迁对于妇女来说影响较大，她们一般会选择短距离迁移，而且斯托福（S. A. Stouffer）指出

① 谢文慧，邓卫．城市经济学［M］．北京：清华大学出版社，1996.

② 孙永珍，高春雨．新时期我国易地扶贫搬迁安置的理论研究［J］．安徽农业科学，2013，41（36）：14095－14098.

③ 方少勇．拉文斯坦移民法则与我国人口的梯级迁移［J］．当代经济，2009（3）：44－46.

当近距离其他地区存在机会时，则远距离的迁入地的吸引力将会下降①。那么，可以说明易地扶贫搬迁并非只是空间的迁移，而是需要综合考虑多种影响因素。因此，易地扶贫搬迁迁入地应选择近距离或近商业区且基础设施完善、交通发达的合理位置②。

（二）可持续生计理论

1. 可持续生计理论的主要内容

要了解可持续生计问题，首先要了解什么是生计。“生计”一词最开始用于研究贫困问题，不同的研究视角和学科侧重点，生计的内涵也有所不同。查姆贝斯和康威（Chambers R. & Conway G R.，1992）认为生计是谋生的方式，并建立在能力、资产（储备物、资源、要求权、享有权）和活动基础之上的一种谋生方式③。生计包括活动、资产和能力④。那么什么是可持续生计？可持续生计是个人或家庭为改善长远生活状况所拥有的谋生能力和改善长远生活状况的资产和有收入活动的集合。“可持续生计”概念首次于20世纪80年代末由世界环境和发展委员会在报告中提出。格拉沃维克和布扎伊尔（Glavovic & Boonzaier）⑤ 采用可持续生计概念研究贫困问题和发现问题，发现了贫困地区建立可持续生计策略的紧迫性。斯库恩斯（Scoones）和纳列什·辛格等学者将可持续生计方法作为解决贫困的发展方法。为了更好地分析可持续生计问题，国外学者发展了用于分析可持续生计问题的框架。1998 年斯库恩斯首次提出可持续生计

---

① Samucl. Astouffer. intervening opportunitics [J]. Demography，1940（6）：845－867.

② 何玲玲，吕翠丽．广西易地扶贫搬迁与人口市民化耦合机制研究［J］．玉林师范学院学报，2018，39，186（1）：52－57.

③ Chambers R，Conway G R. Sustainable rural livelihoods：Practicalconceptsfor the 21st century [J]. IDS Discussion Paper NO. 296. Brighton，insti.

④ 徐锡广，申鹏．易地扶贫搬迁移民的可持续性生计研究——基于贵州省的调查分析［J］．贵州财经大学学报，2018（1）：103－110.

⑤ Bruce C Glavovic，Saskia Boonzaier. Confronting coastal poverty：building sustainable coastal livelihoods in South Africa [J]. Ocean & Coastal Management，2007，50（1/2）：1－23.

分析框架（SLA 框架）。该框架是一种对贫困户可持续生计进行规范化和系统化的研究方法，涉及脆弱性背景、生计资本、结构和制度的转变、生计战略和生计输出。对于迁移和可持续生计的关系，麦克杜威尔和德（Mcdowell C. & De H. A.）① 指出迁移被视为农户的生计策略之一，而且体制因素决定谁能迁移、谁能从中收益最多。学者何得桂②认为对于可持续生计的考察需重点关注生计资本、生计结果以及生产策略等多方面。学者黄启学、凌经球（2015）③ 认为可持续生计是一个系统性概念，在解决贫困群众脱贫致富的生计中要从系统的角度出发，并基于可持续生计理论关于自然资本、金融资本、物质资本、人力资本和社会资本五大资本价值、运作与作用分析，发挥五大资本的作用，选择符合实际的生计发展路径。李博、左停（2016）④ 提出了必须从国家政策制定、扶贫治理体系构建以及扶贫移民的可持续生计等方面来完善制度。凌经球（2018）⑤ 指出，将可持续生计理论引进中国贫困治理领域，必须结合中国实际特别是不同发展阶段、不同区域的实际进行再创造，才能使这一理论更加切合实际和更好地指导实践。

2. 述评与启示

根据可持续生计理论，搬迁人口可持续生计不是短期收入的增长，而是搬迁人口生计能力、发展能力的提升。从根本上来讲，可持续生计的关键在于从微观层面提升搬迁人口的生计资本存量，同时辅以宏观层面的政策、制度以及环境，使搬迁人口创新生计行动，开拓生计空间，实现搬迁

---

① Mcdowwell C，De H A. Migration and sustainable livelihoods：a criticalreview of the literature［J］. IDS Worlzing Paper，1997，100（6）：512 – 514.

② 何得桂．山区避灾移民搬迁政策执行研究：陕南的表述［M］．人民出版社，2016：41.

③ 黄启学：凌经球．滇桂黔石漠化片区贫困农民可持续生计优化策略探究［J］．西南民族大学学报（人文社科版），2015，36（5）：30 – 37.

④ 李博，左停．遭遇搬迁：精准扶贫视角下扶贫移民搬迁政策执行逻辑的探讨：以陕南王村为例［J］．中国农业大学学报（社会科学版），2016，33（2）：25 – 31.

⑤ 凌经球．可持续脱贫：新时代中国农村贫困治理的一个分析框架［J］．广西师范学院学报（哲学社会科学版），2018，39（2）：97 – 111.

后的生计恢复。在本研究中运用可持续生计理论的初衷在于：易地搬迁并非简单的空间转移，还包括搬迁人口的后续生计问题。搬迁到城镇中的搬迁人口的生产生活、基本公共服务、就业创业、居住环境及条件等问题都关乎他们后续生计问题，那么，如果迁入城镇的搬迁人口的生产生活条件较差、就业创业困难、基本公共服务不健全、居住环境及条件较差等都会成为搬迁人口返迁的推力。与此同时，搬迁人口转移到新社区后，面临着原有生活环境、思维方式、生计模式以及社会网络的消解和断裂，极易出现可持续生计式微的困境。因此，加强对搬迁人口可持续生计问题的重视是保障易地扶贫搬迁目标得以实现的关键。

（三）可持续发展理论

1. 可持续发展理论的主要内容

可持续发展是新时代的产物，它是在当今世界的发展面临严峻的人口、资源、环境问题的挑战下，人类别无选择的时候提出的旨在保护和发展的理论[①]。1987 年的《我们共同的未来》中对可持续发展进行定义，指出可持续发展是既能满足眼前的需要而又不会对子孙后代满足其需求的能力的发展产生消减的作用。1991 年《保护地球——可持续生存战略》一书指出，可持续发展是指在生存于不超过维持生态系统的涵容能力的情况下，改善人类的生活品质。国际上最广泛认可的可持续发展的定义是既满足当代人需求，又不损害后代人满足其需求能力的发展[②]。有学者指出可持续发展是既满足当代人的需要，又不对后代人满足其需要的能力构成危害的发展[③]。总体来说，可持续发展的内涵应该从四个方面来把握：第一，可持续发展的核心是人，要以人为本，确保人人成为可持续发展的受益者，

① 严志强．广西小城镇可持续发展研究［M］．桂林：广西师范大学出版社，2007（5）：244.

② 世界自然保护同盟，联合国环境规划署，世界野生生物基金会．保护地球［M］．北京：中国环境科学出版社，1992.

③ 严志强．广西小城镇可持续发展研究［M］．桂林：广西师范大学出版社，2007（5）：12.

而且1972年的《环境与发展宣言》指出“可持续发展问题的中心是人”和《中国21世纪议程》也明确指出“可持续发展以人为本”的根本原则。第二，可持续发展的基础和前提是发展，可持续发展能力与经济发展基础密切相关，生态环境的可持续需要经济发展基础支撑。第三，可持续发展包括自然、经济、社会三个方面的可持续发展，生态环境的可持续，也就是人类生存的基本条件和体系必须具有可持续性；经济的可持续，也就是由经济组织、体制、实体以及产业等因素构成的基本经济体系必须具有可持续性；社会文明的可持续，也就是人口素质、社会文化、教育等必须具有可持续性。第四，可持续发展是一个动态的过程，可持续发展不是孤立的、静止的过程，它是一个长期持续的增长及结构优化的过程。那么很显然，可持续发展理论在本质上是揭示“自然—经济—社会”这一复杂巨系统的运行机制①。而有学者认为这一巨系统分为五大支持系统，分别是生存支持系统、发展支持系统、环境支持系统、社会支持系统及智力支持系统②。

2. 述评与启示

易地扶贫搬迁与新型城镇化协调发展以广西深度贫困地区的可持续发展为出发点，既是城镇化可持续发展的需要，也是统筹城乡发展、实现区域可持续发展的需要。根据可持续发展理论，易地扶贫搬迁与新型城镇化的协调发展不仅注重经济增长速度，更强调兼顾经济、社会、文化、生态等各方面的可持续发展，其中经济可持续性是条件，社会、文化可持续性是目的，生态可持续性是基础。首先，经济层面，确保经济可持续发展。发展节约、集约型经济，发展绿色产业、生态产业。其次，社会层面，确保社会可持续发展。基础设施、基本公共服务、就业创业等方面的可持续，让搬迁人口“留下来”“稳得住”“能致富”。再其次，文化层面，确保文化可持续发展。注重人的发展，提升搬迁人口的文化素质及精神文明

① 严志强．广西小城镇可持续发展研究［M］．桂林：广西师范大学出版社，2007（5）：14.

② 牛文元，毛志锋．可持续发展理论的系统解析［M］．武汉：湖北科学技术出版社，1998.

建设，同时保证地方特色文化传统的保护与延续。最后，生态层面，确保生态可持续发展。秉承“绿水青山就是金山银山”的发展理念，避免走“先污染、后治理”的老路，开展迁出地的生态修复治理和迁入地的生态保护建设，建设宜居、宜业、宜游的生态环境。综上所述，围绕可持续发展这一主题，易地扶贫搬迁与新型城镇化的协调发展必须既能满足城镇建设高速发展的要求，满足搬迁群众脱贫致富的需要，又不超过资源与环境的承载力，同时不断提高城镇化质量。

综上所述，人口迁移理论（推拉理论、人口迁移法则）、可持续生计理论、可持续发展理论对易地扶贫搬迁与新型城镇化的协调发展具有重大的理论指导作用，通过运用这些理论，可以清晰地把握整个研究的脉络。如表1-1所示，人口迁移理论、可持续生计理论、可持续发展理论对本研究具有重要的启示，从易地扶贫搬迁与新型城镇化协调发展的角度来看，易地搬迁是由于广西深度贫困地区的“推力”和城镇的“拉力”推动，易地搬迁前和易地搬迁后都需要考虑搬迁距离、迁入地经济发展状况、科技条件、交通和商业发展状况等，搬迁人口迁入城镇后并且在“后搬迁时代”需要充分考虑搬迁人口的后续生计问题和如何巩固搬迁可持续性问题，易地扶贫搬迁与新型城镇化协调发展过程，不管是对迁出地和迁入地都有很大影响，更应该兼顾迁出地与迁入地经济、社会、文化、生态等各方面的可持续发展。

表1-1　　理论一览

理论	代表人物	主要内容	对本研究的启示
推拉理论	巴格尔（D. J. Bagne）；李（E. S. Lee）	推拉理论认为，人口在两个地区之间的地理流动或者空间流动，这种流动通常会涉及永久性居住地由迁出地到迁入地的变化，迁入地的那些有利生活条件的因素就成了拉力，而迁出地的不利生活条件的因素就是推力，人口迁移则由迁出地“推力”和迁入地“拉力”这两种力量前推后拉所决定	根据人口迁移的推拉理论，搬迁人口是深度贫困地区的“推力”及城镇的“拉力”共同作用的结果，这就利于促进易地扶贫搬迁与新型城镇化协调发展

续表

理论	代表人物	主要内容	对本研究的启示
迁移法则	拉文斯坦 （Lavin Stan）	拉文斯坦的七条移民法则深刻分析了迁移者特征、迁移流向、迁移影响因素（年龄、性别、经济发展水平等）、迁移动力	易地扶贫搬迁过程中应需要考虑搬迁距离、迁入地经济发展状况、科技条件、交通和商业发展状况等
可持续生计理论	查姆贝斯和康威 （Chambers R. & Conway G. R.）； 格拉沃维克和布扎伊尔（Glavovic & Boonzaier）； 斯库恩斯等 （Scoones et al.）	可持续生计理论是关于对自然资本、金融资本、物质资本、人力资本和社会资本等五大资本的价值、运作与作用进行分析	可持续生计的关键在于从微观层面提升搬迁人口的生计资本存量，同时辅以宏观层面的政策、制度以及环境，使搬迁人口创新生计行动，开拓生计空间，实现搬迁后的生计恢复
可持续发展理论	——	可持续发展的核心是人，前提是发展，包括自然、经济、社会三个方面的可持续发展	易地扶贫搬迁与新型城镇化的协调发展不仅注重经济增长速度，更强调兼顾经济、社会、文化、生态等各方面的可持续发展

资料来源：本研究整理。

三、本书的表述框架

本书的逻辑思路是：易地扶贫搬迁与新型城镇化协调发展作为一种易地扶贫模式和新型城镇化推进模式，具有其特定的历史轨迹和现实必然性。易地扶贫搬迁与新型城镇化协调发展模式对帮助广西深度贫困地区贫困人口改变贫困面貌、改善人居环境和改变生产生活方式具有重要作用，也在一定程度上推动了广西深度贫困地区城镇化发展和城镇化水平提升。作为一种创新型的易地扶贫模式和城镇化推进模式，它在广西深度贫困地区扶贫开发中和新型城镇化建设中都是不可或缺的。但在政府实施易地扶贫搬迁政策以及进行新型城镇化建设和实际的易地扶贫搬迁与新型城镇化协调发展过程中，还面临着阻碍两者协调发展的诸多困境。这不仅导致预期目标难以实现，还不利于广西深度贫困地区摆脱贫困。广西深度贫困地区易地扶贫搬迁和新型城镇化发展现状如何？面临着哪些制约易地扶贫搬迁与新型城镇化协调发展的困境？应该如何建立两者协调发展的培育模式和政策保障？……这些问题都迫切地需要作出全面系统的梳理和回答。

第一章是导论。主要对本研究的研究背景、研究意义及研究方法进行说明，简要阐述研究内容、研究思路、区域选择、重点难点、研究情况，并对研究创新之处以及理论支撑加以明确。本章对全书起了重要的铺垫作用。

第二章是易地扶贫搬迁和新型城镇化的研究动态及述评。梳理了国外对生态移民和城镇化方面的研究和国内对易地扶贫搬迁和新型城镇化方面的研究，并对易地扶贫搬迁、新型城镇化及协调发展的相关概念进行梳理和定义。国内外相关研究现状无疑与课题研究具有重要的参考价值，为课题研究提供了重要的资料和理论依据，并在研究方法、研究视角及研究路径方面给以启示。

第三章是易地扶贫搬迁与新型城镇化的历程及现状分析。分析中国易地扶贫搬迁政策的演进历程，历程包括三个阶段：试点探索阶段（2001～2010年）、全面推进阶段（2011～2014年）、脱贫攻坚阶段（2015年至今）；并阐述了中国改革开放以来城镇化发展的历史进程，历史进程包括五个阶段：恢复发展阶段（1978～1983年）、平稳发展阶段（1984～1992年）、加速发展阶段（1992～2004年）、统筹发展阶段（2004～2017年）、城乡协调发展阶段（2017年至今），并进一步阐释了中国未来城镇化的趋势（通过新型城镇化相关制度改革破解农村人口市民化的难题、常住人口城镇化和户籍人口城镇化的差距缩小、新型城镇化与高质量发展联动促进高质量的新型城镇化、通过新型城镇化与易地扶贫搬迁联动促进扶贫开发和新型城镇化建设进程）。

第四章是广西深度贫困地区易地扶贫搬迁与新型城镇化发展现状。运用前文所述的理论和根据当前易地扶贫搬迁与新型城镇化的历程及现状，立足广西深度贫困地区的区位条件（革命老区、少数民族聚居地区、边疆地区、滇桂黔石漠化片区沿海沿边地区）、经济社会发展情况（经济增长较快、居民消费水平有所提高等）、贫困状况（脱贫进展、致贫因素）等实际，具体分析了广西深度贫困地区易地扶贫搬迁的计划进展及易地扶贫搬迁主要安置模式（包括易地搬迁式就近城镇化、易地搬迁与特色小镇建设结合模式、易地扶贫搬迁与城镇化协调推进模式、易地搬迁城镇化集中安置模式、“粤桂协作”的“深圳小镇”模式），详细描述了广西深度贫困地区新型城镇化发展历程（1950～1977年的起步发展阶段、1978～2000年的稳步发展阶段、2000年至今的快速发展阶段）、现状（城镇化水平相对较低、地级市之间城镇化发展不均衡、城乡经济“二元化”明显以及常住人口城镇化率和户籍人口城镇化率差距大）并对该地区新型城镇化发展进行展望（城镇化建设任务任重道远但城镇化将保持较快发展速度、易地扶贫搬迁与新型城镇化协调发展将是提高城镇化水平的契机、城镇化建设将为经济发展提供强大动力）。

第五章是广西深度贫困地区易地扶贫搬迁与新型城镇化协调的制约因素。主要从“结构性性制约”和“非结构性制约”的角度对其进行深度剖析。结构性制约因素主要有产业发展方面（包括产业结构不合理、产业升级缓慢产业支撑乏力、市场竞争力不足等），土地流转方面（包括土地流转法律法规不健全、土地流转制度的城乡二元化明显、土地管理制度不到位等），户籍制度方面（包括户籍制度阻碍人口迁移、户籍制度功能异化、户籍制度阻碍搬迁人口市民化等），社会保障方面（包括城乡社会保障覆盖面和水平等存在差异、社会保障制度阻碍搬迁人口社会保障权益享有等），公共服务方面（包括公共服务供给与需求失衡、城乡公共服务享受不均、制度缺陷导致权益保障失衡、城乡公共服务差距大等），生态环境方面（包括环境污染严重、水土流失严重、石漠化程度深、生态功能减弱等）。与结构性制约的“客观性”相比，非结构性制约的角度更多是属于社会主体主观能动性的问题。其主要表现有：基层矛盾复杂方面、搬迁群众问题突出方面和搬迁型社区治理方面，其中基层矛盾复杂方面包括不同区域、不同贫困户、贫困户与非贫困户、贫困户与搬迁干部之间的矛盾复杂以及基层组织的“冒进”；搬迁群众问题突出方面包括搬迁群众的“搬出难、稳住难、适应难、融入难”等问题突出、搬迁群众的贫困代际传递问题突出；搬迁型社区治理方面包括搬迁群众社区治理参与意愿不足、搬迁社区服务管理难度较大、基础设施配备不完善等。

第六章侧重从协调发展角度分析广西深度贫困地区易地扶贫搬迁与新型城镇化协调发展的机理分析。该部分包含了以下几个内容：首先是易地扶贫搬迁与新型城镇化协调的目标与战略，涉及易地扶贫搬迁和新型城镇化战略、五化同步战略、生态保护与文化传承战略、改革创新战略，基本原则为遵循以因地制宜与均衡配置、统筹兼顾与协调推进、机会均等与共同发展、就业驱动与转型发展、生态优先与绿色发展，主要任务是因地制宜提升产业竞争力、因技施策提升搬迁群众自我发展能力、严格执行搬迁群众户籍转移制度同步跟进社会保障、加强生态环境保护保持绿色和可持续；其次是易地扶贫搬迁与新型城镇化协调发展的内在逻辑，从理论逻辑和实践逻辑角度分析易地扶贫搬迁与新型城镇化的内在逻辑关系；最后是构建了易地扶贫搬迁与新型城镇化协调发展关系模型，比如：产业发展能力提升与产业城镇化协调、搬迁人口市民化与人口城镇化协调、公共服务均等化与社会城镇化协调、组织管理的健全与治理城镇化协调、生态的优先发展与生态城镇化协调。

第七章是国内易地扶贫搬迁与新型城镇化协调发展模式借鉴。主要选取和阐释陕西省靖边县（“六字口诀”促协调）、贵州省凯里市（“三大机制”促协调）和铜仁市（创新“五化”工作法）、云南省昆明市东川区（易地扶贫搬迁的城镇安置模式），总结易地扶贫搬迁与新型城镇化协调发展的经验和启示。历史经验表明，易地扶贫搬迁与新型城镇化需要相互协调发展，易地扶贫搬迁的推进速度与搬迁规模应该与城镇综合承载能力相适应，另外，城镇需要完善公共基础设施和公共服务、改善人居环境，以吸纳搬迁人口。

第八章分析了广西深度贫困地区易地扶贫搬迁与新型城镇化协调发展的培育模式。从经济融入、社会和文化融入、生态融入以及多元主体协同等方面构建易地扶贫搬迁与新型城镇化协调发展培育模式。其中经济融入是指在产业发展、搬迁人口就业创业、收入水平、劳动福利等方面的融入；社会、文化融入则是在经济融入基础上的进一步深入，指搬迁人口在社会关系、支持网络、社会参与、社区交往、文化习俗、观念认同、规范习得、语言学习等方面的融入；生态融入主要集中在生态保护、生态修复、循环发展、生态可持续发展等方面的融入；多元主体协同主要包括党委、政府、企业与社会组织、搬迁群众等多元主体协同推进易地扶贫搬迁与新型城镇化协调发展，构建出党委领导、政府统筹、企业与社会组织协助、搬迁群众参与的协同推进易地扶贫搬迁与新型城镇化协调发展格局。

第九章分析了广西深度贫困地区易地扶贫搬迁与新型城镇化协调发展的政策保障。该部分分为三大内容：第一，以深化住房、土地管理、就业、户籍等制度的改革，保障易地扶贫搬迁与新型城镇化协调发展；第二，以完善医疗、养老等社会保障政策及公共服务制度促进易地扶贫搬迁与新型城镇化协调发展；第三，以构建多元主体协同的政策实践网络，巩固易地扶贫搬迁与新型城镇化协调发展。同时，构建了以经济效应、整合效应、溢出效应、生态效应和社会效应为主要内容的评估体系，对易地扶贫搬迁与新型城镇化协调发展进行可行性分析。

第十章是结论评述与研究展望。对本书的基本结论进行归纳，总结出研究存在的不足之处，同时对未来的研究进行适当展望。在归纳基本结论之后，进一步根据现实背景提出未来的展望。

第二章

易地扶贫搬迁和新型城镇化的研究动态及述评

第一节　相关内涵的辨析

准确理解易地扶贫搬迁和新型城镇化相互协调发展相关概念是我们研究的基础。

一、易地扶贫搬迁的内涵

2001 年国家计委在规划易地扶贫搬迁试点项目区时，正式提出“易地扶贫搬迁”这一概念。2006 年国家发展改革委在《易地扶贫搬迁“十一五”规划》中指出易地扶贫搬迁也称“生态移民”，因此易地扶贫搬迁与生态移民完全相提并论，并衍生出相似称谓如易地移民搬迁、移民搬迁，但对于生态移民、易地移民搬迁、移民搬迁等，易地扶贫搬迁至今仍是国内研究的主流概念。也有学者指出易地扶贫搬迁与西方“生态移民”

"生态难民""环境难民"等类似①。为此，王宏新等（2017）②在其研究中指出易地扶贫搬迁也称易地移民搬迁，与西方的生态移民、环境移民的含义既有密切联系又有本质区别，是具有中国特色、政府主导型的扶贫模式。目前，易地扶贫搬迁的概念方面学术界大多数采用《易地扶贫搬迁"十二五"规划》中的定义，其定义是将居住在生态环境恶劣、自然环境低劣等不具备生存条件和地质灾害严重地区的贫困人口搬迁到基础设施较为完善、生态环境较好的地区，改变其现有居住环境、生活和生产条件，使其能够融入现代社会，跟上社会发展步伐，接受更好地信息和受到更好的教育，为其脱贫制度创造条件③。也有学者在此基础上对易地扶贫搬迁概念进行补充和完善。比如：景喆等（2007）④较为系统地阐释了易地扶贫搬迁的内涵，认为易地扶贫搬迁建设周期长、涉及面广，是一项复杂的社会系统工程，涉及经济、社会、户籍、土地、宗教、文化习俗等方面，是城镇化过程中多目标耦合过程；色音和张继焦（2009）⑤指出易地扶贫搬迁是具有中国特色、政府主导型的扶贫模式，具有消除贫困、发展经济和保护生态的多重目的性；郑娜娜、许佳君（2019）⑥认为，易地扶贫搬迁是居住空间由散居向聚居的迁移过程和生产生活方式、文化心理、社会网络、基层治理的消解与重塑过程，它与生态环境密切相关，内嵌于一定政治、经济、文化与社会的结构性制度框架。

综上所述，查阅和总结相关易地扶贫搬迁的内涵研究的文献，本书认

① 郭剑平，施国庆．环境难民还是环境移民——国内外环境移民称谓和定义研究综述［J］．南京社会科学，2010（11）：93－98.

② 王宏新，付甜，张文杰．中国易地扶贫搬迁政策的演进特征——基于政策文本量化分析［J］．国家行政学院学报，2017（3）：48－53＋129.

③ 中华人民共和国国家发展和改革委员会．易地扶贫搬迁"十二五"规划［Z］．2012－07－25.

④ 景喆，李新文，高举廷．西部易地扶贫搬迁管理模式与村镇建设——以甘肃省靖远县刘川乡为例［J］．小城镇建设，2007（6）：62－65.

⑤ 色音，张继焦．生态移民的环境社会学［M］．北京：民族出版社，2009：7.

⑥ 郑娜娜，许佳君．易地搬迁移民社区的空间再造与社会融入——基于陕西省西乡县的田野考察［J］．南京农业大学学报（社会科学版），2019，19（1）：58－68＋165.

为易地扶贫搬迁是把因生态环境脆弱、地质灾害频发、居住条件恶劣而威胁生存和因居住偏远、交通不便、上学困难、就医困难等而限制发展的贫困人口进行移民搬迁的一项开发式扶贫工程。

二、新型城镇化的内涵

对于新型城镇化概念的研究也是一个研究热点。新型城镇化是针对传统城镇化而提出来的。但新型城镇化概念又区别于传统城镇化，即新型城镇化强调以人为本和突出城镇化的质量（龙翠红、易承志，2014）①。单卓然、黄亚平（2013）② 指出新型城镇化的内涵涉及产业结构优化升级、经济发展方式转变、生态文明和制度改革与创新。解安、朱慧勇（2013）③ 认为新型城镇化是一种内涵式城镇化发展道路，具体体现在内在承载力、传统文化的保护与传承、农业转移人口市民化、人居环境、城乡协调发展和产业转型升级六个方面。宋连胜和金月华④认为新型城镇化是生活方式、就业方式、公共服务、空间区域、社会治理城市化及人居环境的优美化。新型城镇化是以民生、可持续发展和质量为主的主要内涵。董晓峰等（2017）⑤ 认为新型城镇化是转变过去粗放型、环境不友好型、质量不高、宜人性与社会保障性差等局面，有环境友好、宜居生态、社会和谐、知识支撑、具有特色的高质量的城镇化发展之路。李忠斌、郑甘甜（2017）⑥

---

① 龙翠红，易承志．新型城镇化与城市发展方式转型：动因分析与路径选择［J］．经济问题探索，2014（7）：28－36.

② 单卓然，黄亚平．“新型城镇化”概念内涵、目标内容、规划策略及认知误区解析［J］．城市规划学刊，2013（2）：16－22.

③ 解安，朱慧勇．新型城镇化：内涵式城镇化发展之路［J］．中国党政干部论坛，2013（12）：97－98.

④ 宋连胜，金月华．论新型城镇化的本质内涵［J］．山东社会科学，2016（4）：47－51.

⑤ 董晓峰，杨春志，刘星光．中国新型城镇化理论探讨［J］．城市发展研究，2017，24（1）：26－34.

⑥ 李忠斌，郑甘甜．民族地区新型城镇化发展的现实困境与模式选择［J］．民族研究，2017（5）：27－41＋124.

认为，新型城镇化理论体系由新型城镇化方法论、城镇化理论发展新趋势、核心基础理论、推进途径四个方面构建，而民族地区新型城镇化是以人为本、以文化为脉、以生态为基、以耦合共生为目标。而在国外主要集中在对城镇化的内涵进行研究，西班牙规划师 A. 塞尔达的《城镇化概论》首先提到“urbanization（城镇化）”一词。随后国外较多学者对城镇化的基本内涵进行研究：韦瑟（Wirth L.）[①] 指出城镇化的内涵包括农村人口的迁移和集聚、生活方式和思想观念的转变；埃尔德里奇（Tisdale Eldridge. H）[②] 对城镇化内涵的理解与韦瑟·路易斯（Wirth Louis）相似，他认为城镇化是生活方式、价值观念和技术创新的转变、农村人口向城市转移和集聚以及真正融入城市生活；与韦瑟和埃尔德里奇的理解不同，希尔什（Hirsch）[③] 则从经济角度分析，认为城镇化是农村经济逐步转化为城市经济的过程；美国学者索罗金则指出城镇化是农村理念、行为、生活方式等不断转化为城镇理念、行为、生活方式的基本演化过程。

很显然，目前新型城镇化并没有一个统一的定义，不同领域、不同学者对其内涵的定义有所不同。本书认为新型城镇化与传统城镇化有所区别。新型城镇化是以人口城镇化为核心，以综合承载能力为支撑，以新型工业化为动力，以统筹兼顾为原则，推动产业发展、就业转移和人口集聚相统一，走科学发展、集约高效、功能完善、生态文明、社会和谐、城乡一体的城镇化建设之路。新型城镇化的内涵可以概括为人口城镇化、经济城镇化、社会城镇化、治理城镇化、环境城镇化等有机联系的方面。

三、协调发展的概念界定

准确理解和阐释“协调”和“协调发展”的内涵是我们厘清易地扶

① Wirth Louis. Urbanism as a way of life [J]. American journal of sociology, 1938: 1－24.

② Tisdale Eldridge H. The Process of Urbanization [J]. 1956.

③ Hirsch. Urban economic analysis [M]. New York: McGraw－Hill, 1973.

贫搬迁与新型城镇化内在关系的基础。

（一）协调及协调发展的内涵

协调发展的概念本身是一个合成概念，既强调协调，也强调发展，作为对发展的限定，协调基本被公认为理解这一概念的基础。鉴于此，协调发展概念的界定应以协调作为理解这一概念的切入点。那么，究竟何谓协调？在现实语境中，协调与其字面意思基本保持一致，意谓配合得当、协调一致。也有学者提出协调是指对系统内各要素之间相互协作、配合、促进等相互作用关系及其程度的反映①。协调发展是指在尊重客观规律的基础上，为实现系统的总体演进目标，系统内各子系统或各要素之间相互适应、相互配合、相互协作、相互促进而形成的一种良性循环态势及其控制过程②。协调发展既不是同步发展，也不是同地位发展，是要找到最好的定位，相互促进、互补互助地发展③。协调发展的理想状态是系统内各级结构、各要素之间都处在最佳的比例结构关系状态④。

（二）易地扶贫搬迁与新型城镇化相互协调发展的内涵

易地扶贫搬迁与新型城镇化协调发展是指易地扶贫搬迁与新型城镇化之间相互促进、互为载体、共同发展。特别是易地扶贫搬迁与新型城镇化要在结构上、空间上、速度上相互保持一定的比例关系，由此推动两者协调发展，促进扶贫开发和新型城镇化建设。同时，易地扶贫搬迁与新型城镇化协调发展不仅是一种创新型的易地扶贫模式，还是一种新型的城镇化推进模式。对易地扶贫搬迁与新型城镇化协调发展的内涵可以从以下几个方面进行理解：

---

①④ 胡卫华. 西部城镇化和农业现代化相互协调发展研究［M］. 北京：中国社会科学出版社，2017（12）：25.

② 吴江. 城乡统筹视阈下中国新型城镇化的路径选择——基于重庆的实证［M］. 西南师范大学出版社，2014：132.

③ 卢庆芳. 四川民族地区新型城镇化发展研究［M］. 北京：北京理工大学出版社，2017（9）：29.

第一，易地扶贫搬迁与新型城镇化协调发展的主要内容包括：一是结构的协调，就是易地扶贫搬迁与新型城镇化协调发展过程中产业发展能力提升与产业城镇化协调、公共服务均等化与社会城镇化协调、组织管理的健全与治理城镇化协调、生态的优先发展与生态城镇化协调；二是空间的协调，就是城镇布局与搬迁群众原住村落基本保持一致；三是速度的协调，易地扶贫搬迁与新型城镇化协调发展并非指两者的发展速度相同，而是指易地扶贫搬迁工作与新型城镇化推进阶段相适应、相同步，易地扶贫搬迁与新型城镇化互促互进。

第二，易地扶贫搬迁与新型城镇化协调发展是一个动态的过程。而动态是指任何系统的状态都是时间的函数，是随时间的推移而不断发生变化[①]。这个过程包括三个方面：一是易地扶贫搬迁工作开展顺利，搬迁人口的市民化顺利实现，新型城镇化随之推进；二是新型城镇化顺利推进，水平不断提高，吸引贫困人口搬迁；三是易地扶贫搬迁和新型城镇化之间优化配置、相互协调。从当前来看，易地扶贫搬迁、新型城镇化是发展变化的，两者处于不协调发展状态，需要构建培育模式和探索政策保障把两者从不协调发展到协调发展状态，当然这也是需要经历一个时间过程。

第三，易地扶贫搬迁与新型城镇化协调发展也是一个静态过程。分析和判断广西深度贫困地区易地扶贫搬迁与新型城镇化是否协调发展，不仅要有动态分析，还要有静态分析。动态分析有助于把握协调发展的走势和问题成因，静态分析则是有助于判断协调发展的发展现状[②]。协调发展的静态是易地扶贫搬迁与新型城镇化之间相互促进、共同发展；不协调发展的静态是易地扶贫搬迁与新型城镇化相互“断裂”，独立发展。而当前易地扶贫搬迁、新型城镇化正处于不协调发展的状态。

第四，政府要正确发挥推动易地扶贫搬迁与新型城镇化协调发展的作用。政府通过合理运用各种有效政策和措施，为易地扶贫搬迁与新型城镇

① 潘建伟．中国牧区经济社会发展研究［M］．中国经济出版社，2010：141.

② 黄祖辉等．推进工业化、城镇化和农业现代化协调发展［J］．中国农村经济，2013：3.

化协调发展提供政策保障，并发挥其统筹全局的作用，引导社会多元主体参与促进两者协调发展，使易地扶贫搬迁与新型城镇化协调发展达到良好效果。这主要包括：其一，为搬迁人口的市民化创造制度条件，如户籍制度、社会保障制度、土地流转制度、住房制度等；其二，为易地扶贫搬迁与新型城镇化协调发展创造良好的制度环境；其三，为易地扶贫搬迁与新型城镇化协调发展提供社会支持，比如企业、社会组织及搬迁人口等多元主体的参与和支持。

第二节　易地扶贫搬迁与新型城镇化的研究动态

一、国外相关文献综述

关于生态移民的研究。在西方语境下，与“易地扶贫搬迁”相对应的概念是“生态移民”。而且也有学者指出“易地扶贫搬迁”属于本土词汇，国外将其成为“生态移民”①。因此，国外学者对生态移民的研究较多。过去国外学术界对生态移民概念的研究和探讨，经历了从“环境难民”②③ 到“环境移民”④⑤ 再到“生态移民”的过程。1976 年莱斯特·布

① 叶青，苏海. 政策实践与资本重置：贵州易地扶贫搬迁的经验表达［J］. 中国农业大学学报（社会科学版），2016，33（5）：64－70.

② Lester Brown，Mc Grath Patricia and Bruce Stokes. “Twenty – Two Dimensions of the Population Problem”. Worldwatch Institute Worldwatch Paper 5，1976.

③ Essam El – Hinnawi，Environmental Refugees，Nairobi Kenya. United Nations Environment Programme，1985）、（Norman Myers，“Environmental Refugees”，Population and Environment，Vol. 19，No. 2，1997）.

④ Ashok Swain. “Environmental Migration and Conflict Dynamics：Focus on Developing Regions”，Third World Quarterly，Vol. 117，No. 5，1996.

⑤ Graeme Hugo. “Environmetal Concerns and International Migration”，International Migration Review，Vol. 30，No. 1，1996.

郎（Lester Brown）提出“环境难民”后，在1985年联合国环境署研究员希纳维（EI Hinnawi）[①] 将“环境难民”定为由于显著的环境崩溃导致人们的生活质量受到影响，甚至生存受到威胁，从而不得不选择搬迁的人。“生态移民”概念则最先由美国科学家考尔斯提出，他认为生态移民是出于保护生态环境的目的而进行的移民。马科斯·伊兹拉（Markos Ezra，2001）[②] 认为人口压力是造成生态移民的主要原因。阿马切尔等（Amacher et al.，1998）[③] 指出人口、环境、贫困是移民的主要动机。阿马切尔和海德（Amacher & Hyde，1998）[④]、楚普拉和古拉提（Chopra & Gulati，1997）[⑤] 等学者主要从生态移民与环境之间的角度分析，指出生态移民逐渐成为摆脱贫困的一种重要的生存战略。而东英格兰大学的温克尔斯和尼尔阿杰（Alexandra Winkels & W. NeilAdger）也认为生态移民是一种生存战略。世界卫生组织（2007）则将生态移民定义为由于环境突然或缓慢变化，对人们的生活或生存条件产生不利影响而被迫或主动、暂时或永久离开家园的人或人群，他们既可以是国内迁移，也可以是国外迁移[⑥]。

关于城镇化的研究。国外学者对城镇化的研究较早，他们从各自的学科领域、运用不同的理论知识。例如，大多数国家和地区城镇化发展阶段划分为临界完成型、基本完成型和发达城市型（Northam R. M，1975）[⑦]；

① Essam EI-hinnawi. Environmental Refugees [Z]. Nairobi：UNEP，1985.

② Markos Ezra. 埃塞俄比亚的生态恶化，农村贫困和人口迁移的分析 [R]. 2001. www. popcouncil. org/pdfs/wp/149. pdf.

③ Amacher G S.，Gruz W.，Donald L G. et al. Environmental motivations formigration：population pressure，poverty and deforestation in the Philippines [J]. Land Economics，1998，74 (1)：92－101.

④ Amacher G，Hydes. Migration and theenvironment：the case of Philippine Up lands [J]. Journal of Philippine Development，1996，23 (2)：75－78.

⑤ Choprak，Gulatisc. Environmental degradation，property rights and population movement：hypothesis and evidenc from Rajasthan [J]. Environment and Resource Economiics，1997，9 (4)：383－408.

⑥ International Organization for Migration (IOM) [R]. Discussion Note：Immigration and the Environment，2007 (11).

⑦ Northam R M. Urban geography [M]. New York：Wiley，1975.

安德森和裕次郎速水优（1986）[①] 指出中国城镇化发展对农村的重视程度相对不足，这种现象的形成以政府强制力作为保障；卡罗林（Carolyn，2002）[②] 通过分析改革开放后深圳市的城镇化发展状况，发现城镇化发展主要受到政府政策、经济增长、结构调整和外资流入等影响；伯蒂尼利等人（Luiseno Bertinelli et al.，2008）通过对世界100多个国家研究发现人力资本积累与城镇化之间呈现着具有典型“U”形特征的关系曲线；穆提希（Mutisy E.，2014）以肯尼亚为例，从区域环境、社会人口移动分布、区域经济和政府四个方面推动城镇化协调和整合，可确保城镇化的可持续发展；阿勒斯（Anna L. Ahlers，2015）分析了中国农村人口、经济发展现状、产业结构的情况下，认为就地就近城镇化是中国农村实现适度城市化的路径。

二、国内相关文献综述

广西深度贫困地区的区位条件较为特殊，表现出“两高、两缺、两差、两低、四重”的共同特征，是国家脱贫攻坚的重要战场。目前尚缺乏广西深度贫困地区易地扶贫搬迁与新型城镇化协调发展的系统理论，而易地扶贫搬迁与新型城镇化协调发展机制和路径选择，其实质是人口迁移影响地区经济社会发展的机制和路径。因而，本书从以下三条线索对相关文献梳理，来厘清研究起点和研究思路。

（一）易地扶贫搬迁研究

易地扶贫搬迁对于减轻生态压力和贫困人口的减贫发展起到了重要作

---

① Kym Anderson and Yujiro Hayami. The Political Economy of Agricultural Protection, East Asia in International Perspective [M]. Sidney London. Boston: Allen&Unwin in association with The Australia - Japan Research Center, Auustralian National University, 1986.

② Carolyn transnational urbanism in the reform-era Chinese city: landscapes form shenzhen [J]. urban studies, 2002 (9): 1513 - 1532.

用。在脱贫攻坚时期，易地扶贫搬迁成为精准脱贫“五个一批”的维度之一，承担着1 000万贫困人口的脱贫任务[①]。因此有必要对易地扶贫搬迁面临的困境及应对策略的研究进行梳理。

第一，易地扶贫搬迁的原因研究。王晓毅（2016）[②] 指出生态环境退化和自然资源严重不足，造成一方水土不能养育一方人。陈胜东等（2016）[③] 揭示了生存环境恶劣、生态环境脆弱、自然灾害频发等是易地扶贫搬迁的主要原因。而曾小溪和汪三贵（2017）[④] 把易地扶贫搬迁的原因归结为生存环境差、收入水平低、生产生活不便、扶贫开发难度大、住房条件差以及饮水难、上学难、就医难等。宁静等（2018）[⑤] 认为易地扶贫搬迁是将生存环境差、生态环境脆弱、不具备基本发展条件区域里的贫困人口搬迁到生产生活条件较好的地方。

第二，易地扶贫搬迁面临的困境研究。粗放搬迁、安置包办、只搬不扶等政策偏差，降低了搬迁脱贫的精准性及施策成效（贺立龙等，2017）[⑥]；李雯（2017）[⑦] 以山西为例，指出搬迁人口与搬迁人员的意愿不相一致、搬迁房建设标准及补助标准偏低、资源共享不足等是当前易地扶贫搬迁面临的困境。易地搬迁所造成的个人适应与整体社会结构转型及多民族聚居社区重组与治理创新是未来需关注的焦点（方素梅，2018）[⑧]；

① 张建．运动型治理视野下易地扶贫搬迁问题研究——基于西部地区X市的调研［J］．中国农业大学学报（社会科学版），2018，35（5）：70－80.

② 王晓毅．易地扶贫搬迁方式的转变与创新［J］．改革，2016（8）：71－73.

③ 陈胜东，蔡静远，廖文梅．易地扶贫搬迁对农户减贫效应实证分析——基于赣南原中央苏区农户的调研［J］．农林经济管理学报，2016，15（6）：632－640.

④ 曾小溪，汪三贵．易地扶贫搬迁情况分析与思考［J］．河海大学学报（哲学社会科学版），2017，19（2）：60－66＋91.

⑤ 宁静，殷浩栋，汪三贵，王琼．易地扶贫搬迁减少了贫困脆弱性吗？——基于8省16县易地扶贫搬迁准实验研究的PSM－DID分析［J］．中国人口·资源与环境，2018，28（11）：20－28。

⑥ 贺立龙，郑怡君，胡闻涛．如何提升易地搬迁脱贫的精准性及实效——四川省易地扶贫搬迁部分地区的村户调查［J］．农村经济，2017（10）：80－85.

⑦ 李雯．易地扶贫搬迁面临的困境及其破解——基于山西部分贫困乡村的调研分析［J］．中共山西省委党校学报，2017，40（4）：50－53.

⑧ 方素梅．易地搬迁与民族地区反贫困实践——以广西环江毛南族自治县为例［J］．西南民族大学学报（人文社科版），2018，39（9）：8－15.

易地扶贫搬迁涉及搬迁群众就业、安居及后续发展等多方面（王春蕊，2018）①；地方政府主导的易地搬迁在安置点选择上表现出明显的城市偏好，易陷入城市迷思（马流辉，2018）②。贫困群体对易地扶贫搬迁的认识不足、存在严重的资金缺口以及搬迁贫困户的后续保障乏力等问题加大民族地区易地扶贫搬迁的难度③。提高政策设计瞄准性、增强扶贫主体互动合作、加强对接效率与移民的社会融入、贫困群体内生动力的提升依然是易地扶贫搬迁面临的问题④。易地扶贫搬迁补贴与政策“悬崖效应”间的矛盾，整村搬迁政策与非同步搬迁户和资金缺口间的矛盾，迁出地生态恢复与农民不愿拆旧复垦间的矛盾是深度贫困地区面临的主要问题（王静，2018）⑤。曾小溪和汪三贵（2019）⑥ 在分析易地扶贫搬迁工作进展情况的基础上，发现搬迁对象不精准、安置方式不精准、新老政策衔接不精准、搬迁户参与较少、涉及土地较难调整、搬迁涉及税费较高以及搬迁户收入未有根本性改变是易地扶贫搬迁存在的主要问题。

第三，易地扶贫搬迁应对策略研究。孙永珍、高春雨（2013）⑦ 认为，易地扶贫搬迁工作应遵循政府主导与群众自愿相结合原则，人口、社会、资源与环境协调发展原则，降低搬迁成本与提高长期收益相结合原则，扶贫搬迁与产业发展相结合原则。动员力度与心理聚合综合运用

---

① 王春蕊．易地扶贫搬迁困境及破解对策［J］．河北学刊，2018，38（5）：146－151.

② 马流辉．易地扶贫搬迁的“城市迷思”及其理论检视［J］．学习与实践，2018（8）：87－94.

③ 魏文松，宋才发．民族地区易地扶贫搬迁方略的实施及法治举措探讨［J］．广西社会科学，2018（7）：120－124.

④ 叶青，苏海．政策实践与资本重置：贵州易地扶贫搬迁的经验表达［J］．中国农业大学学报（社会科学版），2016，33（5）：64－70.

⑤ 王静．深度贫困地区易地扶贫搬迁及政府精准扶贫策略分析——以山西省吕梁市兴县精准扶贫成效第三方评估分析为例［J］．沈阳农业大学学报（社会科学版），2018，20（1）：6－10.

⑥ 曾小溪，汪三贵．打赢易地扶贫搬迁脱贫攻坚战的若干思考［J］．西北师大学报（社会科学版），2019，56（1）：123－131.

⑦ 孙永珍，高春雨．新时期我国易地扶贫搬迁安置的理论研究［J］．安徽农业科学，2013，41（36）：14095－14098.

方能实现最佳易地搬迁效果（王金涛、陈琪，2016）①；深度贫困区易地扶贫搬迁后生产与就业的接续是脱贫的根本之路（贺立龙等，2017）②。在易地扶贫搬迁工作中要坚持问题导向，聚焦薄弱环节，高度关注苗头性与倾向性的问题，谨防陷入五大误区③。易地扶贫搬迁在拆迁与生活安置等实践过程中需加入特定时空条件下的社会文化治理要素（周恩宇等，2017）④；李宇军、张继焦（2017）⑤ 认为易地扶贫搬迁必须发挥受扶主体（群众）的能动性。从易地扶贫搬迁过程的全环节入手，构建由宣传动员机制、联动协作机制等七个机制构成的搬迁机制体系（白永秀、宁启，2018）⑥；多维空间+生计能力框架分析易地搬迁的理论逻辑和由此生发的贫困治理逻辑（吴丰华等，2018）⑦。朱婷、何得桂（2018）⑧ 表示要以"精准搬迁、精准施策、精细管理"为主线，以"搬得出"为手段，以安居乐业为目的。以广西为例，着重研究了易地扶贫搬迁的"顶层设计—动员激励—统筹协调—监督考核"四位一体核心机制，从基础设施、就业培训、教育医疗、社会保障、产业带动、社区重建、文化融入、心理介入、生态恢复等方面促进易地扶贫搬迁（王曙光，2019）⑨。

---

① 王金涛，陈琪．动员力度、心理聚合与搬迁绩效——以陇中某地易地搬迁为例［J］．中国行政管理，2016（9）：82－87.

② 贺立龙，郑怡君，胡闻涛，於泽泉．易地搬迁破解深度贫困的精准性及施策成效［J］．西北农林科技大学学报（社会科学版），2017，17（6）：9－17.

③ 彭玮．当前易地扶贫搬迁工作存在的问题及对策建议——基于湖北省的调研分析［J］．农村经济，2017（3）：26－30.

④ 周恩宇，卯丹．易地扶贫搬迁的实践及其后果——一项社会文化转型视角的分析［J］．中国农业大学学报（社会科学版），2017，34（2）：69－77.

⑤ 李宇军，张继焦．易地扶贫搬迁必须发挥受扶主体的能动性——基于贵州黔西南州的调查及思考［J］．中南民族大学学报（人文社会科学版），2017，37（5）：156－159.

⑥ 白永秀，宁启．易地扶贫搬迁机制体系研究［J］．西北大学学报（哲学社会科学版），2018，48（4）：62－74.

⑦ 吴丰华，于重阳．易地移民搬迁的历史演进与理论逻辑［J］．西北大学学报（哲学社会科学版），2018，48（5）：112－120.

⑧ 朱婷，何得桂．摆脱贫困：西部地区易地扶贫搬迁质量提升机制研究［J］．特区经济，2018（5）：43－46.

⑨ 王曙光．易地扶贫搬迁与反贫困：广西经验模式研究［J/OL］．西部论坛：1－13［2019－06－27］．http：//kns. cnki. net/kcms/detail/50. 1200. C. 20190606. 1015. 002. html.

（二）新型城镇化研究

近两年来，国内学者对新型城镇化的研究趋向于成熟。第一，新型城镇化的特征。党的十八大报告中主张以城乡统筹、产城互动、生态宜居、和谐发展为新型城镇化的基本特征。也有不少学者对新型城镇化的特征进行研究，比如，过程整合性、任务艰巨性、主体多元性以及本质人本性是新型城镇化建设的特征①；新型城镇化具有以就地就近城镇化为主要模式、以人的城镇化为核心、以四化同步发展为理念支撑等特征（黄开藤，2018）②；余江和叶林（2018）③ 指出城镇化质量滞后于城镇化率仍然是现阶段中国新型城镇化的主要特征；梅丽和倪新生（2019）④ 在其研究中指出，新型城镇化的主要特征体现在思想的科学性、进程的协调性、方法的集约性以及方向的人文性。

第二，新型城镇化建设面临的困境研究。新型城镇化建设面临传统发展模式占主导、城乡二元结构阻碍农民市民化、公共供给均等化受阻、城市病问题突出等障碍⑤。以少数民族地区为例，少数民族城镇化发展相对滞后，主要表现为新型城镇化质量偏低、二元经济结构突出、缺乏特色产业支撑、少数民族流动人口融入城市困难、城市规划趋同等⑥。新型城镇化面临潜在危机，如空间整体上受制于城乡二元结构体制，重城轻乡导致

① 徐选国，杨君．人本视角下的新型城镇化建设：本质、特征及其可能路径［J］．南京农业大学学报（社会科学版），2014，14（2）：15－20.

② 黄开腾．新型城镇化推进精准扶贫：内在逻辑及实现途径［J］．西部论坛，2018，28（1）：29－37.

③ 余江，叶林．中国新型城镇化发展水平的综合评价：构建、测度与比较［J］．武汉大学学报（哲学社会科学版），2018，71（2）：145－156.

④ 梅丽，倪新生．新型城镇化的内涵与特征［J］．市场周刊，2019（1）：172－173.

⑤ 邬巧飞，邹丽萍．人的城镇化及其实现路径探论——马克思主义人学的视角［J］．理论导刊，2014（11）：8－10.

⑥ 柳建文．新型城镇化背景下少数民族城镇化问题探索［J］．西南民族大学学报（人文社会科学版），2013，34（11）：16－22.

农民工、老人农业和空心村的新三农问题①。城镇化与工业化互动有限、城镇化与信息化协调不够、城镇化与农业现代化关联不紧等是新型城镇化的主要困境②。新增公共服务资金短缺、住房供求矛盾、大城市人口总量控制、农民工落户意愿不高和城市粗放发展理念等都是新型城镇化进程中存在的困境③。

第三，新型城镇化建设路径研究。贫困地区推进城镇化应围绕三个注重：即注重围绕全面发展农村经济，注重县域中心城市、中心镇和社区建设，注重加大政策倾斜力度（姚巧华，2014）④；新型城镇化助力贫困地区发展，支撑经济社会转型（唐兴和，2014）⑤；提出以定量评价—问题研判—理论梳理—模型构建—模式提炼—优化调控为研究主线探讨新型城镇化与扶贫开发互馈机制的研究范式（戈大专、龙花楼、屠爽爽，2016）⑥。推进新型城镇化建设的发展路径包括：新型城镇化的发展路径要求加快户籍制度改革、提高城市规划建设管理水平、走资源节约型与环境友好型城镇化道路、推进城镇化与工业化及农业现代化同步协调发展（杨静，2014）⑦。以城市群为主体推动大中小城市和小城镇协调发展，加快消除城乡二元结构，保障和改善民生，加快推进新型城镇化与工业化、信息化、农业现代化协调发展⑧。建设以人的城镇化为核心的新型城镇化，要树立以人为本理念，保障农民权利，消除人的城镇化的制度性障碍，提高

---

① 张明斗．新型城镇化面临的潜在危机与治理方向——以农村病、城镇病和城市病为研究链条［J］．郑州大学学报（哲学社会科学版），2015，48（2）：71－75.

② 徐晓军．“四化同步”发展新型城镇化：主要困境及推进路径［J］．江汉大学学报（社会科学版），2015，32（1）：13－19＋122.

③ 孙永正．加快新型城镇化进程的困境与对策［J］．经济问题，2017（2）：56－62.

④ 姚巧华．贫困地区推进新型城镇化的政策取向——以河南省为例［J］．学习论坛，2014，30（2）：30－33.

⑤ 唐兴和．从贫困到跨越的战略抉择——甘肃新型城镇化道路研究［J］．兰州大学学报（社会科学版），2014，42（4）：97－106.

⑥ 戈大专，龙花楼，屠爽爽，李裕瑞．新型城镇化与扶贫开发研究进展与展望［J］．经济地理，2016，36（4）：22－28＋5.

⑦ 杨静．中国新型城镇化发展路径探析［J］．学术交流，2014（7）：111－116.

⑧ 于瑞红．经济新常态下新型城镇化发展的推进路径［J］．经济纵横，2016（9）：58－60.

城市的综合承载能力①。唐志红（2015）② 基于人口空间分布特征对新型城镇化路径进行分析，具体路径包括：从城市管理的户籍人口向常住人口的转移、乡村型小城镇向城市型小城镇迈进、增设飞地型（文献正文）市辖区、城乡空间形态和产业发展的一体化等。要推进农村土地制度改革、缩小脱贫攻坚的地区差距，以新型城镇化和新农村建设双轮推进我国“三农”发展（陈锡文，2017）③；新型城镇化建设应尊重经济发展的客观规律、以特大城市为核心的城市群为发展主体，破除城镇化建设中的制度瓶颈和完善融资机制（张卫等，2018）④。

（三）易地扶贫搬迁与新型城镇化协调发展的研究

不同的角度对易地扶贫搬迁与新型城镇化协调发展有不同认识，为了有效地加快两者协调发展进程，有必要对易地扶贫搬迁与新型城镇化协调发展作一理论梳理，以便对易地扶贫搬迁与新型城镇化协调发展有一定的理解和认识。易地扶贫搬迁与新型城镇化相耦合，两者具有目标一致以及易地扶贫搬迁实现机制与搬迁人口市民化趋同的内部逻辑（吕翠丽、何玲玲，2018）⑤。易地扶贫搬迁涉及新型城镇化和农业现代化，有助于促进农业增效、农民增收、农村繁荣，打造美丽和谐宜居的新型社区、新型集镇、新型城镇（文兵，2018）⑥。

易地扶贫搬迁与新型城镇化的协调发展问题和移民搬迁或生态移民与城镇化的发展问题相似，当前关于移民搬迁或生态移民与城镇化发展的文

---

① 邬巧飞．人的城镇化及实现路径研究［J］．求实，2015（2）：65－70.

② 唐志红．基于人口空间分布特征的新型城镇化路径分析——以四川省为例［J］．西北农林科技大学学报（社会科学版），2015，15（1）：54－58＋64.

③ 陈锡文．以新型城镇化与新农村建设双轮推进城乡一体化［J］．求索，2017（11）：4－10.

④ 张卫，糜志雄．我国新型城镇化的发展趋势、挑战及对策［J］．宏观经济管理，2018（8）：47－53.

⑤ 吕翠丽，何玲玲．易地扶贫搬迁与新型城镇化耦合发展研究［J］．经济师，2018（9）：14－16.

⑥ 文兵．如何处理好易地扶贫搬迁与新型城镇化和农业现代化的关系［N］．中国民族报，2017－01－06（8）.

献研究较多。何德桂（2016）[①] 提出移民搬迁与就地城镇化相结合的形式将是我国新型城镇化的创新模式之一。白燕和李静（2016）[②] 对生态移民城镇化效应进行研究，认为人口的空间转移、功能的转变以及居民生活方式的转型是生态移民与城镇化的共同特征，并将生态移民的城镇化效应定义为城镇化进程的推进对生态移民的生产生活方式带来的影响。赵双（2018）[③] 分析了易地扶贫搬迁在推进城镇化进程中面临城镇规划不合理、财政负担重、搬迁效果不理想、基层矛盾复杂和搬迁对象反悔等问题，并在城镇发展规划、扶贫资金监管、生计保障、干部培养和配套设施跟进等方面加大力度，以实现易地扶贫搬迁工作与城镇化建设协调推进和贫困人口可持续发展。张红霞和田建华（2018）[④] 在其研究中指出，通过对居住在环境恶劣、生产条件差以及不适合生活的地区的贫困人口实施生态移民搬迁是改善生态环境和助推城镇化的必然选择，并提出了生态移民城镇化的对策，包括了结合生态移民确立发展新格局、提高生态移民户综合能力、完善集中安置区基础设施建设、合理布局主导特色产业、合理规划移民用地。

易地扶贫搬迁与新型城镇化两个问题是紧密联系在一起的。一个地区的搬迁人口市民化程度与城镇化水平一般呈正相关关系，城镇化水平高的地方，其搬迁人口市民化程度就越高。面对新形势和新任务，如何把握机遇，全面推动广西深度贫困地区易地扶贫搬迁与新型城镇化的协调更好更快发展。本研究通过对易地扶贫搬迁与新型城镇化协调发展问题做了深入的调查、研究，认为实现广西深度贫困地区易地扶贫搬迁与新型城镇化协调发展的基本点在于以城镇化加快推进搬迁人口市民化及以易地扶贫搬迁

---

① 何得桂．山区避灾移民搬迁政策执行研究——陕南的表述［M］．北京：人民出版社，2016：1.

② 白燕，李静．新疆生态移民城镇化效应研究［J］．新疆社会科学，2016（5）：49－55.

③ 赵双．易地扶贫搬迁在推进城镇化进程中面临的主要问题及对策探析——以 X 乡为例［J］．小城镇建设，2018，36（12）：11－17.

④ 张红霞，田建华．生态移民和城镇化发展探析——以商洛市为例［J］．西部财会，2018，423（6）：76－78.

推进脱贫进程和提高城镇化率。

三、简要述评

文献检视发现，易地扶贫搬迁工程和新型城镇化建设都是复杂、难度大的工程，它们都不同程度上牵涉到了搬迁群众生产生活方式的巨大变化，涉及户籍、社会保障、公共服务、土地流转等制度的改革，生态保护和生态治理的重大问题，涉及群体和个人的搬迁意愿和脱贫致富的能动性，城镇综合承载能力以及最佳承载水平等复杂的问题。很显然，加快易地扶贫搬迁步伐和新型城镇化建设步伐的难度不可谓一般。上述研究无疑对本书研究具有重要的理论参考价值，为本书的研究提供了许多重要的基础性资料和在研究方法、研究理论、研究路径等方面提供了借鉴。但是已有研究尚存在以下不足之处：

其一，国外研究起步早，研究成果丰富，主要集中在对生态移民或生态难民和城镇化的研究，但是对于生态移民与城镇化相关关系的研究还是较少。

其二，分别对易地扶贫搬迁和新型城镇化方面研究比较深入，但是对于研究易地扶贫搬迁与新型城镇化两者还处于起步阶段，有待深入探讨。

其三，对于易地扶贫搬迁的研究，主要集中在研究其内涵、搬迁原因、面临困境以及解决对策上；新型城镇化的研究，主要集中在研究其内涵、特征、面临困境以及路径上。那么很明显，对于两者的研究大多数是遵从“提出问题—分析原因—提出对策”的模式，对易地扶贫搬迁与新型城镇化相关关系问题的研究成果比较有限，尤其是从两者协调发展的角度分析更是少之又少。

其四，从研究的内容和深度上看，对易地扶贫搬迁和新型城镇化相关关系的研究还不够深入，系统性的研究易地扶贫搬迁与新型城镇化协调发展相对较少，特别是针对区域性的易地扶贫搬迁与新型城镇化协调发展研究较为不足。无论是易地扶贫搬迁方面的文献，还是新型城镇化方面的文献，都缺乏对广西深度贫困地区探索易地扶贫搬迁与新型城镇化两者之间内在逻辑及其影响因素的深入分析。

总体而言，易地扶贫搬迁、新型城镇化及深度贫困地区的相关研究已经取得了有价值的研究成果，对相关实践起到了积极的指导作用。但是，广西深度贫困地区因其地理、经济、政治等方面的特殊性和复杂性，单纯的治理“底层”理论框架虽然有一定的解释能力，却无法完成具体民族地区治理实践的知识累积，立足于广西深度贫困地区易地扶贫搬迁与新型城镇化的相关关系及其协调发展模式分析，形成论著相对少，缺乏系统的研究。基于此，本课题将力图对以上不足做出回应，尝试以广西深度贫困地区为研究区域，对该区域易地扶贫搬迁与新型城镇化协调发展问题进行深入分析。

第三章

易地扶贫搬迁与新型城镇化的历程及现状分析

自2015年10月习近平总书记首次提出实施精准脱贫的“五个一批”工程以来，国家要对“一方水土养不起一方人”的深度贫困人口约1 000万人实施易地搬迁，规模之大、难度之高、任务之重，使使这项工作的成败在相当程度上决定我国到2020年打赢脱贫攻坚战和全面建成小康社会的成败。改革开放四十年来，中国城镇化取得了举世瞩目的成就，回顾中国城镇化历程，总结中国城镇化的成功经验和启示，对新时代中国城镇化进行展望，将城镇化的经验提升到理论层面，不仅对未来中国城镇化具有重要的现实意义和历史价值，也对城镇化理论发展有一定推动作用。

移民搬迁和城镇化自古有之，都曾大规模发生，这需要对易地扶贫搬迁政策的历史演进脉络以及对改革开放以后中国城镇化的发展历程进行清晰把握，并提炼出政策演进过程和发展历程的若干特征。历史脉络和若干特征，透露了易地扶贫搬迁及城镇化的内在属性，呈现出了一系列相互关键的内外部、主客观因素，对易地扶贫搬迁政策演进历程和中国城镇化发展历程现状分析，不仅有助于我们更加系统、全面、深刻把握其本质、厘清其作用机理，而且有助于深入分析易地扶贫搬迁与新型城镇化有哪些关联性和对本课题又有哪些方面的启示。

第一节　中国易地扶贫搬迁政策的演进历程

根据我国易地扶贫搬迁实践，并结合我国易地扶贫搬迁政策文本的演进特点，作者将我国易地扶贫搬迁政策演进历程分为三个阶段（见表3－1）：试点探索阶段，全面推进阶段和脱贫攻坚阶段。

表3－1　　中国易地扶贫搬迁政策的演进历程

演进阶段	试点探索阶段	全面推进阶段	脱贫攻坚阶段
政策时期	2001～2010年	2011～2014年	2015年至今
政策背景	救济式扶贫效益逐渐较弱，扶贫开发工作步履维艰	综合扶贫效果日渐式微，贫困问题解决难度日益加大	传统易地扶贫搬迁协调难度加大，扶贫资源配置低效，社会合力尚未形成
关键性政策文件	原国家计委《关于易地扶贫搬迁试点工程的实施意见》	国家发展和改革委员会《易地扶贫搬迁“十二五”规划》	“十三五”时期易地扶贫搬迁工作方案
主要政策类型	部门规章、政治政策、社会政策	部门规章、行政法规、经济政策	部门规章、行政法规、经济政策
特征表现	坚持群众自愿、政府引导原则，多方筹集资金，确保“搬得出、稳得住、能致富”	政府角色变为引导为主，与城镇化、工业化相结合，有中国特色的易地扶贫搬迁政策体系初步形成	精准瞄准、创新机制、“啃硬骨头、攻坚拔寨”的冲刺时期；中央指挥、地方落实、社会力量参与，共同推动易地扶贫搬迁精准化

资料来源：根据中国易地扶贫搬迁政策的演进历程整理编制所得。

一、试点探索阶段（2001～2010年）

在易地扶贫搬迁政策试点阶段，仅在宁夏、云南、贵州和内蒙古四省（区）实施试点。《国家八七扶贫攻坚计划（1994～2000年）》明确提出对极少数生存和发展条件特别困难的村庄和农户，实行开发式移民，到2000年后既定的战略目标已基本完成。《中国农村扶贫开发纲要（2001～2010年)》中提出对目前极少数居住在生存条件恶劣、自然资源匮乏地区的特困人口，要结合退耕还林还草，稳步推进自愿移民搬迁；试点先行、搞好规划、稳步推进。根据以上政策的要求，2001年国家计委印发《关于易地扶贫搬迁试点工程的实施意见》提出了将宁夏、云南、贵州和内蒙古四个省（区）列为易地扶贫搬迁工程试点省（区）。此后，宁夏、贵州、内蒙古等省（区）相继开启易地扶贫搬迁工程。2007年《易地扶贫搬迁"十一五"规划》也系统阐述了易地扶贫搬迁的总体要求，明确了2010年搬迁农村贫困人口150万人。总体而言，试点探索阶段主要表现为两大特征：一方面是由于我国国内改革实践经验较少和易地扶贫搬迁经验缺乏，国外可供借鉴经验少，我国这一阶段的易地扶贫搬迁尚处于"摸着石头过河"的探索阶段；另一方面是易地扶贫搬迁资金筹集形成了中央政府、地方政府、群众多方筹措机制，并辅以民生保障和生态建设，这既消除了贫困、改善生态环境，又确保搬迁人口"搬得出、稳得住、能致富"。

二、全面推进阶段（2011～2014年）

从2011年开始，易地扶贫搬迁进入全面推进阶段，这一阶段体现出了政府引导为主、与城镇化和工业化相结合的特征，初步形成有中国特色的易地扶贫搬迁政策体系。实施试点由宁夏、云南、贵州、内蒙古四省（区）扩展到17个省（区），按照"中央统筹、省负总责、县抓落实"的要求对自然村落整体搬迁，这时期的政策演进具体表现为政策发布数量增加，政策类型及内容更加多样化。从2001年开始，全国范围陆续开展了易地扶贫搬迁工程，截至2015年，已累积安排易地扶贫搬迁680多万人。在2011～2014年这四年期间，累积搬迁贫困人口394万人，是前十年的1.37倍，搬迁效果显著；累积安排中央预算内投资231亿元，是前十年投入易地扶贫搬迁资金的1.75倍，搬迁资金投入力度大。进入“十二五”期间，为加快贫困地区进一步发展，促进贫困地区脱贫，《国民经济和社会发展第十二个五年规划纲要》明确提出要加大贫困地区扶贫搬迁力度，将政府角色由引导上升为主导，并与推进城镇化、工业化相结合；中共中央、国务院于2011年颁布的《中国农村扶贫开发纲要（2011～2020年）》提出有条件的地方引导向中小城镇、工业园区移民，首次将扶贫搬迁与城镇化、工业化相结合，这是扶贫搬迁工作的一大创新，从而将搬迁群体从“搬得出、稳得住”发展为“搬得出、稳得住、有发展、能致富”，成为这一时期易地扶贫搬迁政策的显著特点；2012年的《易地扶贫搬迁“十二五”规划》中强调，通过引导、带动其他相关支农投资和出台配套政策，加强对住房、水利、道路、教育、卫生、文化等设施建设，大幅度提高搬迁群众生产条件和生活质量，同时统筹解决劳动力外出务工和特色产业发展问题，拓宽就业渠道和致富空间，缓解迁出区人口压力，从而有利推动了贫困地区人口、产业集聚和城镇化进程，大幅改善了贫困地区生产生活条件。

三、脱贫攻坚阶段（2015年至今）

2015年召开的中央扶贫开发工作会议，并颁布《关于打赢脱贫攻坚战的决定》，强调到2020年确保农村贫困人口实现脱贫的全面建成小康社会目标，其中易地扶贫搬迁被确定为打赢脱贫攻坚战的“头号工程”，这也是“五个一批”精准扶贫工程中最难啃的“硬骨头”；2015年国务院召开的全国易地扶贫搬迁工作电视电话会议，强调加大易地扶贫搬迁力度；以及2016年国家发改委印发的《全国“十三五”易地扶贫搬迁规划》旨在从根本上解决居住在“一方水土养不起一方人”地区贫困人口的脱贫问题；《“十三五”时期易地扶贫搬迁工作方案》要求用5年时间对“一方水土养不起一方人”地区的建档立卡贫困人口实施易地扶贫搬迁，争取“十三五”时期完成1 000万贫困人口的搬迁任务，共涉及全国

22 个省（区、市）、约 1 400 个县（市、区）。由此来看，这一时期易地扶贫搬迁安置地的选择以县城、集镇为主，这意味着 1 000 万贫困人口中有大部分是未来市民化的对象。这标志着我国易地扶贫搬迁由全面推进阶段正式进入脱贫攻坚阶段。

“十三五”时期，中国将加快实施易地扶贫搬迁工程，通过“挪穷窝”“换穷业”“拔穷根”，从根本上解决约 1 000 万建档立卡贫困人口的稳定脱贫问题。与传统的补偿性移民不同，有其新的特点：一是搬迁安置数量较大，“十三五”期间易地扶贫搬迁人数超过中国 20 世纪 80 年代开展的易地扶贫搬迁人数的总和，需要到 2020 年确保有近 1 000 万需要搬迁的人口全部纳入搬迁计划中并实施全部搬迁。二是搬迁范围大且资金来源多元化，扶贫搬迁范围扩大从四个试点省（区）到 22 个省（区），着重强调对建档立卡贫困人口精准扶贫搬迁，搬迁资金来源更加多元化，统筹主体涉及扶贫办、国土资源部、中国人民银行等多个中央部门。三是投入范围更广泛、更全面，与以往扶贫搬迁工程建设内容以住房建设为主的建设内容不同，“十三五”时期的易地扶贫搬迁工程除了住房建设外，还包括了水、电、网、道路、污水处理等基础设施建设，公共服务设施建设，搬迁社区周边产业园区建设，对迁出地废弃宅基地进行土地整理、恢复和再利用等方面，并配套“五个一批”等后续帮扶措施来协助搬迁贫困群众摆脱贫困；四是易地扶贫搬迁攻坚阶段，搬迁人口市民化与城镇化率的提升密不可分，搬迁人口迁入城镇成为城镇化率提升的重要群体，但又由于搬迁群体本身的特殊性，易地扶贫搬迁面临着具有群体特殊性的市民化困境，而且由于户籍制度的掣肘，户籍人口城镇化率与常住人口城镇化率差距拉大。

第二节　改革开放以来中国城镇化发展的历史进程

根据表 3 – 2 可以发现，改革开放以来中国的城镇化经历了五个历史发展阶段，包括恢复发展阶段、平稳发展阶段、加速发展阶段、城乡统筹发展阶段以及城乡协调发展阶段。

表 3－2　　　　　改革开放以来中国城镇化的历史进程

发展阶段	时间	特征
恢复发展阶段	1978～1983 年	主要以农村经济体制改革为主要动力的城镇化发展阶段
平稳发展阶段	1984～1992 年	主要是以城镇经济体制改革和发展新城镇为主要动力的城镇化平稳发展阶段
加速发展阶段	1992～2004 年	中国城镇化由慢到快过渡，这一阶段农村富余劳动力频繁流动，已经逐步打破传统“离土不离乡”的思想束缚，拉开了城乡之间、区域之间的人口迁移序幕
城乡统筹发展阶段	2004～2017 年	主要是城乡统筹发展阶段，这一阶段以缩小城乡差距、统筹区域协调发展和提升城镇化质量为主，并且城镇化由新型城镇化转变
城乡协调发展阶段	2017 年至今	城乡关系发展思路从“城乡二元”到“城乡统筹”再到“城乡协调”最终到“城乡融合”，这成为我国城乡发展的重要标志
未来城镇化的趋势	2020 年以后	第一，通过新型城镇化相关制度改革，破解当前新型城镇化的农村人口市民化的难题 第二，缩小常住人口城镇化和户籍人口城镇化的差距 第三，通过新型城镇化与高质量发展联动，促进高质量的新型城镇化 第四，通过新型城镇化与易地扶贫搬迁联动，促进扶贫开发和新型城镇化进程

资料来源：根据改革开放以来中国城镇化发展的历史进程整理编制所得。

一、中国城镇化恢复发展阶段（1978～1983 年）

1978～1984 年是主要以农村经济体制改革为主要动力的城镇化发展阶段。这一阶段是在党的十一届三中全会开启改革开放历史新时期和农村经济体制改革的背景下出现的。改革开放以后，中国率先推进农村经济体制改革，探索家庭联产承包责任制，激活农村积极性，释放大量农业剩余劳动力，也逐步放宽对农业人口进程的管制，而且农村经济体制改革成为农业人口进城的推力，开启了中国城镇化的恢复发展阶段。这一阶段的恢复发展主要体现在：一是改革开放以后，对知识青年的相关政策进行了调整，大约 2 000 多万“上山下乡”的城市知识青年重新返回城市，使城镇人口迅速增加，此外，高考的恢复也为农村学生开辟了通过高考实现由农业人口向城镇人口身份的转化，这为城镇人口的增加和城镇化率的提高提供重要保证；二是随着国家对农村管制和对农村人口进城就业管制的逐步放松，个体经济、乡镇经济等非公有制经济开始发展，促进了城镇经济的进一步发展，城镇的进一步发展拉动了农业人口进城就业，从而扩大了城镇规模。

二、中国城镇化平稳发展阶段（1984～1992 年）

1984～1992 年主要是以城镇经济体制改革和发展新城镇为主要动力的城镇化平稳发展阶段，1992 年城镇率达到了 27.49%，比 1984 年提高了 4.45 个百分点，年均提高 0.56 个百分点。1984 年党中央和国务院在兴办经济特区的基础上，又进一步开放大连等 14 个沿海港口城市[①]，逐步兴办起经济技术开发区，开启了城镇经济体制改革的大幕。国家给予经济特区、沿海港口城市、经济技术开发区等重要经济区一系列优惠扶持政策，在国家优惠扶持政策驱动下，中国东部沿海地区迅速发展，带动了一大批沿海城镇的建设，而城镇作为人口集聚和产业空间载体的功能得到极大释放，成为吸纳农业人口转移和经济发展的窗口。国家也出台相关政策，鼓励农村人口走出去，共建美好城市生活。中国城镇化平稳发展时期一方面减轻了农村劳动力人口过剩的压力，另一方面推动了城镇的建设。

---

① 14 个沿海港口城市：包括大连、秦皇岛、天津、烟台、青岛、连云港、南通、上海、宁波、温州、福州、广州、湛江、北海 14 个沿海港口城市。

三、中国城镇化加速发展阶段（1992～2004年）

1992～2004年，中国城镇化由慢到快过渡，城镇化水平在这一阶段突飞猛进，城镇率由1992年的27.46%提升到了41.76%，外出务工人口在制度约束下规模增长，就地城镇化或异地城镇化并存，对应社会主义市场经济框架初步建立阶段。这一阶段农村富余劳动力频繁流动，已经逐步打破传统“离土不离乡”的思想束缚，拉开了城乡之间、区域之间的人口迁移序幕。这一时期以1992年邓小平南方谈话和党的十四大提出建立社会主义市场经济为契机，东部沿海地区经济快速发展，中国发展的重心放在城镇，城镇得到蓬勃发展，城镇成为推动中国经济快速发展的主要空间载体。在此背景下，城镇经济快速发展，而且随着农业现代化的加快，释放了大量的农业剩余劳动力，大量农业劳动力到城市就业，城镇常住人口明显增加，其间，中国常住人口城镇化率得到大幅度提升。但是依附于户籍之上的城乡基本公共服务改革滞缓，户籍制度改革滞后，导致常住人口城镇化率与户籍人口城镇化率差距逐步拉大，户籍人口城镇化率提升相对缓慢，从而使这一阶段的城镇化发展质量偏低。

四、中国城乡统筹发展阶段（2004～2017年）

2004～2017年是城乡统筹发展阶段，这一阶段以缩小城乡差距、统筹区域协调发展和提升城镇化质量为主，并且城镇化由新型城镇化转变。2012年党的十八大提出要坚持走中国特色新型工业化、信息化、城镇化、农业现代化道路，新型城镇化的概念开始出现；2013年党的十八届三中全会明确提出坚持走中国特色新型城镇化道路；2014年《国家新型城镇化规划（2014～2020年）》正式颁布实施，要求突出人的城镇化、提高城镇化质量，突出城市群的发展，突出生态文明理念、提升城市可持续发展水平，突出创新驱动理念，走以人为本、四化同步、优化布局、生态文明和文化传承的中国特色新型城镇化道路；以及《国务院关于进一步推进户籍制度改革的意见》，标志着中国城镇化进入以人的城镇化为核心、以提升城镇化质量为主的新阶段。

五、中国城乡协调发展阶段（2017 年至今）

党的十八大以后，城乡协调发展进入一个全新的阶段，也就是在新型城镇化的大背景下如何推进城乡协调发展。中国的城镇化率已经远远超过 50%，进入城镇化发展的中后期，城乡关系也面临着新的调整。城乡关系从二元走向一元是社会进步和建成现代化国家的重要标志之一。放眼全球，许多发达国家已经在经济社会发展和公共服务等方面实现了城乡一体化。我国目前尚处于在努力打破城乡二元结构和城乡协调发展的历史阶段。近年来，我国城乡关系发展思路从“城乡二元”到“城乡统筹”再到“城乡协调”最终到“城乡融合”，体现了我国中国城镇化过程中城乡关系发展思路的与时俱进。2017 年《中国共产党第十九次全国代表大会报告》中提出实现乡村振兴战略，乡村振兴战略的提出是对建立城乡协调发展格局的最好的诠释。2018 年中央一号文件《中共中央国务院关于实施乡村振兴战略的意见》再次聚焦乡村振兴，并且强调了塑造工农互促、城乡互补、全面协调、共同繁荣的新型城乡关系。2019 年国家发改委印发的《2019 年新型城镇化建设重点任务》也强调加快推进城乡协调发展步伐。当前，新型城镇化也需要政府“有形之手”和市场“无形之手”的“两只手”相结合，形成“政府推动”和“市场拉动”的局面，加大政府对新型城镇化建设投入，并积极发挥市场配置资源的基础性作用，探索市场参与推动新型城镇化建设的模式。

六、中国未来城镇化的趋势

从 1978 ~ 2018 年，中国的城镇化水平从 17.9% 提高到了 58.52%，提高了40.62个百分点，平均每年提高1.0个百分点，改革开放40年里走过了许多国家100年的城镇化历程，也显著快于许多新兴工业化国家的城镇化速度。从1978~2018年中国城镇化遵循中国的基本国情，坚持以人为本、渐进式、多元化推进，取得了巨大成就，但城镇化质量不高的问题仍然突出。在未来，中国遵循稳步推进制度创新、提高城镇化质量的同时，亟待需要进一步处理好与经济社会发展的关系、城乡关系、“五化”关系等，通过推进城镇化与高质量发展、与易地扶贫搬迁协调发展、与乡村振兴有机结合等，实现高质量的新型城镇化、破解城乡二元结构、推进城乡一体化发展。党的十九大后，新型城镇化将继续发挥我国经济发展动能作用。整个过程中，通过保护搬迁人口利益、产城人融合、绿色美丽城镇化建设等方式，转变发展方式，优化产业结构，转换增长动力，促进新型城镇化高质量发展进程。

第一，通过新型城镇化相关制度改革，破解当前新型城镇化的农村人口市民化的难题。党的十九大提出，形成以城镇群为主体构建大中小城市和小城镇发展的城镇格局，加快农业转移人口市民化。随着新型城镇化的深入发展，大量农村劳动人口转移到城市，农村人口的市民化成为新型城镇化推进过程中亟待解决的问题，国家统计局数据显示，2018年末全国常住人口城镇化率达59.58%，户籍人口城镇化率达43.37%，常住人口与户籍人口城镇化率相差达到了16.21%，与此同时，人户分离的人口仍然高达2.86亿人。那么很显然，城镇户籍人口与常住人口的差距不断拉大。体现在原有按户籍人口分配公共资源的标准下，各地按常住人口分配公共资源与按户籍人口分配公共资源的差距越来越大，土地资源、住房、公共服务资源、基础设施等在搬迁人口迁出地与迁入地之间存在结构性过剩和短缺问题。因此，这种新型城镇化进程中的公共资源配置问题表现得越来越明显，对于农村人口市民化的影响程度越来越深。

第二，缩小常住人口城镇化和户籍人口城镇化的差距。国家统计局发布的《2018年国民经济和社会发展统计公报》显示，截至2018年末，中国内地总人口139 538人，其中城镇常住人口83 137万人，占总人口比重

（常住人口城镇化率）为59.58%，比上一年年末提高1.06个百分点，户籍人口城镇化率为43.37%，比上年年末提高1.02个百分点。上述数据意味着，《国家新型城镇化规划（2014～2020年）》提出的到2020年常住人口城镇化率达到60%左右和户籍人口城镇化率达到45%左右的两大政策目标，常住人口城镇化的目标已经接近完成，但户籍人口城镇化有待进一步提升，而且常住人口城镇化与户籍人口城镇化也需要进一步缩小差距。为了促进户籍人口城镇化水平的稳步提高，2016年国务院在《推动一亿非户籍人口落后在城市方案的通知》中要求，在“十三五”期间户籍人口城镇化率年均提高1%以上，各地区户籍人口城镇化率与常住人口城镇化率的差距比2013年缩小2%以上，因此，缩小户籍人口城镇化与常住人口城镇化迫在眉睫。

第三，通过新型城镇化与高质量发展联动，促进高质量的新型城镇化。《国家新型城镇化规划（2014～2020年）》提出要促进城镇化水平和质量稳步提升；党的十九大报告明确判断，中国经济已由高速增长阶段转向高质量发展阶段和2019年国家发展改革委制定的《2019年新型城镇化建设重点任务》中提出要坚持推进高质量发展，加快实施以促进人的城镇化为核心、提高质量为导向的新型城镇化战略。因此，在中国经济转向高质量发展的背景下，探索出一条高质量的新型城镇化发展道路显得更加紧迫。从协调发展角度来说，意味着城镇化进程中要与当前的扶贫开发结合起来，促进易地扶贫搬迁与新型城镇化协调发展和促进区域协调发展；从绿色发展角度来说，意味着新型城镇化高质量发展进程中要积极提高生态环境的效率和质量，优化人居环境，实现可持续发展城镇化；从人口城镇化角度来说，意味着高质量的新型城镇化要提高搬迁人口市民化程度，促进搬迁人口市民化。

第四，通过新型城镇化与易地扶贫搬迁联动，促进扶贫开发和新型城镇化进程。新型城镇化与易地扶贫搬迁是互相关联、互相依存的两个战略，首先，城镇化率和提升和城镇化水平的提高需要易地扶贫搬迁的大规模人口搬迁到城镇，而搬迁人口大规模迁移到城镇后会引发一系列问题，在此背景下，新型城镇化与易地扶贫搬迁联动不仅是形势所迫，也是大势所趋；其次，新型城镇化与易地扶贫搬迁联动推进，新型城镇化的效率和质量将不断提升，易地扶贫搬迁工作将得到有效落实，贫困人口将实现易地脱贫；最后达到既能精准脱贫又能推进新型城镇化发展的双重效果。从中国渐进式城镇化角度来看，新型城镇化与易地扶贫搬迁联动推进，将影响人口迁移的决策变量、效用水平和搬迁决策，进一步引导人口城镇化的高质量转型，以此在渐进式联动推进中实现区域协调发展。与此同时，在新型城镇化战略和易地扶贫搬迁政策联动推进下，城镇网络体系将逐步城、镇、村融合共生体系转变，成为城乡一体化的重要表征。

第三节　本章小结

从我国15年来易地扶贫搬迁政策的演进可以看出，已经初步形成了有中国特色的易地扶贫搬迁政策体系，并随着易地扶贫搬迁过程中不断出现的实际问题在机制上不断创新。从上述易地扶贫搬迁政策演进历程分析，可以得出一些启示：一是应加强对政府主导的易地扶贫搬迁工作进行科学的效果评估，尤其是引用第三方评估和投入—产出评估方法，科学评估易地扶贫搬迁政策执行效果，从而促进易地扶贫搬迁政策的科学施策。二是应更加注重易地扶贫搬迁过程中的生态环境建设，相比于民生保障、土地整治、工程项目监管等，迁出地与迁入地的生态环境建设在资金投入、治理措施等方面关注不够，组织实施主体不明确。三是应处理好短期与长期之间的关系，现行易地扶贫搬迁解决的是贫困群众的短期脱贫问题，还需要保障贫困群众在“后搬迁时代”的可持续发展问题，将易地扶贫搬迁与新型城镇化相结合，符合当前易地扶贫搬迁的可持续发展要求和巩固易地扶贫搬迁成果的现实需要；随着2020年农村贫困人口全部脱贫，易地扶贫搬迁实现易地脱贫的阶段性目标将有可能回归到搬迁人口市民化和提高城镇化质量的阶段，而且在未来2020年的“后搬迁时代”，也极需要与新型城镇化相结合，以此巩固易地扶贫搬迁成果、提高城镇化率以及城镇化水平。

改革开放以后，城镇化在我国大力推进，四十年来城镇化的成绩有目共睹，城镇化本身也具有一些优越性，这些优越性主要表现为集聚效应、规模效应和人力资本溢出效应。这些效应能够推动城镇社会经济发展、科学技术进步，让城镇居民享受到更美好的生活质量和居住环境，进而提升城镇居民幸福指数。同时从上述分析改革开放以来中国城镇化历程，也可以得到一些启示：一是应继续加大户籍制度改革力度，陆续取消搬迁人口落户限制，积极推动已在城镇居住的易地搬迁人口的市民化问题和人口落户问题，允许常住人口在城市公共户口落户，以此缩小常住人口城镇化与户籍人口城镇化的差距。二是应推进常住人口基本公共服务全覆盖，确保未落户搬迁人口全部持有居住证、实现公办学校普遍向随迁子女和完善随迁子女在迁入地参加高考政策、全面推进统一的城乡居民医保制度、推进城乡居民养老保险参保率、强化全方位搬迁群众就业服务等基本公共服务。三是应与易地扶贫搬迁相结合、协调推进，当前脱贫任务繁重，脱贫难度大，需要在新型城镇化背景下推动易地扶贫搬迁工作的实施，促进易地搬迁人口市民化，进而达到易地脱贫与新型城镇化水平提升的双重目的。

综上所述，从易地扶贫搬迁政策演进历程和中国城镇化发展历程的现状分析，可以发现易地扶贫搬迁与新型城镇化协调推进是不仅是形势所迫，更是大势所趋。

第四章

广西深度贫困地区易地扶贫搬迁与新型城镇化发展现状

第一节　广西深度贫困地区概况

一、区位特色概况

广西是全国唯一同时同时具有“老、少、边、穷、山、海（沿海）”特点的民族自治区，其区位极具特色。第一，革命老区。20 世纪 30 年代，老一辈无产阶级革命家邓小平、张云逸等在广西发动了百色起义、龙州起义，建立了左江革命根据地。在革命战争年代，革命老区一般多为偏远山区，地形复杂，交通不便，自然条件恶劣，资源匮乏。但在和平建设时期，革命老区的这些特点成为经济社会发展和贫困群众脱贫致富的制约和瓶颈。广西全区 95 个县（市、区）有革命老区乡镇，占全区（市、区）的 87.2%，老区人口 3 303.37 万人，占全区总人口的 66.03%。革命老区的脱贫致富关系到广西整个脱贫攻坚大格局。第二，少数民族聚居地区。广西是我国五个少数民族自治区之一，有 2 000 多万少数民族人口，是全国少数民族人口最多的省区。广西全区有壮族、汉族、瑶族、苗族、侗族等12个世居民族。由于民族构成成分比较复杂，各地区由于方言、民族语言和风俗习惯的极大差异，导致少数民族聚居地区在经济社会发展、城镇化建设、现代化建设等方面相对缓慢，以致整体发展相对滞后。第三，边疆地区。我国边疆包括陆疆与海疆，狭义上是指与邻国有国境线的所有边境县域面积的总和，广义上是指与邻国有陆地或者海洋接壤的省区。广西在陆疆上有防城港市、崇左市、百色市与越南接壤在海疆上有北部湾海域与越南毗邻，这些边境地市由于历史、自然条件、边境安全等因素，一直滞后于其他地区，而且该地区也是属于深度贫困地区，贫困程度深，脱贫难度大，其中广西的8个边境县（市、区）（那坡县、靖西市、大新县、龙州县、凭祥市、宁明县、防城区、东兴市），面积共计1.7万多平方千米，人口达到262万，绝大部分是深度贫困人口。第四，滇桂黔石漠化片区。广西是喀斯特地貌发育的典型地区，山多地少是广西土地资源的主要特点，山地、丘陵、石山面积占总面积的69.7%，由于喀斯特地貌的影响，广西逐渐形成石漠化土地，广西石漠化土地分布在桂中的红水河流域、浔河流域，桂西的左、右江流域，桂东北的漓江流域中下游。第五，沿海沿边地区。广西是全国非常少见的既沿海又沿边的省区，除了拥有1 595千米的海岸线外，还拥有1 020千米的陆地边境线。北部湾是广西非常宝贵的资源，北部湾经济区获得批准并成为国家战略以来，在综合实力和核心竞争力等方面得到很大提高，成为引领广西发展的火车头。广西拥有边境口岸12个跨境经济合作区建设取得显著成效。《国务院关于支持沿边重点地区开发开放若干政策措施的》中明确将广西东兴市列为5个重点开发开放实验区之一。

由于广西整体的地理区位、自然环境、资源条件、人力资本等因素，广西经济社会发展水平较低，尤其是西北部、西南部成为连片特困区，贫困人口主要分布在西北部、西南部的少数民族聚居地区、边境地区、革命老区、大石山区、石漠化地区，这些地区也是广西贫困发生率高、贫困程度深的深度贫困地区。广西深度贫困地区生态环境脆弱、地质灾害频发、生存条件恶劣、经济社会发展基础薄弱、脱贫成本高且难度大。

二、经济社会发展情况

据《2018年广西壮族自治区国民经济和社会发展统计公报》显示，2018年广西全区生产总值（GDP）20 352.51亿元，比上年增长6.8%。其中第一产业增加值增长5.6%，第二产业增加值增长4.3%，第三产业增加值增长9.4%。第一、二、三产业增加值占地区生产总值的比重分别为14.8%、39.7%、45.5%，对经济增长的贡献率分别为13.1%、25.4%、61.5%，如果按照常住人口统计，全年人均地区生产总值41 489元，比上一年增长5.8%；全区居民消费价格比上一年上涨2.3%，固定资产投资价格上涨4.5%，农产品生产者价格下降2.7%，工业生产者出厂价格上涨3.2%；2018年末全区户籍人口总数为5 659万人，同比2017年末增加59万人，常住人口4 926万人，同比2017年增加41万人，其中城镇人口2 474万人，占常住人口比重为50.22%。

三、脱贫进展

对于深度贫困地区的脱贫工作，我国政府和广西壮族自治区高度重视，先后出台关于支持深度贫困地区脱贫攻坚工作的文件政策。2017年中共中央、国务院办公厅印发的《关于支持深度贫困地区脱贫攻坚的实施意见》，并要求各部门、各级政府贯彻落实《中共中央办公厅、国务院办公厅印发〔关于支持深度贫困地区脱贫攻坚的实施意见〕的通知》精神。自治区党委、政府办公厅2017年印发《关于支持深度贫困地区脱贫攻坚的实施意见》和2019年印发《决战极度贫困地区脱贫攻坚支持政策》，对深度贫困地区和极度贫困地区脱贫攻坚进行战略部署，确保到2020年全区深度贫困地区和极度贫困地区全部脱贫摘帽，与全国全区同步实现全面小康。

2017 年以来，广西深度贫困地区累计实现 93 万贫困人口脱贫、223 个深度贫困村脱贫摘帽。2018 年，广西集中优势，聚焦深度贫困地区脱贫难题，加大投入支持力度，强化政策支撑保障。如表 4 – 1 所示，2018 年广西从五个方面集中发力，扎实推进各项工作、政策落实，着力解决深度贫困问题：准确把脉深贫症结、统筹推进（成立专门机构、督促政策落实、协调解决问题），加大政策倾斜力度、强化综合保障（强化政策、资金保障、强化帮扶力量），瞄准极度贫困、全力攻克坚中之坚（评估极度贫困县村户、制定特殊帮扶政策、指导实施脱贫方案），加大帮扶力度、补齐关键短板（补齐安全饮水、道路建设、危房改造短板），加强跟踪监测、确保脱贫成效（开展调研、跟踪监测、暗访督导）。从五个方面对深度贫困地区脱贫攻坚工作进行战略实施后，基本上为脱贫攻坚工作过程中解决资金问题、短板问题、工作落实不到位问题等，提供人才支持，进行监测督导工作，确定了极度贫困县和极度贫困村、户。显然，该地区的脱贫攻坚取得了阶段性成效，有利于促进该地区早日脱贫摘帽。

表 4 – 1　　2018 年广西深度贫困攻坚的进展情况

五大举措	具体措施	取得成效情况
准确把脉深贫症结，统筹协调推进	1. 成立专门机构； 2. 督促政策落实； 3. 协调解决问题	抽调 10 名工作人员集中办公，负责推进深度贫困地区脱贫攻坚工作。累计提醒约谈深度贫困县有关工作推进不力、政策落实不到位的同志 43 人次。协调解决市级上报深度贫困问题 73 个
加大政策倾斜力度，强化综合保障	1. 强化政策保障； 2. 强化资金保障； 3. 强化帮扶力量	优先在深度贫困县创建现代农业示范区。安排深度贫困地区财政专项扶贫资金 36. 71 亿元，获得广东省向广西深度贫困地区提供财政扶贫资金 8. 1 亿元。对 1 490 个深度贫困村派驻相关干部，向深度贫困地区选聘技术人员 811 名

续表

五大举措	具体措施	取得成效情况
瞄准极度贫困，全力攻克坚中之坚	1. 评估确定极度贫困县、村、户； 2. 研究制定特殊扶持政策； 3. 指导完善脱贫攻坚实施方案	确定大化、都安、隆林、那坡4县为极度贫困县，确定100个极度贫困村，1万户极度贫困户。全区财政专项扶贫资金中安排每个极度贫困县5 000万元以上、每个极度贫困村200万元以上，并分别安排每一极度贫困县和极度贫困村500个以上和10个以上公益性岗位
加大帮扶力度，补齐关键短板	1. 推进农村饮水安全巩固提升工程建设大会战； 2. 推进村屯道路建设； 3. 推进农村危房改造	深度贫困地区投入资金11.3亿元，实施农村饮水安全工程3 212个，解决26.39万人饮水问题。1 490个深度贫困村20户以上自然村全部通路。深度贫困地区共投入25.4亿元实施危房改造，改造10.24万户，完成1 559所学校改造，完成3 827个行政村卫生室建设
加强跟踪监测，确保脱贫成效	1. 开展“解剖麻雀”式调研； 2. 开展跟踪监测； 3. 开展暗访督导	对那坡、天等、都安、三江4个深度贫困县和贫困发生率30%以上的445个深度贫困村进行调研。对20个深度贫困县、30个深度贫困镇暗访，走访208个深度贫困村

资料来源：国务院扶贫办发布的《从五个方面发力，广西深度贫困攻坚取得新进展》整理编制所得。

四、贫困情况

（一）贫困总体情况

我国政府将深度贫困地区的特征概括为“两高、一低、一差、三重”。“两高”是指贫困人口占比高、贫困发生率高，“一低”指人均可支配收入低，“一差”即基础设施和住房差，“三重”低保五保贫困人口脱贫任务重、因病致贫返贫人口脱贫任务重、贫困老人脱贫任务重。广西深度贫困地区完全聚集了这些特征。如图4－1所示，按照每人每年2 995

元的农村贫困标准计算，2018 年末广西全区农村贫困人口 140 万人，同比 2017 年末减少 106 万人，全区贫困发生率 3.3%，同比 2017 年末下降 2.4 个百分点，广西全区贫困情况有所缓解，脱贫成效较为显著。但是从局部来看，广西的贫困县尤其是深度贫困县、极度贫困县的贫困程度依然较高、脱贫难度依然较大。

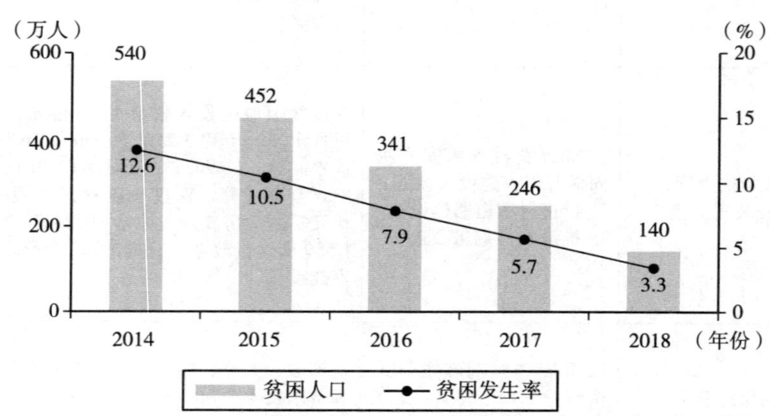

图 4-1　2014~2018 年末广西贫困人口和贫困发生率

资料来源：根据《广西扶贫办》相关数据整理所得。

2019 年，广西以深度贫困地区为主战场，以国家扶贫开发重点县、贫困乡、贫困村为突破，并重点支持 4 个极度贫困县和 100 个极度贫困村的脱贫摘帽。广西贫困现象严重。首先，贫困人口分布广，贫困面覆盖广，脱贫任务繁重，全区贫困村、贫困人口分布在 14 个市，106 个县（市、区）、1 122 个乡镇，其中 87% 集中在革命老区、66% 分布在少数民族聚居地区、55% 分布在大石山区、11% 分布在水库移民区、9% 分布在边境地区；有扶贫开发工作重点县五十多个，约占全区的 49%；这些深度贫困县、乡镇或者深度贫困村大都集中在“老、少、边、山、穷”地区，交通不便，信息闭塞，自然环境恶劣，自然资源匮乏，人均耕地少，基础设施建设滞后，产业发展后劲不足，是脱贫攻坚战中最难啃的“硬骨头”。

截至2018年末广西还有105万贫困人口尚未脱贫，首先是深度贫困地区尚有46.39万贫困人口需要脱贫，贫困人口基数大，有727个深度贫困村需要出列和11个深度贫困县需要摘帽。其次，贫困程度深。如表4-2所示，与全区农村居民收入平均水平相比，2013年广西贫困地区农村居民人均可支配收入相当全区平均水平的80.2%，2017年提高至85.6%，明显提高了5.6%，而且2013~2017年贫困地区人均可支配收入逐年增长，但是很显然与全区人均可支配收入依然有很大差距；根据表4-3所示，从收入增长情况看2013~2017年贫困地区农村居民的工资性收入、家庭经营收入、财产性收入和转移性收入都有所增加，尽管这四类收入的增长率明显提高，但是这四类收入相比于全区收入水平依然高。

表4-2　2013~2017年广西贫困地区农村居民收入与全区农村平均水平对比

年份	贫困地区人均可支配收入（元）	相当于全区（%）	比上一年增长（%）	全区人均可支配收入（元）	比上年增长（%）
2013	6 252	80.2	13.6	7 793	13.0
2014	7 044	81.1	12.7	8 683	11.4
2015	7 926	83.7	12.5	9 467	9.0
2016	8 800	85.0	11.0	10 359	9.4
2017	9 719	85.6	10.4	11 325	9.3

资料来源：根据2013~2017年《广西统计年鉴》整理编制所得。

表4-3　广西贫困地区农村居民收入增长情况

	2013年（元）	2017年（元）	增加（元）	增长（%）
农民人均可支配收入	6 252	9 719	3 467	55.5
工资性收入	1 573	2 658	1 085	69.0
家庭经营收入	3 226	4 251	1 025	31.8
财产性收入	44	132	88	200.0
转移性收入	1 409	2 678	1 269	90.1

资料来源：根据2013~2017年《广西统计年鉴》整理编制所得。

再其次，社会保障水平较低。如表 4－4 所示，从参保人数覆盖面上看，2014 年广西全区基本养老保险人数为 5 575 905 人，到 2017 年基本养老保险参保人数增加了 2 202 010 人，约增加了 16.49 个百分点；2014 年基本医疗保险参保人数是 10 673 463 人，到 2017 年增加到了 51 732 858 人，约增加了 65.79%；与 2014 年相比，2017 年广西失业保险、工伤保险和生育保险参保人数分别增加了 431 561 人、505 677 人和 583 265 人，分别增加了 7.69%、6.96% 和 9.43%。如表 4－5 所示，2014～2017 年全国基本养老保险、基本医疗保险、失业保险、工伤保险和生育保险参保人数逐年增加，与 2014 年相比，2017 年这五类保险分别增加了 4.17%、32.65%、4.86%、4.81% 和 6.22%。那么很显然，2014～2017 年广西五类保险参保人数增加率高于全国水平，但是整体上广西全区社会保障水平较低。因此，在易地扶贫搬迁与新型城镇化协调发展过程中，由于社会保障水平低而影响搬迁群众的后续生计问题和可持续发展问题。

表 4－4　　广西 2014～2017 年“五险”参保人数统计表　　单位：人

年份	基本养老保险	基本医疗保险	失业保险	工伤保险	生育保险
2014	5 575 905	10 673 463	2 589 759	3 382 238	2 802 486
2015	5 766 289	10 775 852	2 371 797	3 604 762	3 078 597
2016	7 519 122	10 964 222	2 837 096	3 740 685	3 195 872
2017	7 777 915	51 732 858	3 021 320	3 887 915	3 385 751

资料来源：根据 2014～2018 年《广西统计年鉴》整理编制所得。

表 4－5　　全国 2014～2017 年“五险”参保人数统计表　　单位：万人

年份	基本养老保险	基本医疗保险	失业保险	工伤保险	生育保险
2014	84 231.9	59 746.9	17 042.6	20 639.2	17 038.7
2015	85 833.4	66 581.6	17 326.0	21 432.5	17 771.0
2016	88 776.8	74 391.6	18 088.8	21 889.3	18 451.0
2017	91 548.3	117 681.4	18 784.2	22 723.7	19 300.2

资料来源：根据 2014～2018 年《广西统计年鉴》整理编制所得。

最后，人力资本贫困。初步核算，2017 年广西义务教育巩固率 94%，高中阶段毛入学率 88.5%，高等教育毛入学率为 35%（见表 4-6）。2017 年全国九年义务教育巩固率 94.2%，高中阶段毛入学率为 88.8%，高等教育毛入学率 48.1%①。广西九年义务教育巩固率、高中阶段毛入学率和高等教育毛入学率均低于全国贫困水平。广西深度贫困地区在教学资源、师资力量等方面劣于全区和全国，又因为该地区贫困程度深、贫困人口用于子女教育的资金不高，贫困家庭子女上学问题没有得到全面解决，基础教育普及方面仍然面临较多困难，导致该地区人力资本贫困较为严重。广西深度贫困地区的人力资本情况不容乐观，贫困人口自我发展能力不足，通过教育促进经济发展的意识较为薄弱，导致生活在该地区的贫困人口陷入“缺乏教育—人力资本贫困—缺乏教育”的恶性循环之中。

表 4-6　　2017 年广西各类教育发展情况　　单位：万人

指标	招生人数	在校生人数	毕业人数
研究生	1.1	2.94	0.9
普通高等教育（本科）	27.99	86.67	21.07
中等职业教育	25.28	68.68	19.97
普通高中	35.07	97.48	28.18
普通初中	71.22	203.46	63.74
普通小学	83.7	463.75	71.36

资料来源：根据《广西统计年鉴 2018》整理编制所得。

（二）致贫主要因素

第一，自然生态环境脆弱，导致贫困群众生产生活条件落后。这是深度贫困地区贫困的客观原因。广西深度贫困地区主要地处滇桂黔石漠化治

① 数据来源：《2017 年全国义务教育发展数据统计》。

理的重点连片地区，自然条件脆弱、生态区位敏感；有些深度贫困县或深度贫困村是地处远离城镇或中心村的边境地区，交通不便、信息闭塞、条件恶劣、资源不足等；这些恶劣的自然环境客观上决定了贫困群众的生产生活条件在整体上远比城镇、发达地区落后。广西深度贫困地区自然生态环境极其脆弱、山地与丘陵广布，尽管地广人稀，但是可用土地不多，尤其是可用耕地少。

第二，社会事业发展缓慢，导致公共服务水平滞后。深度贫困地区农村公共事业发展现状突出表现为：义务教育、医疗卫生、社会保障体系等社会事业发展滞后和水、电、道路、通信等基础设施建设滞后，“上学难”“看病难”“养老难”“饮水、用电难”等问题突出。深度贫困地区社会事业发展缓慢，公共服务水平滞后，抵抗自然灾害能力差，因灾、因病、因缺乏资源致贫及返贫现象突出，进而致使贫困群众陷入“扶了又贫、越扶越贫”的境地。

案例 4-1　广西深度贫困县那坡县

2018 年，那坡县全县 13 个乡（镇）卫生院、127 个行政村卫生室标准化建设均未达标；尚有 422 个自然村（屯）没有解决安全饮水问题，326 个自然村（屯）没有通水泥道路，899 个自然村（屯）未完成屯内道路硬化，29 各自然村（屯）未通宽带；有 38 个行政村未建有村级公共服务中心。

资料来源：课题组调研获得的数据资料。

第三，文化技能素质普遍不高，贫困群众脱贫能力欠缺。这是深度贫困地区贫困的根本原因。深度贫困地区贫困群众普遍文化技能素质不高，观念落后、行为保守，不重视教育，对文化技能无所需求，进而导致部分深度贫困村整体受教育水平较低、青少年受教育年限短，文盲和半文盲人口比重大，2014 年广西农村劳动力文盲或半文盲率为 1.87%，初中文化水平占78%，比同期全国水平高6个百分点①。而且2015年广西建档立卡贫困人口中，初中以下文化程度占总数高达95%②，贫困人口的文化水平远远低于广西农村平均水平。在技能素养方面，具有一技之长的人比较少，很多贫困村致富带头人基本没有。

第四，产业结构单一，贫困群众增收困难。这是深度贫困地区贫困的主要原因。缺乏产业带动，难以脱贫，缺乏产业支撑，更是难以持续脱贫。由于深度贫困地区大多位于大石山区、石漠化地区，产业发展受到限制，而且多以种植中草药、甘蔗、油茶等和养殖羊、牛、家禽等第一产业为主，产业结构单一。大部分产业规模小，产业化水平低，产业收效甚微，同时贫困群众大多数是自主经营、自负盈亏，市场对接和抗风险能力低，增收困难。由于产业发展技术水平较低，产业结构难以调整升级，这就进一步阻碍了产业的发展。也由于广西深度贫困地区产业结构单一，产业发展缓慢，该地区的脱贫攻坚缺少产业支持和缺乏可用资金用于支持脱贫，产业尚未起到支撑脱贫攻坚的作用。

案例4－2　广西大新县硕龙镇礼贤村产业基础薄弱

硕龙镇礼贤村山多地少，地理环境恶劣，人均耕地不足1亩，是一个典型的贫困石山地区。在农作物种植和畜产品养殖过程中，只有传统种植方式和养殖方式，没有形成真正意义上的“一村一品”特色产业。该村受地理位置、地形环境的制约种植零星分散，以零散种养为主，分散经营，产品单一，仅有种植砂仁、玉米、水稻，无主导产业发展和带动，猪、羊、牛养殖也存在分散经营，没有形成养殖规模，没有充分依托硕龙镇“德天旅游”这个品牌把农产品打造出来，产业发展步履维艰。

资料来源：课题组调研获得的数据资料。

①② 数据来源：广西壮族自治区扶贫开发办公室统计数据。

第五，贫困群众内生动力不足。这是深度贫困地区贫困的主观原因。部分贫困群众思想动力不足，“等、靠、要”思想严重，对脱贫致富在行动上懈怠、态度上消极，对党和政府的扶贫政策认识有偏差，特别是随着扶贫力度的加大，建档立卡贫困群众的扶贫实惠加大，使得部分贫困群众不愿脱贫，认为脱贫后就不再享受相关政策带来的福利，甘当贫困户，久而久之便出现贫困的代际传递效应，导致“穷二代”“贫二代”层出不穷，甚至出现局部的社会阶层固化现象。综合上述分析，广西贫困致贫原因复杂，大体上可以归纳为资金、学历、疾病、技术水平、缺劳动力、自然条件、自然灾害等原因（见表4-7），而缺资金、饮血、因病、缺技术等因素是导致贫困的主要原因。

表4-7　　贫困户主要致贫原因比例图及分析

致贫原因	比例（%）
缺资金	42.33
因学	31.64
因病	28.70
缺技术	19.80
缺劳动力	16.94
缺土地	9.13
自身发展不足	6.80
交通条件落后	6.14
其他	6.03
因残	5.97
因灾	5.53
缺水	1.62

资料来源：广西壮族自治区扶贫开发办公室统计数据。

第二节　易地扶贫搬迁与新型城镇化现状

一、广西深度贫困地区易地扶贫搬迁现状

（一）易地扶贫搬迁计划与进展

广西是集少数民族聚居地区、边境地区、革命老区、大石山区、滇桂黔石漠化山区、水库移民山区于一体的特殊区域，易地扶贫搬迁难度系数大。近年来，广西通过对居住在生产、生活条件恶劣的贫困群众从原地区搬迁出来并进行妥善安置，实现了扶贫开发、生态修复、新农村建设和新型城镇化建设等多赢局面。《广西壮族自治区脱贫攻坚移民搬迁实施方案》中提出，要实施整屯搬迁，整屯搬迁以“一方水土养不活一方人”的地区、深度贫困地区和石漠化地区、自然灾害频发区为重点，对贫困发生率在50%以上、集中居住50户以下、50%以上群众愿意搬迁的自然屯实施整屯搬迁，应搬尽搬。2017年先后印发的《关于做好“十三五”时期全区易地扶贫搬迁计划规模精准核实工作的通知》《关于进一步做好贫困人口动态调整工作的通知》《关于加强贫困地区整屯（自然村）搬迁工作意见》等政策文件指出把“一方水土养不起一方人”地区、深度贫困地区和石漠化地区、自然灾害频发区等作为整屯搬迁重点区域，对贫困发生率在50%以上、居住50户以下、50%以上群众愿意搬迁的自然村一律纳入整屯搬迁。2018年广西发改委印发的《广西易地扶贫搬迁工程2018年实施计划》中提出2018年第四季度计划搬迁入住建档立卡贫困人口4.8万人，2019年计划搬迁入住建档立卡贫困人口3.2万人。2018年广西壮族自治区党委十一届五次全会第一次全体会议上强调，2019年是决胜脱贫攻坚的关键一年，广西要聚焦深度贫困地区和特殊贫困群体，力争

实现105万贫困人口脱贫、1 150个贫困村出列和21个贫困县摘帽，尤其是要确保实现深度贫困地区46.39万贫困人口脱贫、727个深度贫困村出列、11个深度贫困县摘帽。易地搬迁脱贫一批作为新时期脱贫攻坚“五个一批”精准扶贫工程之一，且待易地扶贫搬迁的人口属于“贫中之贫、困中之困”的群体，因此通过易地搬迁利于“一方水土养不起一方人”地区的贫困群众摆脱贫困。

为确保2020年广西贫困人口的全部脱贫，2016～2020年全区要易地搬迁110万人，并需要加大搬迁规模和投资规模（见图4－2），从广西易地扶贫搬迁“十二五”到易地扶贫搬迁“十三五”规划，广西易地扶贫搬迁规模调整为110万人，投资规模也从84.06亿元提升到660.18亿元，搬迁规模提高了576.12万人，投资规模也提升了79.02亿元。“十三五”期间，广西易地扶贫搬迁人口涉及全区13个市79个县（市、区），80%以上人口分布在集中连片特困地区和国家扶贫开发工作重点县，易地搬迁难度大。在“十三五”期间，广西各市易地扶贫搬迁规模大（见图4－3），搬迁成效较明显。其中主要位于广西深度贫困区域的百色市、河池市、贺州市易地扶贫搬迁规模最大，分别是276 244人、

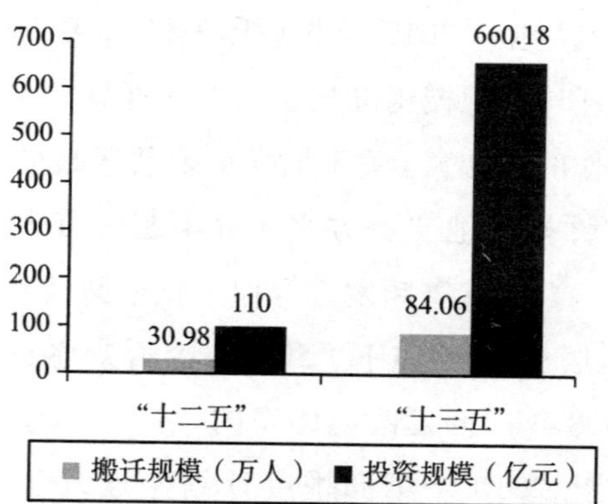

图4－2　广西易地扶贫搬迁“十二五”规划实施情况和“十三五”规划主要指标

资料来源：国家扶贫办统计数据。

245 349 人和 125 739 人。2018 年以来，广西将易地扶贫搬迁后续扶持工作聚焦到极度贫困地区，采取“企业 + 园区 + 贫困户”模式、“政府 + 企业 + 贫困户”模式扶贫车间创新管理模式和“五个一批”边贸扶贫模式，有效推进极度贫困县脱贫攻坚；截至 2018 年底，4 个极度贫困县（大化瑶族自治县、都安瑶族自治县、隆林县、那坡县）建成搬迁集中安置点 77 个，实施发展特色农林业、劳务经济等扶持项目 172 个，近 6 万人实现脱贫。

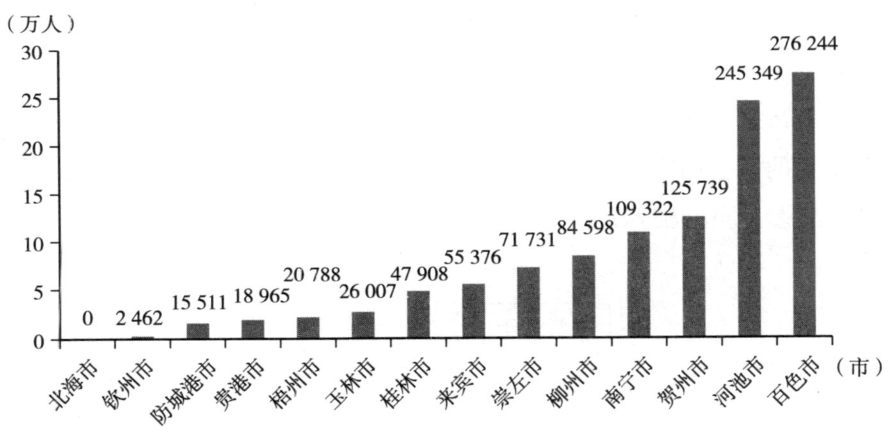

图 4－3　“十三五”时期广西各市易地扶贫搬迁规模

资料来源：广西扶贫办统计数据。

加快贫困地区特别是深度贫困地区的新型城镇化进程，既是推动区域协调发展的有力举措，也是贫困地区换新貌、贫困人口挪穷窝的有效保障，而易地扶贫搬迁是推进新型城镇化进程的重要手段。易地扶贫搬迁作为一项行之有效的扶贫措施，是解决“一方水土养不起一方人”地区建档立卡贫困群众脱贫问题的根本途径。因此，在构建基于多维空间理论为出发点的易地扶贫搬迁的理论框架基础上（见图 4－4），分析广西深度贫困地区易地扶贫搬迁情况。这一理论框架的起点是从空间本身的考察开始。人的居住空间至少可以做三个层次的分解。第一层次，人要生活其中，称之为生活空间；第二层次，在马克思主义理论中空间具有生产性的含义，或者说空间本身就是一种生产力，人要在空间中生产发展，称之为生产空间；第三层次，人要融入这个空间，并与空间中的其他人交往，形成社会交往网络，称之为社会空间①。广西深度贫困地区属于“一方水土养不起一方人”的区域，几乎这三方面的空间层次都有严重的欠缺。从生活空间层面来看，广西深度贫困地区自然条件恶劣或脆弱、交通极为不畅、环境比较闭塞、经济发展落后，导致生活空间难以承载足够的人口在此生活。从生产空间层面来看，广西深度贫困地区资源禀赋短缺、生态脆弱，导致限制开发或者开发效益过低进而导致生产空间难以支撑足够的且高质量的生产活动。从社会空间层面来看，因为人口规模不足、生产难以发展，经济基础薄弱，社会网络质量低，导致社会空间难以构建高质量的人际交往的社会网络。简而言之，广西深度贫困地区的贫困群众生活在空间条件极差、空间能量严重不足的地方。

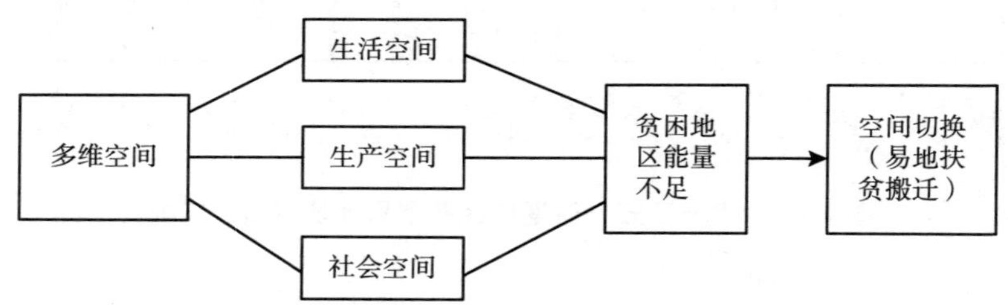

图4-4　基于多维空间理论的易地扶贫搬迁的理论逻辑框架

资料来源：课题组成员绘制所得。

（二）易地扶贫搬迁主要模式

广西深度贫困地区贫困人口多与贫困人口基数大并存、贫困程度深、脱贫难度大，是广西乃至全国2019~2020年脱贫攻坚战主战场之一，而

① 吴丰华，于重阳．易地移民搬迁的历史演进与理论逻辑［J］．西北大学学报（哲学社会科学版），2018，48（5）：112-120.

实施易地扶贫搬迁是新一轮脱贫攻坚、统筹解决贫困问题的最佳切入点和突破口，对于加快脱贫攻坚步伐、促进城镇化建设、促进区域协调发展具有重要意义。“十三五”期间，广西计划搬迁110万人，搬迁范围包括南宁、柳州、桂林、梧州、玉林、贵港、防城港、钦州、百色、贺州、河池、来宾、崇左13个市的79个县（市、区），基本覆盖广西全境。需要易地搬迁的贫困人口大部分居住在边远地区、大石山区、深山区等深度贫困地区，这些地区生存条件恶劣、生态环境极其脆弱、交通与通信不便、地质灾害频发、经济社会发展落后，同时扶贫搬迁对象也将由较大区域转变成一个个分散的贫困村和贫困户，扶贫成本高，实施搬迁难度大。也正是由于广西深度贫困地区地形地貌的差异性、区域的复杂性以及区域经济发展的不平衡性，广西深度贫困推进易地扶贫搬迁和新型城镇化不可能只有一种方式，而应该是有多元化方式或模式。在易地扶贫搬迁期间，广西部分县市在易地扶贫搬迁方面进行了有益探索。

1. 易地搬迁式就近城镇化

农民市民化有两个方向，即城镇的易地迁移（人口城市化）和农村劳动力的就地转移（就近城镇化）的双重城镇化方向①。而就近城镇化是指农村人口不是远距离迁移，而是近距离迁移到家乡附近的市镇，主要界定为以地级市和县级城镇为核心的城镇化。“离土不离乡”为主的集中安置与就业方式及其所形成的“倒逼”效应、“山上建园区、山下建社区”的搬迁模式，是对已有易地扶贫搬迁模式的丰富和发展，也是带动农村发展的重要形式，称之为“易地搬迁式就近城镇化”。如果运用“推拉”理论来分析，异地城镇化落户难、幸福感低和市民化成本高的推力推动贫困群众选择就近城镇化，相比于就近城镇化，异地城镇化则存在落户难、搬迁群众难适应和难融入、市民化成本高的问题，这一定程度上使得贫困群众更愿意选择就近城镇化；易地搬迁式就近城镇化具有国家政策方面的拉

① 辜胜阻．新型城镇化与经济转型［M］．科学出版社，2014：145.

力、产业转移方面的拉力和就近搬迁成本低的拉力，具体来说是政策的拉力吸引贫困群众优先选择当地或者就近搬迁，大批劳动密集型产业向贫困地区转移，让搬迁群众就近城镇化过程中能实现“家门口”就业，贫困群众就近城镇化相对容易，房价低、衣食住行等生活成本较低、人口压力较小。易地搬迁式就近城镇化有三种模式：一是通过发展县域经济实现搬迁群众就近城镇化；二是强镇崛起带动贫困群众就近城镇化；三是以地县市为单位推进全域的城乡统筹、城乡融合、城乡一体化的就近城镇化。易地搬迁式就近城镇化有四大优势：第一，既改善了山区生态环境，也明显改善贫困群众居住环境以及生产生活条件，推动易地扶贫搬迁进程，同时搬迁群众能够更好地融入现代社会；第二，这种模式对于我国易地扶贫搬迁模式和城镇化多元路径的探索无疑是具有较高的借鉴价值；第三，这种模式对于节约社会成本、促进基层和谐、较低城镇化的制度障碍和提高城镇化水平具有明显的积极作用；第四，建立在就近城镇化基础上的易地搬迁利于统筹城乡发展，促进乡村振兴和乡村的可持续发展。作为涉及生态、经济、社会、公共服务保障、文化等诸多层面的易地扶贫搬迁式就近城镇化模式体现了不再“简单复制农村”的老路，而是强调通过集中安置的方式和就近安置的原则来实现易地扶贫搬迁与新型城镇化相结合的道路。既有研究中不管是基于贵州实践、甘肃考察、陕南经验还是中西部民族地区的个案研究，都指出搬迁移民安置方式遵循新型城镇化和就近安置的思路，主要集中安置于县城、集镇、中心村或者新型社区。

案例 4 –3　扶贫生态移民与小城镇建设结合

新联村把扶贫生态移民与推进城镇化、农业现代化结合起来，与发展旅游等特色小镇结合起来，进一步对大石山区、石漠化严重地区等生态位置、生态环境脆弱的深度贫困地区的贫困户进行登记造册，采取因地制宜、统筹规划、有序推进的方式，实施扶贫生态移民，通过小城镇建设，切实解决贫困群众吃水难、用电难、行路难等问题，大力推进城镇化和产业园建设，让搬迁群众“搬得出、稳得住、能致富”。在易地扶贫搬迁实践中，G县探索的易地搬迁式就近城镇化安置模式是符合该县经济发展实际的，一定程度上减缓了搬迁贫困人口过度向县城集中所造成的就业压力和公共服务供给负担。

资料来源：课题组调研获得的数据资料。

2. 易地搬迁与特色小镇建设相结合模式

易地扶贫搬迁过程中贫困群众不可能都进入大中城市，小城镇既是我国城镇体系的重要组成部分，也是贫困群众就地城镇化的重要载体。小城镇的各种规模小于城市，但具有一定的城市性质及功能，镇区大部分人从事非农业生产或服务，介于乡村与城市之间的社区。小城镇一头连着大中城市，一头连着农村，它既与农村有较大不同，又与周围农村保持着密切的联系①，它是易地扶贫搬迁与新型城镇化相互协调发展的重要结合点。2018年广西城镇化率是50.22%，按照《广西壮族自治区新型城镇化规划（2014～2020年）》到2020年常住人口城镇化率和户籍人口城镇化率分别达到54%和34.5%的规定，大中城市将会有新增人口700万人，600万农业转移人口和其他常住人口落户城镇，如果易地搬迁人口全部迁入大中城市，那么现有的大中城市难以承受，只能是易地扶贫搬迁过程中有一部分贫困群众进入大中城市，相当一部分贫困群众就近进入小城镇实现城镇化。与此同时，广西大多数的深度贫困地区地理环境、人口分布等条件适宜发展小城镇，与其他非贫困地区相比，广西大多数深度贫困地区属于生态系统脆弱的石漠化荒地、山地以及国家自然生态保护区，自然环境承载能力十分有限，农业生产和产业发展受到极大制约；广西深度贫困地区大多数城镇的立地条件极差，在很大程度上限制了城镇扩展范围和建设规模。因此，通过易地搬迁与小城镇相结合模式，也可以实现搬迁人口就地就近城镇化，不仅促进了易地扶贫搬迁工作开展和贫困人口脱贫，还缓解

① 费孝通．爱我家乡［M］．群言出版社，1996：59.

了大中城市的人口压力以及带动城镇化率的提高（见表4－8）。

表4－8　广西易地搬迁与小城镇相结合模式案例

序号	带动形式	主要内容	适应特征	典型代表
1	企业带动	企业进行区位调整和区位在选择的过程中带动易地搬迁与小城镇结合，促进了农村地区产业结构调整和劳动力就业	适用于有一定经济发展潜力和基础的地区，要求当地产业基础好并且企业配置能力较强，能够满足就业需求	北海市铁山港区南康镇
2	政府引导	中央或地方依照相关规定，在一定范围内引导易地搬迁与小城镇结合	适用于特殊区域，有利于解决低收入者家庭收入	柳州市鹿寨县中渡镇
3	文化民俗	在特色小镇建设过程中，从当地的历史文化及民俗出发	适用于传统文化比较浓厚的区域，振兴赋予小镇文化内涵，彰显小镇文化特色	贺州市八步区贺街镇
4	边境口岸	要素集聚在边境城镇，口岸城镇化形成后，通过市场自组织可将串联的社会关系转化为并联的社会关系	适用于边境贸易比较发达的区域，口岸初步城镇化后，产生本地市场扩大效应以及示范效应，使边境城镇具有跨境合作的基础和动力	崇左市龙州县水口镇
5	旅游休闲	通过旅游资源开发，将旅游区的农民转化为服务人员、加工人员等，形成人群集聚的同时，以旅游发展为依托促进城镇化	区位条件优越、旅游资源丰富、旅游资源吸引能力强的区域	桂林市阳朔县兴坪镇
6	优势农业	具有明确产业定位、优势资源，是产业、文化、休闲和社区多功能的农业特色集聚区	适用于农业发展较好的区域，小镇不受行政建制限制，也区别于一般的农业产业园区	桂林市恭城县莲花镇
7	特色制造	产业、环境、人文相结合克服初期城镇化带来的不利影响也是培育特色小镇的基础	适用于工业比较发达的区域，实现工业发展和特色小镇建设良性互动	贵港市港南区桥圩镇

资料来源：课题组成员根据广西脱贫攻坚情况进行整理编制所得。

3. 易地扶贫搬迁与城镇化协调推进模式

该模式突出“以产定搬、以搬促城、产城融合”的易地搬迁思路，各种类型的产业园区等规模化的市场经济形态，形成了较为有力的产业支撑，同时城镇的新型筹资模式、社会化治理、信息化管理系统等都有利于易地搬迁，也有利于当地城镇化的稳健可持续发展。以易地扶贫搬迁与城镇化协调推进为模式，有效推进了城乡统筹，不仅有利于增强农村社会稳定，也显著提升了城乡发展活力，还有助于广西深度贫困地区较少贫困及社会风险。易地扶贫搬迁与城镇化协调推进模式具有两大优势：第一，加快现有城镇建设，增强辐射力，促进易地扶贫搬迁；第二，积极推进易地扶贫搬迁工作，促进现有乡镇建设，易地扶贫搬迁与城镇化协调推进过程中，城镇经济社会得到快速发展、基础设施和公共服务得以完善，进而向周边地区辐射，促进乡镇建设。易地扶贫搬迁与城镇化协调推进模式有三大成效：第一是脱贫成效，搬迁群众“挪穷窝、换穷业”生产生活条件得到根本改善；第二是城镇化发展成效，贫困人口集中迁入城镇，实行城镇化安置，人口和资源要素向城镇集中，为新型城镇化注入新的动力和人口红利，将提高城镇化率和城镇化水平；第三是生态成效，大批贫困群众从生态脆弱区搬迁出来，并拆除旧房复垦、复绿，减轻迁出地生态环境压力，修复和增强了生态系统功能，实现扶贫开发与生态保护双赢。

案例 4-4 广西河池市：易地扶贫搬迁与城镇化建设结合

广西河池市是广西乃至全国的脱贫攻坚主战场，不仅贫困人口基数大，而且贫困程度深、贫困面广。河池市大化瑶族自治县，积极探索“易地扶贫搬迁与城镇化结合试点工程”让贫困群众“出山进程”，按照“居住、商业、文化、旅游”的城镇化建设定位，建设易地搬迁新城，全县统筹规划，制定计划，分步实施，努力是搬迁人口“搬得出、稳得住、能发展、能致富”。大化瑶族自治县创新实施“易地搬迁+培训园”模式，在易地搬迁新城创办培训园，与浙江省龙头企业开展合作，由龙头企业负责对搬迁贫困群众进行定位培训，搬迁贫困群众培训合格后进入龙头企业就业，解决了搬迁贫困群众就业难问题；创新实施“易地搬迁+创业园”模式，易地搬迁新城内设置集中商业区，突出特色手工业，办起创业园区、物流区、民族手工艺品交易市场，为搬迁贫困群众提供就业创业环境。自从实施“易地扶贫搬迁与城镇化建设结合试点工程”这一措施以来，易地扶贫搬迁5 000多户、2.3万人，城镇化率显著提高，生态环境显著改善、扶贫减贫成效显著。这一场“易地扶贫搬迁与城镇化建设结合”的攻坚战，是河池市扶贫工作的一大亮点。

资料来源：课题组调研获得的数据资料。

4. 易地搬迁城镇化集中安置模式

易地搬迁城镇化集中安置模式是广西深度贫困地区易地扶贫搬迁与新型城镇化协调发展的一个重要途径。广西深度贫困地区有相当一部分贫困群众居住在生态脆弱、自然灾害频发、国家生态保护区等区域，易地扶贫搬迁能彻底改变他们的生存环境。自广西正式启动易地扶贫搬迁工程以来，易地扶贫搬迁城镇化集中安置模式是易地扶贫搬迁的主要形式，也是易地扶贫搬迁比较成熟的安置方式，其中比较典型的代表是2018年在广西率先脱贫的龙州县（如案例4-5）。其特点有：一是规模大，社区住房以楼房为主，统一规划建设千户移民安置小区，可实现较大规模的易地搬迁；二是配套比较完善的中小企业孵化园、现代农业示范园、产业园区等，可以为搬迁群众提供大量的就业机会，并以孵化园、农业示范园、产业园区等带动搬迁社区建设，提高城镇化水平；三是社区水、点、路、通信、网络、绿化等基础设施完备，医疗、教育、文化、养老等公共服务设施完善，社区内服务管理规范。这种模式具体做法是：第一，将大中型城镇作为重点安置区域，把易地搬迁人口较大大规模的搬迁至这些区域或者对深度贫困村进行整村搬迁到这些区域，依托这些区域的基础设施和公共服务；第二，易地搬迁城镇化集中安置使原村落的土地得以空余，节省了大量建设用地，将节省的建设用地用于产业园区建设，解决了园区建设用地指标缺乏的难题；第三，搬迁贫困群众就近在城镇周边的产业园区就业，解决了就业问题；第四，实施“易地搬迁+”模式，使搬迁群众“搬得出、稳得住、有发展、能致富”。易地搬迁城镇化集中安置模式实现了五个转变：一是安置方式由以城镇安置为主、中心村安置为辅向实行城镇化集中安置转变；二是安置点布局由点多面广碎片化向适度规模化转变；三是管理体制由乡镇为单位分散建设向以县为单位集中建设管理转变；四是工作导向由抢抓进度向进度与质量并重转变；五是工作重心由搬迁向搬迁与就业并重转变。通过易地搬迁城镇化集中安置模式，改变了搬迁群众原来的生活、生产方式，逐渐养成市民的生活方式和理念，从事现代产业生产，生活水平大幅度提高。尽管易地搬迁城镇化集中安置模式在投资成本、项目建设、社会管理、群众动员等方面面临更大的困难和挑战，但能从根本上改变生产生活条件，让贫困群众平等享有城镇更好的公共服务资源，阻断贫困代际传递，确保稳定脱贫和长远发展。

案例4－5　广西龙州县：易地扶贫搬迁与城镇化深度融合

自2015年实施精准脱贫以来，龙州县坚持易地扶贫搬迁与新型城镇化统筹推进，按照习近平总书记反复强调的“搬得出、稳得住，可发展、能致富”的工作要求，充分发挥紧邻边境和口岸优势，创新实施的“易地搬迁+驻边守疆+边贸致富”模式，进行易地搬迁城镇化集中安置贫困群众，将水口镇、下冻镇、武德乡等4个边境乡镇，作为易地扶贫搬迁城镇化重点安置区域，获国务院脱贫攻坚督查组

高度评价。创新实施“易地搬迁+边贸扶贫”模式，水口、科甲、布局3个安置点搬迁户，除享受0～3千米范围内边民每月130元补助外，还可依托口岸边贸城和互市点开展边贸运输、装卸、货物进出代理等边贸服务增加收入，增加了边民的经济收入。创新“易地搬迁+扶贫产业园”模式。依托水口边贸加工扶贫产业园、龙州现代农业扶贫产业园，发挥龙头企业带动作用，引导搬迁贫困户参与发展食用菌种植、坚果加工等产

业，实现就近就业。为解决水口埂宜新区搬迁群众就近就业问题，龙州县在水口新区规划建设占地5 000亩的水口边贸加工扶贫产业园，大力发展以坚果为主导的边境食品加工等劳动密集型产业，解决搬迁户后顾之忧。创新“易地搬迁+进城创业”模式。在县城、彬桥、逐卜等集中安置点搬迁户，可在县城和集镇务工、经商等增加收入。创新“易地搬迁+生态乡村旅游”模式。挖掘当地生态旅游、民俗文化等资源，引导搬迁户大力发展生态乡村旅游。这既扩大了城镇人口规模，又依托县城、中心城镇、中心集镇产业园以及边境口岸互市点提供就业机会，有效解决了易地搬迁安置人口的就近就业问题，促进易地扶贫搬迁与新型城镇化发展实现良性互动。

资料来源：课题组调研获得的数据资料，其中龙州县已于2018年8月脱贫。

5. “粤桂协作”的“深圳小镇”模式

2017年广东省政府、广西壮族自治区政府印发的《关于进一步加强粤桂扶贫协作工作意见》进一步要求广东省帮扶广西壮族自治区，由深圳市牵头负责，深圳市重点帮扶广西百色、河池市及所辖17个国定贫困县。深圳市帮扶百色市以来，立足百色市部分地区“一方水土养不活一方人”的实际，与百色市研究决定结合城镇化建设在百东新区建设深圳小镇（深圳易地扶贫搬迁小镇），以建设功能完善、配套齐全、环境优美、绿色宜居的扶贫安置示范社区为基本要求，探索实现贫困农民直接变市民的新模式，努力打造国家东西部扶贫协作的典范、粤桂扶贫协作的一个标志性工程、深圳帮扶百色易地扶贫搬迁示范性工程的目标。

习总书记在十九大报告中指出，实施区域协调发展战略，加大力度支持革命老区、民族地区、边疆地区、贫困地区加快发展，强化举措推进西部大开发形成新格局，以城市群为主体构建大中小城市和小城镇协调发展格局，加快搬迁人口市民化。为实现深圳小镇高标准定位，达成典范和一流社区的目标，深圳小镇将构建高标准的社会管理服务体系，配套高标准的公共服务基础设施，探索建立“一管理、两服务、三保障”社会服务管理体系，切实做好移民入住后续服务管理工作，是深圳小镇管理有序、服务完善、功能齐全、环境优美、治安良好、人际和谐，实现搬迁群众“搬得出、稳得住、有事做、过得好、能致富”的目标，确保深圳小镇和谐健康发展。

首先，探索“要我搬，变成我要搬”的扶贫模式。面积超标致贫困群众“搬新房却欠新债”，建房选址不科学致贫困群众“搬得出却难致富”等易地扶贫搬迁问题，使得贫困群众对易地搬迁有疑虑。加上部分贫困群众对搬迁后有关土地调整变更、户籍转移、子女教育、医疗社保、生活保障等问题存在顾虑，一定程度上影响部分群众的搬迁积极性。为解决搬迁群众的后顾之忧，百色针对深圳小镇制定了一系列后续扶持方案包括制定了户籍管理、不动产登记、土地山林权益保障、户籍转移、医疗社保等9项内容。

其次，探索如何“建得好，用得上”易地搬迁新模式。有的地方将易地扶贫搬迁与农村危房改造混为一体，导致出现“从村东头搬到西东头”，甚至原址安置，只是解决了住房安全问题，既未“挪穷窝”，也未“换穷业”，为了解决这一问题，百色科学规划易地搬迁前期工作，科学选址，统筹保障易地搬迁生产生活用地。

再其次，探索“让我留，变成我要留”的易地搬迁新模式。“让我留，变成我要留”的易地搬迁新模式，有效保障移民群众各种权益，确保移民群众真正实现“搬得出、留得住、能就业、有保障”，让搬迁贫困群众实现“家门口”享受医疗、就业、就业等城市化公共服务，重点突出五个着力。第一，着力构建以社区党委为核心，社区居民委员会、社区综合服务中心、居务监督委员会为依托的“一核三元”社会服务综合管理机构，包括了社区管理服务、安全、健康、文化、体育等综合事务，确保了政府治理、社会自我调节、居民自治的良性互动；第二，着力构建良好的物业服务保障体系，确保农民城市生活无障碍，实现农民市民化；第三，着力构建就业保障体系，根据移民人口结构及就业培训意向，制定移民就业实施方案，实现搬迁移民到百东新区、右江区、田阳县辖区内现有企业或工地就地就近就业、劳务输出转移到深圳等地就业以及今后到建成后的百东产业园区就业；第四，着力制定搬迁移民后续服务各项政策，力争实现家门口享受计划生育、社会保障、户籍迁移等各项公共服务；第五，着力构建就学、就医保障体系，通过新建学校、社区医院并完善配套设施，实现移民子女就近就学、就医。

最后，探索“建得起，有未来”的易地搬迁新模式。为达成典范和一流社区的目标，打造“建得起，有未来”的易地扶贫搬迁项目，百色市委市政府推进深圳小镇的配套产业发展项目——深百产业园区建设。深百合作产业园项目规划总面积33 128.16亩，集第二产业、第三产业为一体的宜居宜业的综合性产业园区，其中第二产业重点发展低污染甚至无污染的都市工业，比如：农林工产品深加工、医药健康、装备制造、高新电子科技等；第三产业重点发展出口加工贸易、跨境金融和电商、物流、商务会展等产业。秉承“老区”办“特区”理念，对于入驻深百产业园的企业，百色市在土地政策、财税政策、水、电、气、厂房等生产要素方面均有大力度支持，努力将深百产业园打造成为百色创新创业“双创”示范基地，百色发展新引擎。

案例4－6　广西百色：“深圳小镇”开创革命老区易地扶贫搬迁新模式

为深入贯彻落实习近平总书记在中央东西部扶贫协作座谈会和深度贫困地区脱贫攻坚座谈会上的重要讲话精神和广东广西扶贫协作工作联席会议精神，立足两广实际，进一步全面落实“携手奔小康”行动要求。广东省帮扶广西壮族自治区，由深圳市牵头负责，深圳市重点帮扶广西壮族自治区百色市、河池市。

深圳小镇项目是百色市精准扶贫重点工程，项目规划用地面积836亩，总建筑面积91万平方米，分三期建设，规划安置来自全市9个贫困县（市）的贫困人口3万人。规划建设安置住房65栋7 288套约70.43

万平方米，总投资约34.09亿元。第一期2017年11月初开工建设，2018年6月15日完成主体结构封顶，计划2018年11月竣工入住，安置易地搬迁贫困户2 316户9 496人；第二期计划于2018年11月开工建设，2019年11月竣工验收并入住，安置易地搬迁贫困户约1万人；第三期预计2019年底开工，2020年底竣工入住。同时，深圳小镇规划建设配套医疗卫生、教育（中小学、幼儿园）、日间照料、文化体育等公共服务设施，配套建设8条约5.9千米市政道路。深圳市已投入财政资金2 464万元，动员社会力量捐赠2亿多元，其中，腾讯、万科各1亿元、平安集团500万元，用于深圳小镇易地扶贫搬迁户就医、就学的软硬件设施、小区道路及其他配套公共服务设施建设。目前，上述公共配套设施已完成学校教学楼及宿舍楼共6栋楼主体已完成，社区医院主体结构已封顶，幼儿园已完成基础施工，小区内4条市政道路已完成约3.2千米中粒式沥青路面施工。深圳小镇结合百色各少数民族的历史文化及民族风情，打造成为一个产城融合、生态宜居宜游宜业的特色小镇，同时规划好医院、学校、公园绿地、商业街等公共服务设施配套，是深圳帮扶百色的亮点工程和百东新区一张最亮丽的城市名片。

资料来源：课题组调研获得的数据资料。

二、广西深度贫困地区新型城镇化发展的历程和现状

（一）广西新型城镇化的发展历程分析

1. 起步发展阶段（1950～1977年）

广西一直以来都是经济欠发达地区，20世纪50～70年代，广西作为抗美援越和对越自卫反击战的最前沿，承担了大量的后勤工作，无暇顾及经济建设，加之错失了几次区划调整的重要机遇，城镇化建设受到影响。自治区成立以来，广西新型城镇化发展处于起步阶段，相对而言这个时期

的城镇化水平较低。根据图 4－5 分析，1958～1959 年广西城镇化率保持上升趋势；1960～1964 年，由于受到“大跃进”、人民公社制度以及自然灾害等方面的影响，造成经济结构严重失调，农业和工业生产大幅度下降，人口大量死亡，导致城镇化率呈下降趋势，城镇化水平降低；1964～1977 年，广西城镇化发展态势缓慢，一直在 0.08～0.1 区间徘徊，处于徘徊期，而且在这一期间发生了“文革”，全国范围内出现知识青年上山下乡和干部下放运动，打乱了广西整个城镇化建设，使经济发展陷入混乱，城镇化建设也随着经济发展的不稳定而潮起潮落、一波三折。

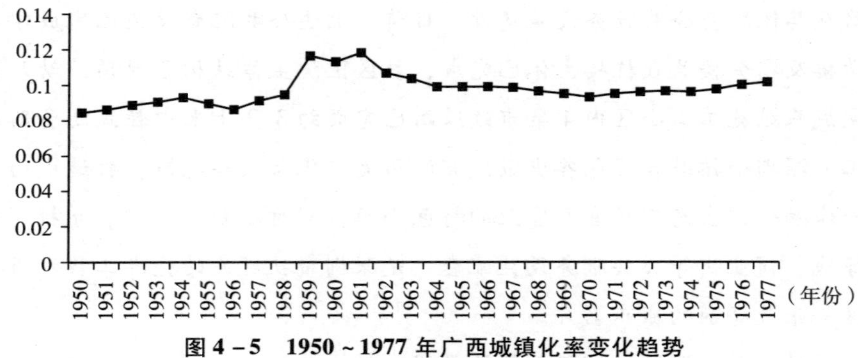

图 4－5　1950～1977 年广西城镇化率变化趋势

资料来源：根据《新中国六十年统计资料汇编 1958～1978》整理编制所得。

2. 稳步发展阶段（1978～2000 年）

1978 年以后，随着改革开放的推进，我国政治体制和经济体制不断改革，广西作为少数民族聚居地区，经济快速发展，城镇人口快速增加，城镇化逐步走上健康、稳步发展的轨道。1980 年广西只有 6 个地市，县级市 10 个，镇 123 个，城镇人口 388 万人，城镇化率为 10.97%；2000 年，地级市增加到 14 个，县级市 10 个，镇 745 个，城镇人口 1 337 万人，城镇化率 28.2%，与 1980 年相比地级市和镇的数量均有所增加，城镇人口增长 2.4 倍，城镇化率提高 17.23 个百分点。如图 4－6 所示，1978～1983 年，广西城镇化水平始终在 0.1 左右徘徊，城镇化率增长速度缓慢；1984～1992年，广西城镇化水平由0.37增加到了0.50，城镇化率增长速度较快；1992～1999年，城镇化水平增速强劲，城镇化率增速明显。总体来说，1978～2000年间由于实施改革开放战略和实行社会主义市场经济等措施，广西经济活力得到激发，城镇化水平得以稳步发展。

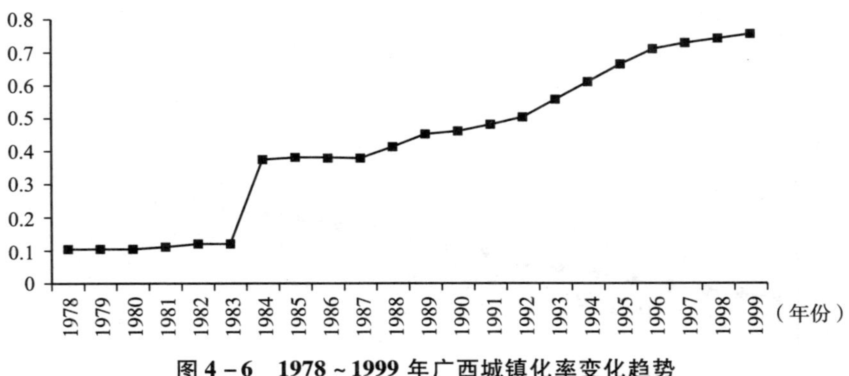

图4－6 1978～1999年广西城镇化率变化趋势

资料来源：根据《新中国六十年统计资料汇编1978～1999》整理编制所得。

3. 快速发展阶段（2000年至今）

从2000年至今，广西新型城镇化发展处于加速发展阶段。2000年第五次全国人口普查，广西城镇人口1 264万人，城镇化率28.2%，比1990年提高了13.1个百分点，年均提高1.3个百分点，城镇化率明显提高。2010年第六次全国人口普查，广西城镇人口达到1 841.8万人，城镇率达到了40%，比2000年提高了11.8%，年均提高1.2%。根据《广西壮族自治区新型城镇化规划（2014～2020年）》要求2020年要新增城镇人口700万人、城镇化率达到54%，那么到2020年第七次全国人口普查时广西城镇人口需要达到2 541.8万人、城镇化率达到54%、比2010年提高14个百分点以及年均提高1.4个百分点。如图4－7所示，2000～2004年，广西城镇化率速度比较平缓，2004年以后，城镇化率呈直线上升的趋势，但总体来说广西城镇化率基本上是保持增速，城镇化水平整体呈现增长趋势；2018 年，广西城镇化率为 50.22%，比 2000 年提高了 22.02 个百分点，年均约提高 1.2 个百分点；同时根据城镇化发展规律，当城镇化突破 30% 以后，逐步进入快速发展阶段，当 2004 年广西城镇化率突破 30% 以后，在 2004 ~ 2018 年间，广西城镇化进程明显加速，呈现较快发展的势头，而且在未来很长一段时间内广西城镇化依然会保持较快速发展趋势。

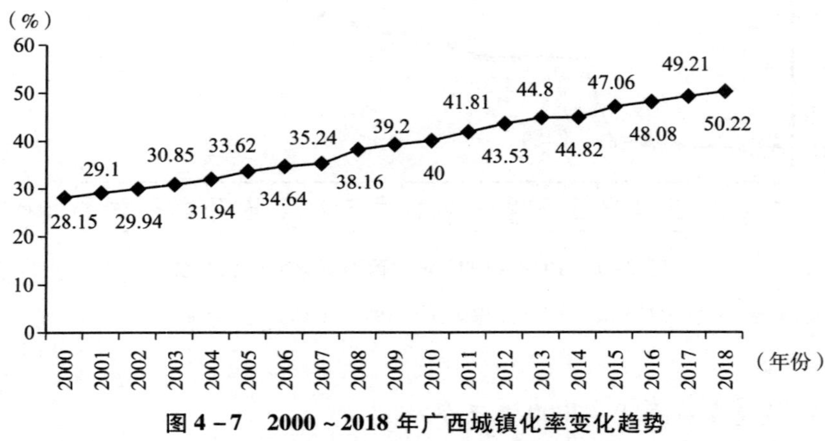

图 4-7　2000 ~ 2018 年广西城镇化率变化趋势

资料来源：根据《广西统计年鉴 2000 ~ 2018》整理编制所得。

（二）广西新型城镇化的发展现状分析

1. 城镇化水平相对较低

自治区成立以来，广西城镇化进程经历了起步发展期、稳步发展期、快速发展期等阶段，城镇化实现了由低速向快速发展的转变，城镇化建设不断推进，城镇化质量不断提高，为广西经济发展和人民生活水平的提高提供了强大动力。当前，广西正处于城镇化快速发展的阶段，2000 年，广西城镇人口 1 337 万人，城镇率 28.15%，同 1990 年相比城镇化率明显提高了 13.05 个百分点；到 2010 年，广西城镇人口达到了 1 849 万人，城镇化率达到了 40.11%，突破了 40% 的难关；2017 年，广西城镇人口 2 404.14 万人，城镇化率提高到了 49.21%，比 2010 年提高了 9.10 个百分点；到 2018 年，广西城镇化实现了飞跃，首次实现城镇化率提高到 50% 以上。2018 年广西全区户籍总人口 5 659 万人，同比去年增加 59 万人，观察表 4－9 发现，常住人口 4 926 万人，同比去年增长 41 万人，其中城镇人口 2 474 万人，占常住人口比重（常住人口城镇化率）为 50.22%，城镇人口与农村人口数量差距不大，男性与女性人口数量差距也较小。很显然，广西城镇化水平较低。广西城镇化水平相对较低可以从以下两个方面来体现。

表 4－9　　2018 年广西常住人口数及其构成

指标	年末数（万人）	比重（%）
常住人口	4 926	100.0
其中：城镇	2 474	50.22
乡村	2 452	49.78
其中：男性	2 555.5	51.88
女性	2 370.5	48.12

资料来源：根据《2018 年广西壮族自治区国民经济和社会发展统计公报》整理编制所得。

第一，与全国城镇化相比，广西处于较低水平。如图 4－8 所示，2000 年，广西城镇化率 28.2%，比全国城镇化率低 7.9 个百分点，之后广西城镇化率与全国城镇化率差距又有所扩大；到 2010 年，广西城镇化率提高到了 40%，但是与全国城镇化率的差距依然有 9.7 个百分点；到 2015 年，广西城镇化率落后全国平均水平 9.0 个百分点；到 2018 年，广西城镇化率超过了 50%，为 50.22%，全国城镇化率为 59.58%，显然广西城镇化率与全国城镇化率仍相差 9.36 个百分点。尽管广西城镇化率与全国城镇化率的差距有所缩小，但是差距依然较大，而且也可以看出与全国城镇化相比，广西处于较低水平。

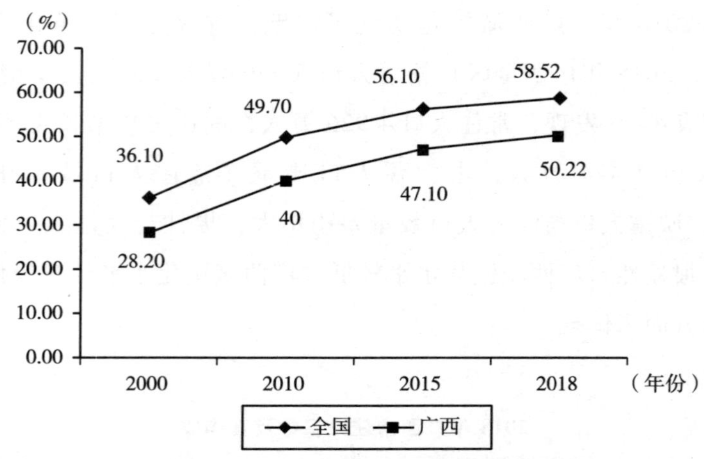

图 4-8　2000~2018 年广西与全国城镇化率

资料来源：根据 2000~2018 年《广西统计年鉴》与《国家统计年鉴》整理编制所得。

第二，与各省城镇化相比，广西处于靠后位置。如表 4-10 所示，2018 年末，上海、北京、天津常住人口城镇化水平在全国最高，城镇化率分别是 88.10%、86.50% 和 83.15%，上海和天津分别比上一年提升了 0.4 个百分点和 0.22 个百分点，北京则与上一年持平；广东、江苏、浙江的城镇人口比重分别为 70.70%、69.61% 和 68.90%，在全国也处于靠山位置；相比之下，中西部省份城镇化水平相对较低，包括广西在内的大部分西部省份城镇化率低于 60%；尽管广西城镇化率提升速度（1.01%）在全国各地中处于靠前位置，但是其城镇化率依然不高。广西城镇化率在全国排名第 24 名，仅高于云南、甘肃、贵州、西藏四个省（区）。那么很显然，广西城镇化率在全国各省中处于靠后位置，城镇化水平与全国各省相比依然有很大差距。

表 4－10　　　　　2018 年全国各地常住人口城镇化率

排序	地区	常住人口城镇化率（%）	比上一年提升（%）
1	上海	88.10	0.40
2	北京	86.50	0.00
3	天津	83.15	0.22
4	广东	70.70	0.85
5	江苏	69.61	0.81
6	浙江	68.90	0.90
7	辽宁	68.10	0.60
8	福建	65.80	1.00
9	重庆	65.50	1.42
10	内蒙古	62.70	0.70
11	山东	61.18	0.60
12	湖北	60.30	1.00
13	海南	59.06	1.02
14	黑龙江	59.04	0.2
15	宁夏	58.88	0.90
16	山西	58.41	1.07
17	吉林	57.53	0.88
18	陕西	58.13	1.34
19	江西	57.32	1.30
20	河北	56.40	1.42
21	湖南	56.01	1.40
22	安徽	54.69	1.20
23	青海	54.47	1.40
24	四川	52.29	1.70
25	河南	51.71	1.55
26	广西	50.22	1.01
27	云南	47.69	1.00
28	甘肃	47.69	1.30
29	贵州	47.52	1.50
30	西藏	31.00	0.10

注：港澳台数据尚未统计。
资料来源：根据 2018 年《国家统计年鉴》整理编制所得。

2. 地市城镇化发展不均衡

首先，从广西各地市之间 2018 年的城镇化率进行比较。如表 4－11 所示，广西 14 个地市中，柳州市、南宁市、北海市城镇化率居于前三名，城镇化率分别为 64.74%、62.74% 和 58.6%；城镇化率最低的三个地市是百色市、河池市和崇左市，城镇化率分别为 37.06%、38.18% 和 39.24%，与城镇化率最高的柳州市相比，分别相差 27.68 个百分点、26.56 个百分点和 25.5 个百分点，同时城镇化率超过 50% 的地市仅有 7 个（包括柳州、南宁、北海、桂林、梧州、防城港、贵港）。上述数据显示，城镇化率最高的三个地市和城镇化率最低的三个地市之间的城镇化率差距较大，城镇化率低于 50% 的地市仍然有一半，因此广西区内各地市的城镇化发展水平差异较大，各地市城镇化发展不均衡较为明显。与此同时，总体来看，广西 14 个地市常住人口差异较大，常住人口在 500 万人以上的地市仅有 3 个，常住人口在 400 万～500 万人区间的仅有 2 个，而且一些地市常住人口较多，但是城镇常住人口较少，导致了城镇化率较低，比如桂林市和玉林市，桂林市常住人口达 508.55 万人，但是城镇常住人口仅有 261.67 万人，导致城镇化率仅有 50%；14 个地市中，玉林市的常住人口仅次于南宁市，但是其城镇常住人口比南宁市的少 164.31 万人，其城镇化率也未超过 50%。

表 4－11　　　广西各市 2018 年人口数

地区	常住人口（万人）	城镇常住人口（万人）	城镇化率（%）
全自治区	4 926	2 474	50.22
南宁市	725.41	452.62	62.74
柳州市	404.17	261.67	64.74
桂林市	508.55	254.28	50
梧州市	306.11	160.96	52.85
北海市	168	98.45	58.6
防城港市	95.33	55.67	58.4

续表

地区	常住人口（万人）	城镇常住人口（万人）	城镇化率（%）
钦州市	330.44	132.16	40
贵港市	440.92	220.85	50.09
玉林市	584.97	288.31	49.29
百色市	366.94	136	37.06
贺州市	207.26	95.76	46.2
河池市	354.57	135.39	38.18
来宾市	223.39	99.51	44.55
崇左市	209.94	82.37	39.24

资料来源：根据《广西统计年鉴2018年》整理所得。

其次，从广西各地市2010～2018年的城镇化水平变化幅度进行比较。如表4－12所示，2010～2018年，南宁市、柳州市和北海市城镇化水平较高，领先于广西区内其他地市的城镇化水平；在这九年期间，南宁市的城镇化率保持在0.53～0.62区间，柳州市的城镇化率保持在0.55～0.64区间，北海市的城镇化率保持在0.49～0.58区间；说明了这三个地市的城镇化发展活力相对较强。而百色市、河池市和崇左市的城镇化水平相对较低，2010～2018年这三个地市的城镇化率均在0.2～0.3区间徘徊，城镇化率尚未突破0.4，从中说明了这三个地市城镇化发展活力相对不强。上述数据显示，广西区内各地市城镇化发展水平差异较大。

表4－12　　2010～2018年广西各地市的城镇化水平变化

地市	2010年	2011年	2012年	2013年	2014年	2015年	2016年	2017年	2018年
南宁市	0.53	0.55	0.56	0.58	0.58	0.59	0.60	0.61	0.62
柳州市	0.55	0.57	0.58	0.60	0.61	0.62	0.62	0.63	0.64
桂林市	0.39	0.40	0.43	0.44	0.46	0.47	0.48	0.48	0.50
梧州市	0.43	0.45	0.47	0.48	0.49	0.50	0.51	0.51	0.52
北海市	0.49	0.50	0.52	0.53	0.54	0.55	0.56	0.57	0.58
防城港市	0.48	0.50	0.52	0.53	0.54	0.55	0.56	0.57	0.58

续表

地市	2010年	2011年	2012年	2013年	2014年	2015年	2016年	2017年	2018年
钦州市	0.31	0.33	0.34	0.35	0.36	0.37	0.38	0.38	0.40
贵港市	0.40	0.42	0.44	0.45	0.46	0.40	0.48	0.49	0.50
玉林市	0.40	0.41	0.43	0.44	0.46	0.47	0.48	0.49	0.49
百色市	0.27	0.28	0.30	0.31	0.33	0.34	0.35	0.35	0.37
贺州市	0.35	0.37	0.39	0.40	0.42	0.43	0.44	0.45	0.46
河池市	0.27	0.29	0.30	0.32	0.33	0.35	0.36	0.37	0.38
来宾市	0.33	0.35	0.36	0.37	0.40	0.41	0.42	0.43	0.44
崇左市	0.30	0.31	0.33	0.34	0.35	0.36	0.37	0.38	0.39

资料来源：根据2010~2018年《广西统计年鉴》整理编制所得。

最后，从空间位置上对广西各地市2018年的城镇化水平进行比较。如图4-9所示，2018年广西14个地市的城镇化水平呈现空间上的巨大差异。城镇化率最高的三个地市柳州市、南宁市、北海市分布在东部地区，城镇化率最低的三个地市百色市、河池市和崇左市分布在西部地区，而城镇化率居于中间位置的8个地市也是主要分布在东部地区。总体而言，东部地区的地市城镇化水平较高，西部地区的地市城镇化水平偏低，广西各地市城镇化水平的差异明显具有空间差异。

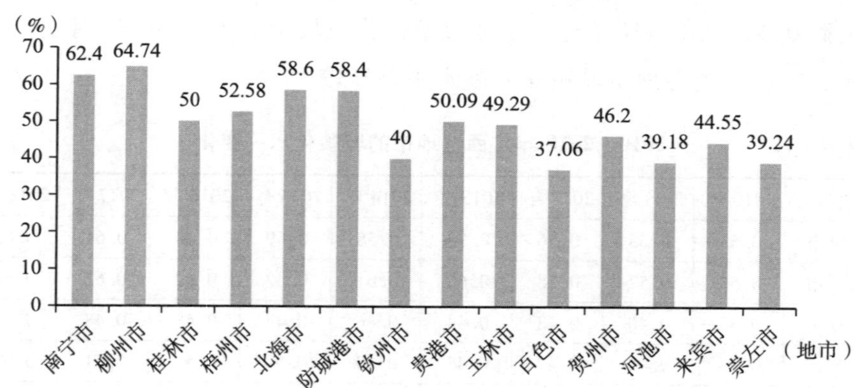

图4-9　2018年广西各地市的城镇化水平

资料来源：根据《广西统计局》整理所得。

3. 城乡经济“二元化”明显

从表4－13可以看出，整体上看，广西城乡居民人均可支配收入增长趋势比较明显。2010年城镇居民人均可支配收入为17 064元，2018年城镇居民可支配收入为32 436元，人均可支配收入明显增加；2010年农村居民人均可支配收入为4 543元，2018年农村居民人均可支配收入为12 435元，增加了7 892元，人均可支配收入增加明显。同时，城乡居民人均可支配收入差距由2010年的12 521元扩大到了2018年的20 001元，扩大趋势明显。上述数据表明广西区内城乡经济发展的差异较大，城乡经济“二元化”比较明显。那么很显然，城乡经济“二元化”对农业转移人口市民化的意愿和能力有很大影响，进而影响易地扶贫搬迁与新型城镇化协调发展的深入推进。

表4－13　2010～2018年广西城乡居民收入状况

年份	城镇居民人均可支配收入（元）	农村居民人均可支配收入（元）	城乡人均可支配收入差距（元）
2010	17 064	4 543	12 521
2011	18 854	5 231	13 623
2012	21 243	6 008	15 235
2013	23 305	6 791	16 514
2014	24 669	8 683	15 986
2015	26 416	9 467	16 949
2016	28 324	10 359	17 965
2017	30 502	11 325	19 177
2018	32 436	12 435	20 001

资料来源：根据2010～2018年《广西统计年鉴》整理编制所得。

4. 常住人口城镇和户籍人口城镇化差距大

从全国层面看，2015年以前常住人口城镇化率和户籍人口城镇化率提升缓慢且两者差距大；自2015年以来，常住人口城镇化率和户籍人口城镇化率快速提升，但“两率”之间的差距近四年来基本都在16.2个百分点之间徘徊（见表4－14）；根据2019年计划指标，“两率”差距仍然将在16.2个百分点左右徘徊，且差距不降反升。

表4－14　　中国常住人口城镇化率和户籍人口城镇化率的差距

年份	常住人口城镇化率（%）	户籍人口城镇化率（%）	差距（百分点）
2012	52.57	35.30	17.27
2013	53.73	35.70	18.03
2014	54.77	35.90	18.87
2015	56.10	39.90	16.20
2016	57.35	41.20	16.15
2017	58.52	42.35	16.17
2018	59.58	43.37	16.21
2019	60.60	44.40	16.20

注：2019年为计划目标，其他年份为实际数。

资料来源：根据2012～2019年《中华人民共和国国民经济和社会发展统计公报》整理编制所得。

从广西层面看，2015年广西户籍人口中，城镇户籍人口1 677.91万人，占户籍人口比重（户籍人口城镇化率）为30.4%，户籍人口城镇胡率比常住人口城镇化率（47.1%）低16.7个百分点[①]；2016年广西户籍人口中，城镇户籍人口1 710.89万人，占户籍人口比重（户籍人口城镇化率）为30.7%，与常住人口城镇化率（47.61%）相差16.91个百分点，比全国同期（41.2%）低10.5个百分点[②]；2017年末常住人口城镇

① 数据来源：广西壮族自治区统计局发布的《2015年广西壮族自治区国民经济和社会发展统计公报》。

② 数据来源：广西壮族自治区统计局发布的《2016年广西壮族自治区国民经济和社会发展统计公报》。

化率 49.21%，户籍人口城镇化率为 31.23%，户籍人口城镇化率比上一年末提高 0.56 个百分点、增幅比上一年增加 0.3 个百分点，与常住人口城镇化率相差 17.98 个百分点，差距扩大了 0.57 个百分点，户籍城镇化水平偏低①；2018 年末广西城镇人口 2 474 万人，常住人口城镇化率为 50.22%，比上一年年末提高 1.01 个百分点，户籍人口城镇化率为 31.72%，比上一年年末提高 0.49 个百分点，常住人口城镇化率与户籍人口城镇化率相差 18.5 个百分点②。上述数据显示，2015 ~ 2018 年广西常住人口城镇化率和户籍人口城镇化率逐年提升，常住人口城镇化水平与户籍人口城镇化水平都有所提升，与《广西壮族自治区新型城镇化规划（2014 ~ 2020 年）》提出到 2020 年常住人口城镇化率和户籍人口城镇化率分别达到 54% 和 34.5% 目标的差距有所缩小。但是根据图 4 – 10、图 4 – 11 可以发现，2015 ~ 2018 年广西城镇常住人口与城镇户籍人口的人数相差较大，常住人口城镇化率和户籍人口城镇化率的差距也逐年提升，同时 2016 年与 2017 年的差距最大，高达 1.07 个百分点。

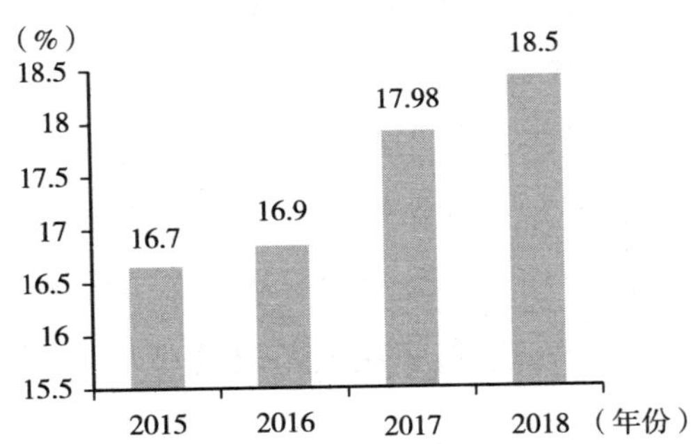

图 4 – 10　2015 ~ 2018 年广西常住人口城镇化率与户籍人口城镇化率差距变化趋势

资料来源：根据《广西统计年鉴 2015 ~ 2018》整理所得。

① 数据来源：广西壮族自治区统计局发布的《2017 年广西壮族自治区国民经济和社会发展统计公报》。

② 数据来源：广西壮族自治区统计局发布的《2018 年广西壮族自治区国民经济和社会发展统计公报》。

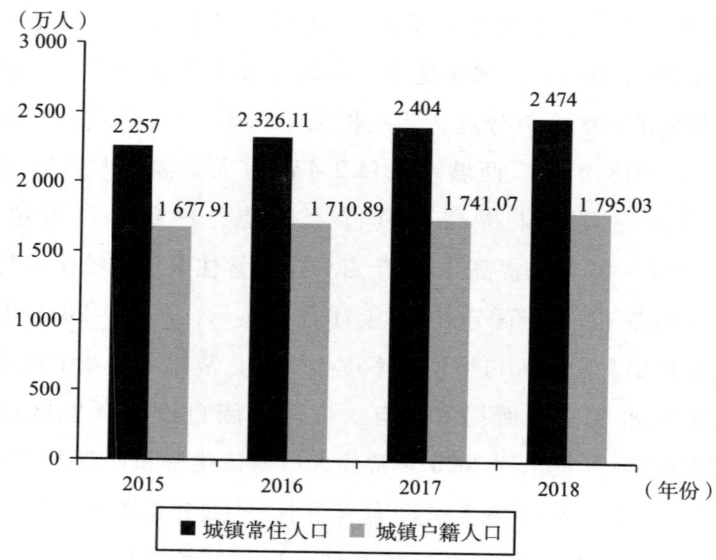

图 4－11　2015～2018 年广西城镇常住人口与城镇户籍人口情况

资料来源：根据《广西统计年鉴 2015～2018》整理所得。

总体而言，广西乃至全国常住人口城镇化与户籍人口城镇化差距大。就全国而言，常住人口城镇化率比户籍人口城镇化率高了 16.17 个百分点，广西常住人口城镇化率远高于户籍人口城镇化率，和全国趋势基本一致。因此，要高度重视易地扶贫搬迁与新型城镇化协调发展以及搬迁人口市民化的问题，并确保户籍人口城镇化率增速高于常住人口城镇化率，加快“两率”并轨，以实现新型城镇化的高质量发展。

（三）广西新型城镇化发展的展望

第一，广西新型城镇化建设依然任重道远。2018 年广西城镇化率是 50.22%，和全国城镇化率还有很大差距，和西部省份相比也处于靠后位置，与东部发达省份相比差距更大。城镇化发展伴随着工业化过程的推进和社会经济的发展，因此城镇化不是一朝一夕能够完成，由于广西城镇化起步晚、基础差，城镇化建设道路依然任重道远。

第二，广西城镇化将保持较快的发展速度。按照世界城镇化发展规律来分析，城镇化率在30% ~70%这个区间是城镇化快速发展阶段。从2005年开始广西城镇化率已经超过30%，进入了快速发展阶段，2005 ~2018年这一段时间内都保持了较快的发展速度，符合城镇化发展规律。2018年后广西城镇化率超过50%，在未来较长时间里，广西城镇化将继续保持较快发展速度。

第三，广西深度贫困地区易地扶贫搬迁与新型城镇化协调发展是广西提高城镇化水平的契机。从上述分析来看，广西西部地区的地市城镇化率不高，城镇化水平较低，城镇化率上升空间大，而且西部地区的这部分地市主要是处于广西深度贫困区域，因此将广西深度贫困地区易地扶贫搬迁与新型城镇化协调发展作为提升广西城镇化水平的契机将是一个很好的选择。随着易地扶贫搬迁与新型城镇化协调发展的推进，搬迁人口转移到城镇，提高城镇常住人口数量，而且伴随着搬迁人口的市民化，户籍人口城镇化率也得到提升。与此同时，易地扶贫搬迁与新型城镇化过程中，城镇经济实力得到提升，基础设施和公共服务得到改善，从而提高了城镇的水平。

第四，城镇化将为广西经济发展提供强大动力。广西城镇化率低于全国城镇化率，低于发达省份，更远远低于世界发达国家的城镇化水平（世界发达国家城镇化率普遍在80%以上），因此广西城镇化发展还有很大的上升空间，发展潜力巨大。那么，这将会使城镇基础设施、公共服务设施和住宅建设等方面的投资增加，使更多的农村居民通过就业成为城镇居民，从而使城镇消费群体扩大，带动城镇消费需求，为经济发展的可持续性提供动力。

第五章

广西深度贫困地区易地扶贫搬迁与新型城镇化协调的制约因素

推进广西深度贫困地区易地扶贫搬迁与新型城镇化协调发展，不仅仅是要解决“人往哪里去？土地怎么办？钱从哪里来？”等难题，还需要更好地发挥人的主观能动性及探索基层治理之路。产业支撑乏力与后续生计脆弱、土地承载力与环境保护压力、城乡二元户籍制度与城乡二元社会保障制度的制约、公共服务的限制这些因素更多的属于结构性制约因素，那么基层矛盾复杂、搬迁群众问题突出、搬迁社区治理之困则可称之为非结构性制约因素。本书将重点关注结构性制约因素和非结构性制约因素对易地扶贫搬迁与新型城镇化协调发展的影响，基于对广西深度贫困地区的分析，试图弥补既有研究的缺憾，更好地促进易地扶贫搬迁与新型城镇化协调发展，巩固易地搬迁的扶贫成效和推进新型城镇化建设进程。

第一节　结构性制约因素

一、产业发展方面

（一）产业结构不合理，产业升级缓慢

从当前经济发展的实际情况来看，一些地区经济比较发达，另一些地

区经济发展乏力，而后者的主要原因还在于产业结构不合理，产业结构升级缓慢。广西自然资源丰富，经济发展区位条件优越，但是由于各种因素限制，广西经济发展缓慢，经济发展水平较低，其中主要原因是广西产业结构不合理，限制了经济的进一步发展。

第一，从广西全区层面来看。《2018 年广西壮族自治区国民经济与社会发展统计公报》统计，广西全年全区生产总值（GDP）20 352.51 亿元，比去年增长 6.8%，其中第一产业增加值增长 5.6%，第二产业增加值增长 4.3%，第三产业增加值增长 9.4%。2018 年广西第一、第二、第三产业增加值占地区生产总值比重分别为 14.8%、39.7% 和 45.5%（见图 5－1），2017 年广西第一、第二、第三产业增加值占地区生产总值的比重分别占到 14.2%、45.6% 和 40.2%，与 2017 年的相比 2018 年第一产业产值比重增加 0.6 个百分点、第二产业产值比重则降低 5.9 个百分点、第三产业产值比重增加 5.3 个百分点，那么很显然，时间跨度上广西的产业产业结构不合理。与同期全国三大产业产值比重（7.2%、40.7%、52.2%）对比，广西第一产业比重较高，第二、第三产业产值比重都低于全国水平，那么空间跨度上广西整体的产业结构不合理。

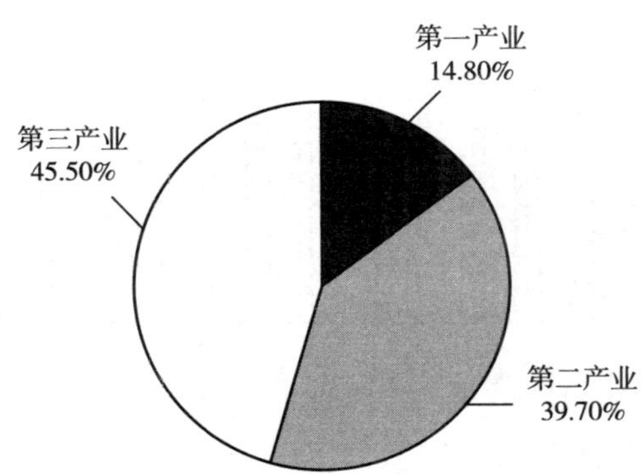

图 5－1　2018 年广西三次产业结构

资料来源：根据《2018 年广西壮族自治区国民经济与社会发展统计公报》整理所得。

第二，从广西地级市的层面来看。如图 5－2 所示，虽然各地市产业结构有所不同，但是2018年各地市三大产业结构的总体特征是第一产业比重相对偏高，第二、第三产业比重相对偏高。2018年全国第一产业增加值占国内生产总值7.2%，第二产业增加值比重为40.7%，第三产业增加值比重是52.2%。那么，以全国2018年三大产业产值比重作为参照，与广西14个地市的三大产业产值比重进行对比。第一产业方面，除了南宁市、柳州市以外，广西其他12个地市第一产业产值比重均高于全国水平，占总数的85.7%，其中第一产业产值比重在10%以上的地市有12个，包括桂林市、梧州市、北海市、防城港市、钦州市、贵港市、玉林市和百色市，而第一产业产值比重在20%及以上的地市有4个，包括贺州市、河池市、来宾市、崇左市。第二产业方面，第二产业产值比重高于全国水平（40.7%）的地市有9个，约占总数的64.3%；第二产业产值比重高于50%的地市有5个，包括梧州市、北海市、防城港市、百色市和柳州市，其中比重最高的是梧州市，百色市、防城港市仅次之；南宁市、桂林市、贺州市、河池市和来宾市的第二产业比重不足40%，第二产业发展缓慢。第三产业方面，仅有南宁市、贺州市、河池市第三产业产值高

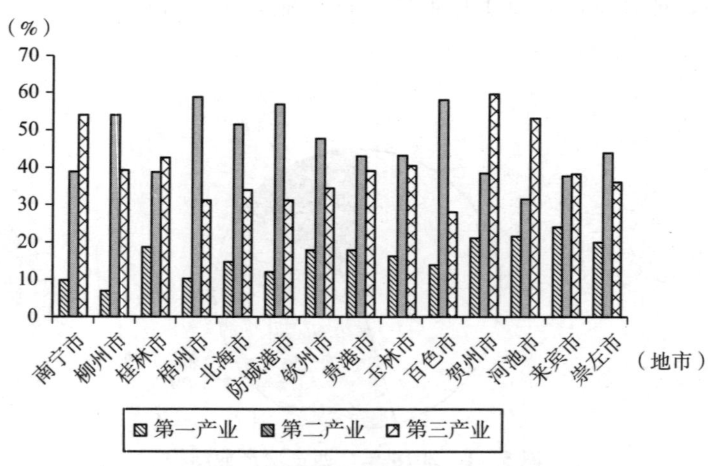

图5－2　2018年广西各地市三大产业产值比重情况

资料来源：根据《2018年广西壮族自治区国民经济与社会发展统计公报》整理所得。

于全国水平（51.6%），其他11个地市第三产业产值比重均低于52.2%的全国水平，而且包括有柳州市、梧州市、北海市、防城港市、钦州市、贵港市、百色市、来宾市和崇左市在内的9个地市第三产业产值比重低于40%。广西深度贫困地区主要位于桂西北部，而位于桂西北部的深度贫困地区三大产业结构较为不合理，如百色市、崇左市，其中百色市第一、第二、第三产业的产值比重分别为13.9%、58%、28.1%，其第一产业产值比重远高于全国水平，第三产业产值比重远低于全国水平；崇左市三大产业的产值比重分别是20%、43.9%、36.1%，其第一产业产值比重远高于全国水平，第三产业产值比重也低于全国水平。

第三，第一、第二、第三产业间比较劳动生产率差距大。克拉克认为，产业结构沿边是由于产业间相对生产率的差异造成的，而这种产业间的相对生产率，即国民生产总值相对比重和劳动人口相对比重之比，即为比较劳动生产率。该指标是某产业比重与该产业的就业比重之比，它反映1%的劳动力在该部门创造的价值比重，比重越高，则产业的比较劳动生产率就越高。一般认为，比较优化和协调的产业结构应该是各产业的比较劳动生产率均接近1。如表5-1所示，2016年广西三大产业比较劳动生产率分别为0.31、2.56、1.23，其三大产业比较劳动生产率距离1较远，与国家的同期相比，第一产业比较劳动生产率相同，第三产业比较劳动生产率接近，但第二产业相差较大，而且不管是全国还是广西，第一产业的比较劳动生产率与第二、第三产业的比较劳动生产率差距较大，那么这说明2016年全国和广西的产业结构有待优化。到2017年，广西第一产业比较劳动生产率是0.29，第二产业比较劳动生产率为2.61，第三产业比较劳动生产率为1.23，与上一年的相比第一产业比较劳动生产率降低0.02，第二产业比较劳动生产率增加0.05，第三产业比较劳动生产率不变；与全国的同期相比，第一产业比较劳动生产率一致，而第二、第三产业比较劳动生产率差距较大，而且根据各产业的比较劳动生产率均接近1则产业结构比较优化和协调的标准来衡量，全国三大产业的比较劳动生产率均接近1，其产业结构趋向于优化，反观广西产业结构就有待优化。

表 5－1　2016～2017 年广西与全国三大产业比较劳动生产率情况

产业	2016 年（广西）	2016 年（全国）	2017 年（广西）	2017 年（全国）
第一产业	0. 31	0. 31	0. 29	0. 29
第二产业	2. 56	1. 28	2. 61	1. 45
第三产业	1. 23	1. 19	1. 23	1. 15

资料来源：根据 2017～2018 年《广西统计年鉴》和《中国统计年鉴》整理计算所得。

根据库兹涅茨的研究分析，随着人均收入水平的提高，第一产业的比较劳动生产率会趋于稳定，在进入较高收入水平后则明显上升，当第一产业的比较劳动生产率接近第二、第三产业的比较劳动生产率时，产业结构的总体效益水平较高。但是从我国和广西 2017 年三大产业的比较劳动生产率的分析情况来看，第一产业比较劳动生产率与第二、第三产业比较劳动生产率差距较大，这说明在工业快速增长的同时工业对就业的吸纳能力大幅下降，工业从业绝对数减少，农业剩余劳动力向第二产业转移受阻，有一部分转向第三产业。这又说明全国和广西用大量的劳动力从事低水平的农业生产来支持其他产业的发展，资源配置极不合理，产业结构总体效益还处于低水平阶段。而且从 2014～2018 年全国全员劳动生产率来看（见图 5－3），我国三大产业的劳动生产率的提高有限，每年的提高幅度不大，从相对劳动生产率来看，甚至有不同程度的下降，那么这也说明我国当前产业结构不合理，有待升级。

综上所述，随着易地扶贫搬迁与新型城镇化协调发展的深入，大规模的搬迁贫困群众迁入城镇，产业机构不合理和产业升级缓慢势必会影响搬迁贫困群众的后续生计问题，以及搬迁贫困群众经济融入的问题，因此需要加大产业结构调整力度和产业结构优化升级力度。

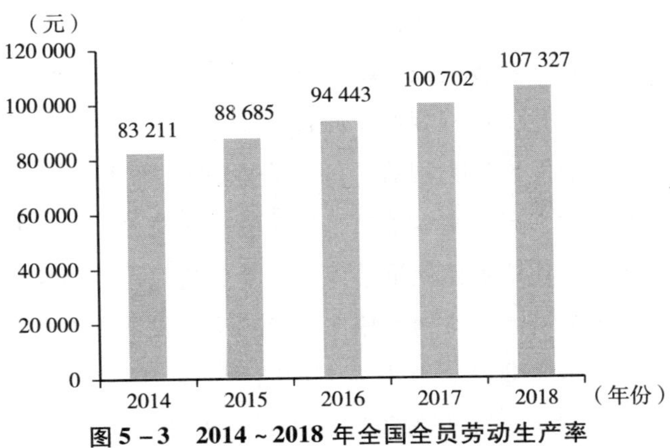

图 5-3 2014~2018 年全国全员劳动生产率

资料来源：根据《中国统计年鉴》整理所得。

（二）产业支撑后劲乏力，市场竞争力不足

易地扶贫搬迁与新型城镇化协调发展是一项系统工程，离不开产业支撑。易地扶贫搬迁的要求是“搬得出、稳得住、能致富”，但经济落后、产业空虚一直是广西深度贫困地区最为棘手的问题。很多深度贫困地区由于没有坚持易地扶贫搬迁与产业建设同步发展，相对而言“稳得住、能致富”的任务将更加艰巨。那么很显然，产业基础薄弱、支撑后劲乏力是制约广西深度贫困地区搬迁群众致富和经济发展的关键所在。

第一，缺乏产业带动。没有产业带动，就难于彻底脱贫，缺乏产业支撑，更难于持续脱贫。广西深度贫困地区大部分产业规模小、品质差、分布零星，培管水平低下，产业收效甚微，无法形成规模效应，同时中大型企业较少，缺少龙头企业支撑，市场对接和抗风险能力低，贫困群众增收难度大。广西深度贫困地区由于特殊的地理环境和受到总体发展定位的影响，发展基础一直比较薄弱，加之产业转型升级不及时、不到位，导致产业发展不可持续，这都严重降低了产业的支撑能力。广西深度贫困地区存在第二产业大而不强、第三产业发展滞后的现实状况，难以真正起到带动经济发展的作用。广西深度贫困地区作为脱贫攻坚的主要战场，在产业扶贫方面受到政府

的重点支持，但是由于其先天条件不足和工业发展底子差，广西大部分深度贫困地区尚处于工业化初级阶段，以短加工（农副产品）为主的基础工业，而深加工或者高加工化工业程度低，而且产业扶贫车间短期内难以承担支撑作用，导致第二产业发展较为困难，加之企业规模普遍较小、产业集群少、产业组织结构不合理，严重削弱了第二产业的市场竞争力；尽管近年来广西深度贫困地区第三产业增加值比重总体上呈上升趋势，但与全国其他省区市相比，特别是与东南沿海发达地区相比，第三产业发展严重滞后，总体上第三产业不发达，这给产业发展带来很大的阻力。以旅游业为例，部分深度贫困地区的旅游业尚处于未开发阶段或正在开发建设阶段，难以发挥产业带动运用。这些由于结构偏差和工业弱质性，不仅对产业支撑易地扶贫搬迁与新型城镇化协调发展产生制约，也抑制了当地新型城镇化的进程。

第二，支持产业发展的基础设施建设滞后。通过易地扶贫搬迁，基本解决了搬迁群众的住房和温饱问题，部分搬迁群众在当地政府的扶持下，后续产业发展初显端倪。但是由于国家及自治区产业扶贫资金有限，地方财力困难，用以支撑产业发展的基础设施建设还不够完善，后续产业发展项目投入严重不足，尚未能完全满足大部分搬迁群众的需要。特别是有些搬迁安置社区缺乏土地、矿产资源和企业、市场优势，无发展项目资金带动，科技推广不足，支柱产业规模小，加上搬迁贫困群众本身家底薄弱、自身文化程度低，缺乏实用职业技能和市场风险意识，导致了搬迁群众后续产业发展困难，存在搬迁群众致富难的隐忧。

第三，产业项目发展适用地不足，土地供需矛盾突出，产业发展困难。广西素有“八山一水一分田”之说，人多地少、土地资源有限是无法改变的事实，尤其是深度贫困地区，石漠化严重、山多地少，土地资源匮乏问题更加严峻，以集中安置为主的易地扶贫搬迁难以找到适合产业项目建设的用地，产业项目建设用地严重不足。同时在搬迁安置区域搬迁人口数量巨大，住房、公共基础设施等庞大的建设用地需求与国家明确今后将逐步较少新增建设用地计划供应导向也存在明显矛盾，因此由于用地指标紧张，产业项目建设用地审批周期长，征地手续办理较困难。

第四，三大产业结构不尽合理，是导致产业支撑后劲不足的重要原因。依托县城、乡镇等集中安置为主的易地扶贫搬迁工程的大部分搬迁群众需要在安置点就业创业，但是由于部分安置点工业基础薄弱，企业少，第二、第三产业发展水平偏低，缺乏吸纳就业的能力，难以在短期内安置很多搬迁群众就业。显然，经济基础薄弱，产业支撑乏力，导致产业带动就业能力较弱，城镇化进程受制约。广西三大产业结构的构成从表 5 - 2 可以看出，2014 ~ 2018 年，第一产业占 GDP 比重下降，从 2014 年的 15.4% 降至 2017 年的 14.2%，降幅明显，最为明显的是在 2016 ~ 2017 年，下降了 1.1 个百分点，但是到 2018 年第一产业比重不降反升；2014 ~ 2018 年，第二产业占 GDP 比重的变动情况不稳定，有比重上升的情况，也有比重下降的情况，第二产业比重降低情况最为明显的是 2017 ~ 2018 年，降低了 5.9 个百分点；第三产业占 GDP 比重上升，由 2014 年的 37.8% 上升为 2018 年的 45.5%，上升趋势明显；GDP 增长率的变动幅度较小，变动幅度保持在 0.4 ~ 0.5 之间。上述数据显示，整体上广西三大产业结构的构成变动幅度较大，产业结构尚未向合理化的方向发展，三大产业结构不尽合理，在此情况下对产业支撑能力造成影响。整体来看，广西深度贫困地区工业发展仍然存在着工业大而不强、资源型产业比重较高、高新技术产业比重低、第三产业发展缓慢、市场竞争力弱等特点；与全国发达地区相比，广西深度贫困地区第二产业和第三产业发展仍然滞后，支撑经济的能力和吸引就业的能力尚且不足。

表 5 - 2　2014 ~ 2018 年广西三大产业结构的构成变动和 GDP 增长率　单位：%

年份	第一产业	第二产业	第三产业	GDP 增长率
2014	15.4	46.8	37.8	8.5
2015	15.3	45.8	38.9	8.1
2016	15.3	45.1	39.6	7.3
2017	14.2	45.6	40.2	7.3
2018	14.8	39.7	45.5	6.8

资料来源：根据 2014 ~ 2018 年《广西壮族自治区国民经济与经济发展统计公报》整理编制所得。

二、土地流转方面

土地流转是指土地使用权的流转，是拥有土地承包经营权的农民可以将土地经营权（使用权）通过转包、转让、入股、合作、租赁等方式转让给其他农民或者经济组织①。其对易地扶贫搬迁与新型城镇化的协调发展具有重要影响。我国未来经济发展的重要引擎是新型城镇化，而当前加快新型城镇化步伐的重要方式是与易地扶贫搬迁相互协调发展，那么在两者相互协调发展过程中实现以人为核心的新型城镇化，而且促进土地流转制度改革有助于搬迁人口市民化，搬迁人口市民化又有助于农村土地流转制度的改革和完善，因此需要妥善解决好搬迁人口土地流转问题。在易地扶贫搬迁与新型城镇化协调发展过程中，存在搬迁人口易地搬迁到城镇并没有带来搬迁人口市民化同步的状况，而常住人口城镇化率与户籍人口城镇化率差距偏大就是最好的证明，于是就产生了大量的非永久性易地搬迁人口群体，这些非永久性易地搬迁群体又会影响易地扶贫搬迁与新型城镇化协调发展的进程。而非永久性易地搬迁群体的存在又与现有的土地流转制度有着密切的联系，现有的土地流转制度存在较多问题，严重阻碍了易地搬迁人口的永久性搬迁，而且土地流转制度不仅阻碍着搬迁人口市民化进程，更是阻碍着易地扶贫搬迁与新型城镇化协调发展的进程。

（一）土地流转法律法规不健全

在易地扶贫搬迁过程中，搬迁群众的土地处理方式成为影响易地扶贫搬迁与新型城镇化协调发展的重要因素。随着新型城镇化进程的推进，土地流转方面的法律法规对易地扶贫搬迁与新型城镇化协调发展的阻碍作用越来越明显，主要表现为以下三个方面。

---

① 陈春香，吴波，张超．农村土地流转与农业转移人口市民化之关系研究［J］．合肥学院学报（综合版），2017（4）．

1. 土地法律法规阻碍土地流转

土地承包经营权是指公民对各类型的国有土地的承包经营权①。现行的农村土地制度规定，农村土地的所有权归属集体，农民只有土地的承包经营权。因此，在易地扶贫搬迁过程中，贫困群众搬迁到城镇后，土地大量被闲置，造成土地“抛荒”现象产生。从实际层面来看，由于当前搬迁群众在城镇的社会保障制度福利水平难以有效享有，一些搬迁群众转让农村土地承包经营权的意愿相对较低，加之广西区内有关农村土地流转的法律法规处于模糊或者空白状态，这更加降低搬迁群众的土地流转意愿。而广西区内有关农村土地流转的法律法规处于模糊或空白状态，容易导致土地流转过程中的不规范现象，进而使搬迁群众的利益难以保证，降低搬迁群众的土地流转积极性。

除此之外，土地法律法规权能的残缺阻碍土地流转。禁止流转现存的农村土地产权结构是国家保有禁止转让、限制抵押以及强迫性征收或者征用等对集体土地所有权的土地的事实上的终极处分权。土地流转这种权能的残缺使农民搬迁到城镇后依然“离乡不离土”，实质上是试图把农民捆绑在土地上，而现实上这种情况产生的后果也颇为严重，不仅使较多地方出现土地“抛荒”的现象，造成土地城镇化率不高，还使搬迁人口因被土地束缚而难以顺利市民化，影响新型城镇化进程。

2. 土地法律法规阻碍宅基地流转

宅基地使用权是指农民拥有在农民集体所有的土地上建造个人住宅的权利②。宅基地的无偿、无流动性和无限期使用的特性，促进造成了农村宅基地的大量闲置与无序扩张的问题，也阻滞了农村剩余劳动力转移，成

---

① 丁文．论土地承包权和土地经营权的分离［J］．中国法学，2015（3）：159－167.

② 陈小君，蒋省三．宅基地使用权制度：规范解析、实践挑战及其立法回应［J］．管理世界，2010（10）：1－12.

为破除城乡二元社会结构和推进城镇化进程的障碍①。现阶段，易地扶贫搬迁工作实施以后广西深度贫困地区搬迁群众的宅基地大多被闲置。大部分贫困群众迁入城镇后，迁出地的包括宅基地在内的土地资源被无奈闲置，未能有效发挥对新型城镇化的促进作用，而且宅基地被闲置使得土地资源被浪费。原因在于：第一，从客观层面来看，农村宅基地租赁、流转和经营等制度相对缺失，大部分农村宅基地难以有效流转，那么在易地扶贫搬迁过程中，由于贫困群众的宅基地未能有效流转，则影响贫困群众的搬迁意愿或者对已搬迁贫困群众造成后顾之忧；与此同时，随着有序推进易地扶贫搬迁与新型城镇化的进程，宅基地流转存在的问题使束缚在农村土地上的搬迁人口市民化受到限制，不利于土地的再利用和土地资源的浪费，阻碍搬迁人口市民化进程。第二，从主观层面来看，农村搬迁群众难以有效享有城镇居民的基本住房保障体系的福利水平。目前搬迁人口的社会保障制度与城镇居民的存在很大差别很多搬迁人口不愿进行永久性搬迁，搬迁人口在尚未获得城镇的医疗、养老、失业、子女教育等方面保障以及难以有效享有城镇居民的基本住房保障体系情况下，农村的土地便是他们生存的最后保障。

3. 土地流转法律法规阻碍搬迁群众的土地权益享有

我国现行的土地征用制度是国家垄断一级市场，国家征用是农用地转化为建设用地的唯一途径，而除此之外，农村非农建设用地则无法直接进入土地交易市场，这对于城乡土地交易而言，土地流转被为分割城乡二元市场，实质上仍然是剥夺农民的土地财产权收益，这与统筹城乡协调发展、构建和谐社会是相违背的。搬迁群众转出土地后，其资产收益权利还不能从制度上予以保障。伴随着土地价值日益显化，土地增值收益迅速攀升，但是土地增值收益城乡分配不均程度加剧，在现行土地流转利益分配格局下，农民虽然获得了土地的补偿，但总体上并没有分享到城镇化的成

---

① 赵强社．城乡基本公共服务均等化制度创新研究［M］．北京：中国农业出版社，2014（12）：121.

果，加上土地流转中无序性使得大多数农民与土地增值收益无缘。另外由于城乡二元土地流转制度，土地流转市场被分为农村土地市场和城市土地市场，从而使得城乡土地存在价格差，农村土地价格远远低于城市土地价格，被征地的村集体和农户得到的补偿费远远不足。从现实情况来看，由于广西区内尚未有效建立完善的搬迁群众失地的补偿机制，对搬迁群众的土地补偿也相对较低，降低了搬迁群众土地流转的积极性，使其难以顺利市民化，演化成了“半市民化”状态，而搬迁群众处于“半市民化”的尴尬境地，最终影响易地扶贫搬迁与新型城镇化协调发展的步伐。

（二）土地流转制度的城乡二元化明显

1. 城乡二元结构下土地流转制度的剖析

城乡二元结构与土地流转制度形成的二元结构在任何一个国家的发展史上都会存在，但是我国土地流转制度的城乡二元化明显，主要表现为所有权、市场、价格、管理等的二元性。从土地所有权上看，农村土地属于农村集体所有，城市土地属于国有，农村土地与城市土地的所有权不能通过市场流通或者交换；从市场方面看，分别形成了农村土地市场和城市土地市场，这两个市场之间通过国家征用途径实现转换，但是农村非农建设用地则无法直接进入城市土地交易市场，需要通过国家征地环节进入国家一级市场，然后有政府向市场提供；从交易价格上看，农村土地价格远低于城市土地价格；从管理上来看，农村土地规划与城市土地规划是分开的。由于土地流转的城乡二元化明显，要顺利进行土地流转，必须破除城乡二元结构的桎梏和推动城乡一体化发展。在土地不断被“碎片化”，城乡二元壁垒逐步被打破，以及新型城镇化进程不断加快的背景下，允许土地的流转是符合经济规律的。由于社会保障体系的城乡二元化明显，土地肩负着搬迁人口最后的生活保障功能，贫困群众易地搬迁到城镇后，害怕失去土地保障功能，对落户城镇退出农村土地收益有后顾之忧，担心失业又失地，从而导致搬迁群众的土地流转进程缓慢。

2. 城乡二元结构下土地流转的阻碍

第一，针对农业转移人口的社会保障制度尚待真正建立。当前，城乡二元结构突出，人为的阻隔了生产要素在城市与农村之间的正常流动，作为农村唯一的资源——土地就承担起了对农民的社会保障功能，在土地的这种生存保障功能没有完全改变之前，土地流转是难以实现的。随着农村人口的增加和可用耕地的减少，土地所承担的这种社会保障功能越来越突出，其结果是农民一旦离开土地，则会失去土地的社会保障功能的庇护。搬迁贫困群众搬迁到城镇后，失去了赖以为计的土地资源，而土地对搬迁贫困群众的保障功能则会随之弱化，加之搬迁贫困群众在尚未享受到相应城镇居民的各项福利的情况下，导致他们的生活水平不升反降。土地作为搬迁人口生存的保障，是农业的源头和搬迁人口发展的根基，同时土地资源对于搬迁人口来说具有重要的社会经济保障功能，在搬迁人口市民化过程中具有规避风险的能力。在搬迁贫困群众普遍较贫困的情况下，土地的使用权无疑是他们较有价值的财产，如果在搬迁后土地流转不顺利则会使大部分贫困群众失去脱贫致富的机会。可以说，城乡二元结构下土地流转制度对易地扶贫搬迁过程中大量失地贫困群众的保障欠缺使他们变成城镇边缘化人群。因此，建立城乡衔接的土地流转制度已经成为一个十分重要的课题。

第二，相关土地流转的法律法规尚待完善。土地流转尚处于探索阶段，土地交易机制、土地流转市场风险机制、监督管理机制等没有完全建立，尤其是土地流转市场发育不完备、市场配置土地资源的基础性作用尚待发挥、流转中的监督管理有待完善等。我国出台的《中华人民共和国农村土地承包法》中规定，承包期内，承包方全家迁入小城镇落户的，应按承包方的意愿保留其土地经营权或者允许其依法进行土地承包经营权的流转，这种规定可以说是与城乡二元逐步解体、新型城镇化不断推进以及农村转移人口市民化是相契合的。但是由于在农村家庭承包经营责任制的发展中较少考虑法律因素，而且土地流转法律法规中缺少专门的地方规章，导致农村土地流转带有明显的自发性、盲目性和随意性，土地流转过程中的土地纠纷、矛盾日益增多，而且农民合法权益受侵犯的现象时有发生。尽管地方政府也出台一些相关土地流转的规定，但大部分规定过于笼统，在土地流转转出、转入方面缺乏明确规定，也没有对土地流转的具体程序、主要形式和流转价格等做出明确规定，导致土地流转过程中转出者、转入者的权益保障缺乏法律保障。另外，相关土地流转发挥，没有对土地所有权、承包权进行界定，导致土地所有权和承包权界定不清及权属关系不清。由于土地的所有权和承包权界定不清以及权属关系混乱等因素制约，作为控制和调节土地流转的市场制度建设领域难以发挥有效作用。

三、户籍制度方面

制度障碍是易地扶贫搬迁与新型城镇化协调发展的主要障碍。户籍制度是中国计划经济时代最顽固的遗产，户籍不仅是地理身份的象征，还是隐藏社会地位、就业机会、教育、住房等福利，具有代际相传特征。在城乡二元结构背景下，户籍制度作为城乡二元结构社会的载体性制度的落后性和不适应性凸显，不仅限制了搬迁非农人口变为市民，还成为城镇化最大的障碍。搬迁人口迁入城镇后依然是农村户籍，因为户籍问题，他们被分为“农民”与“市民”或“外地人”与“本地人”，成为城镇中尴尬的群体。就目前来说，城乡二元结构和户籍制度仍是阻碍搬迁人口融入城镇并享受城镇福利待遇的最重要的藩篱。由于广西深度贫困地区仍然存在着这种不合时宜的政策制度，严重制约着易地扶贫搬迁的步伐和新型城镇化发展的进程。

（一）户籍制度阻碍人口迁移

始于1958年初的户籍制度构建了我国的城乡迁移壁垒。而这种壁垒对于易地扶贫搬迁过程中的搬迁人口市民化产生不利影响，成为阻碍新型城镇化建设的重要因素。尽管政府制定了补充性政策，但对破除城乡迁移壁垒只是杯水车薪。很多调查表明，户籍制度一直以来都是束缚人口流动、阻碍流动人口落户城镇的制度性壁垒，而各地政府在考虑城镇化水平、制定城镇化推进政策时，往往很少把这一因素纳入议事议程①。此外，因户籍制度限制非市民化的搬迁人口难以享受到完全的城镇居民利益，其合法权益和社会福利都得不到有力的制度与法律保障，引发城乡内部二元结构问题（见图5－4）。

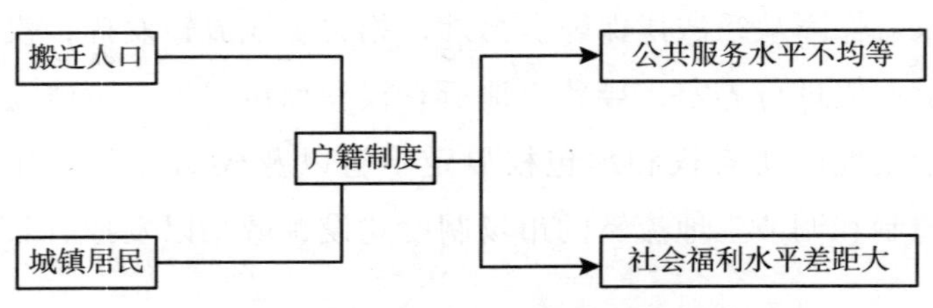

图5－4　城乡内部二元结构问题的逻辑线索

资料来源：课题组成员绘制所得。

由于缺乏适用于易地扶贫搬迁人口户籍管理方面的规定，且迁出地与迁入地之间的地方性法规容易产生冲突，最终受损者仍是处于劣势的搬迁人口。而且各地政府设立的迁移人口管理领导小组属于临时性管理机构，未纳入政府正式编制，缺乏系统而统一的管理规范，成员的履职意识不强。

当前，取消农业与非农户口界限、破解城乡二元壁垒、引导人口“梯度转移”、实施居住证制度等，依然是户籍制度改革的“硬骨头”，户籍制度改革前路艰辛。一边是易地扶贫搬迁大潮中，搬迁到城镇的搬迁群体难以在购房、教育、医疗、公共服务等方面获得与城镇人口的同等待遇。另一边是城镇迫于资源、环境等方面的承载力有限，以户籍设限，以此限制过多农业人口涌入城镇。这不仅阻碍了扶贫开发工作的进程，也阻碍了新型城镇化建设的步伐。

（二）户籍制度功能异化

户籍本身功能是人口管理，但被人为地把户籍分为农业户籍和非农业

① 冯丹．城镇化中迁移人口的社会建构［M］．北京：中国工人出版社，2016（12）：24.

户籍两种类型，在实际工作中户籍又与公共福利和公共服务挂钩，形成了城乡户籍在教育、医疗、社保等方面的差异①，这远远超出人口统计管理和维护治安管理之类的职能范围等户籍制度本身所具有的内涵。城乡二元分割的户籍制度使人一出生就打上了不平等的烙印，户籍制度中的“城镇/农村”区隔无疑是界定社会公民权的关键范畴，将市民与农民的相关利益区分为两个世界，形成中国福利体制的“一国两制”②。在此背景下，户口不仅是身份，还与福利待遇、社会保障、公共资源分配等利益挂钩，城镇户籍人口可以享受国家提供的就业、医疗、住房、教育等福利政策和养老、失业补贴等社会保障措施，而农村人口则被排除在福利政策和社会保障措施之外。这样就在客观上认为主观地制造并产生了城乡两个完全不平等的经济利益功能，强化了城乡差异，固化了人口对户籍所在地的依附关系，同时也加剧了城乡公共产品供给、社会保障和公共服务的不均等性。以依附在户籍制度上的公共服务为例，2018 年，中国常住人口城镇化率已经达到59.58%，而户籍人口城镇化率只有43.37%，广西常住人口城镇化率是50.22%，户籍人口城镇化率只有31.72%，这一差距说明了被统计为常住人口的农业转移人口仍保留着农村户籍，无法享受城镇居民均等化的公共服务，被排除在公共服务体系之外。由此可见，城乡二元化的户籍制度使户籍制度原有功能异化，导致城乡公共产品、社会保障、公共服务等福利的非均等化。因此，户籍制度改革难，难在附在户口本上的个人权利，其涉及范围广，涉及了政治、就业、教育、消费、住房、医疗保险、社会保障等几十项有形或无形的福利，那么一纸户口如何剥除福利捆绑，这将是户籍制度改革的一大难题。

（三）户籍制度阻碍市民化

新型城镇化的本质是人口城镇化，即农村变为城镇或农民变为市民。

① 胡卫华．西部城镇化和农业现代化相互协调发展研究［M］．北京：中国社会科学出版社，2017（12）：238.

② 赵强社．城乡基本公共服务均等化制度创新研究［M］．北京：中国农业出版社，2014（12）：225.

而搬迁人口市民化可以说是最便利和最有利实现人口城镇化的方法。由于广西深度贫困地区贫困人口基数大、贫困人口城镇化成本相当高（就业、土地、产业、医疗、社保、教育等投入成本高），大量贫困人口市民化必定要经过一个非农化后市民化的过程，而且大量贫困人口易地搬迁后已实现非农化但还没实现市民化，这也是易地扶贫搬迁与新型城镇化协调发展过程中城镇化率低、城镇化水平不高的重要原因。如果首先帮助搬迁人口进一步实现市民化，不仅可以提高广西深度贫困地区的城镇化率和城镇化水平，而且还能帮助搬迁人口享受与城镇居民同等的公共服务待遇。户籍制度使得搬迁人口行为在一定程度上是从一个边缘社会（社会边缘）迁入另一个边缘社会（城市边缘）[①]。而且户籍制度是城乡结构的基础性制度，城乡之间的社会保障制度、劳动就业制度、行政管理制度、公共财政制度等都在户籍制度基础上建立，并成为限制人口城乡之间转移的刚性结构[②]。在易地扶贫搬迁与新型城镇化协调发展过程中这种刚性结构阻碍搬迁人口进入城镇，而且制约搬迁人口市民化，那么需要消除户籍制度的壁垒，如若这一壁垒未能有效消除，搬迁人口极有可能成为双重边缘人[③]。“边缘人”的社会处境导致了搬迁群众与城镇间的相互排斥，使他们游离于城乡的“双重边缘”上，出现“融不进城镇、回不去乡土”的尴尬局面。

《2018 年广西壮族自治区国民经济和社会发展统计公报》中显示，2018 年末广西城镇人口 2 474 万人，常住人口城镇化率为 50. 22%，比上一年末提高 1. 01 个百分点，户籍人口城镇化率为 31. 72%，比上一年年末提高 0. 49 个百分点，常住人口城镇化率与户籍人口城镇化率相差 18. 5 个百分点，而两者差额 18. 5 个百分点的人口就是“人户分离”的两栖人，这部分

---

① 王春光. 中国职业流动中的机会不平等问题研究［J］. 中国人口科学，2003，(2)：1 – 13.

② 赵强社. 城乡基本公共服务均等化制度创新研究［M］. 北京：中国农业出版社，2014 (12)：251.

③ 双重边缘人指的是就业在城市、户籍在农村、劳力在城市、家属在农村、子女教育在城镇、保障在农村、根基在农村的一类人，表现为：在城市中处于弱势地位，工资收入水平低于城市职工，社会保障也不健全，被相对强势的城市居民边缘化；在乡村，他们没有掌握耕地技术和能力，也不能从土地生产中获得维持其生存的效益，被土地所边缘。

人群只是“被统计”为城市人，但并不享受城市的福利待遇。可见，城乡分割的户籍制度不仅导致大量人口处于“人户分离”状态，而且拉大了常住人口城镇化率与户籍人口城镇化率，阻碍迁移人口市民化步伐。

四、社会保障制度方面

（一）社会保障制度城乡二元结构形成原因分析

社会保障制度是指政府主导的，以收入再分配为主要形式的社会公共服务政策等相关管理制度①。而社会保障制度的完善对于推动易地扶贫搬迁与新型城镇化协调发展具有积极作用。当前，我国的社会保障制度取得了重大成就，但是其缺陷依然明显，时至今日，社会保障仍然没有突破城乡分割的框架，比如：1997 年《广西壮族自治区农村社会保障制度暂行办法》中指出，逐步建立广西农村社会保障制度；2015 年《广西壮族自治区人民政府关于实行机关事业单位工作人员养老保险制度改革意见》指出，对基本养老保险个人账户进行管理，规范基本养老金计发方法等。从对农村和城市的社会保障制度的颁布来看，当前社会保障制度的建立的城市偏向比较明显。因此，分析和厘清城乡社会保障制度二元结构形成的原因，对于社会保障制度建设大有裨益。

针对农业转移人口社会保障制度呈现相对“碎片化”。农业转移人口社会保障制度类型不完善。针对社会农业转移人口的社会保障制度的覆盖率不够，农业转移人口参加城镇社会保险的人数相对较少。

第一，城乡分割的社会政策是导致城乡二元社会保障制度形成的制度根源。建国初期，我国为适应工业化路线，相应出台了一系列城乡分割的社会政策，包括了户籍政策、劳动就业政策等，这些制度人为地割裂了乡村与城市的联系。本来户籍制度的建立是为了维护社会治安和提供人口统

① 张曼，杨燕绥，王巍．论社会保障内涵［J］．学术论坛，2010（6）：94－96.

计资料，但是户籍制度却衍生出固化的公民先天身份，把农村居民与城镇居民房的先天身份固化，从而控制人口自由迁移，恰恰又是这种先天身份的固化成为各类社会保障制度出现城乡差别的重要因素。与户籍制度相配套实施的劳动就业政策，也出现城乡差别，进程就业的劳动力也因城乡差别的劳动就业政策，未能顺利就业或者只能是“临时工”，而且国家、就业单位依然不承担他们的社会保障责任。由于这些制度长期存在而且尚未进行改革，使城乡二元社会保障制度出台并得以维持，导致城乡二元社会保障制度影响至今。第二，城乡居民权力的差异是城乡二元社会保障制度形成的政治根源。如果把农民和城市居民分为两大集团，可以看出尽管农民群体众多，但由于其高度分散、组织程度低，进行集体行动困难，尽管城市居民较少，但其组织程度较强、谈判能力较强，在两大集团较量过程中处于优势地位。两大利益集团的较量，最终结果是作为城市居民的利益集团因政治上的优势，致使在国家法律与政策的颁布中获得更多利益，在各项政策中更加体现城市偏向。社会政策的决定因素建立在阶级之间以及其他追求利益集团之间的权力关系基础之上，而不是建立在意识形态和大众偏好的幻境之中[①]。或者新的制度安排的形成取决于不同利益集团之间的妥协，具有优势地位的利益集团将会对这一新的制度安排产生重要影响。因此，城乡二元社会保障制度事实上是两大集团力量博弈和抗衡的结果。第三，工业与农业的不同性质是城乡二元社会保障制度形成的社会根源。就我国而言，经济的二元结构特征十分明显，现代化工业和落后农业并存，前者要求国家建立相应制度来保障劳动者的基本生活，缓解社会矛盾；后者是农民被固定在土地上，习惯于自行解决因天灾人祸而带来的损失，以土地为依靠的家庭保障就成为必然。在此背景下，引起社会保障制度的城乡二元化。

综上所述，由于城乡分割的社会政策、城乡居民权力的差异以及工业与农业的不同性质导致出现城市偏向的城乡二元社会保障制度，在此背景

---

① 李迎生．社会转型与社会保障——工业化国家现代社会保障制度演变的启示［J］．学海，2004（2）：64－69.

下，广西形成了“城乡二元”色彩浓厚的社会保障制度，搬迁群众难以有效享受应有的社会保障，制约了新型城镇化建设步伐。

（二）城乡二元社会保障制度差异性分析

由于历史原因和国家政策的偏向，我国城乡社会保障制度相互独立却又带有明显的“城市偏向”，而广西与全国一样，社会保障制度具有明显的“城市偏向”，形成了城乡二元社会保障制度，城乡二元社会保障制度差异性主要表现在社会保障模式、社会保障管理体制、社会保障覆盖面和社会保障水平等方面，这种城乡二元的社会保障制度边缘化了农村居民。因此，在城乡二元化的社会保障体制下，僵化、封闭的社会保障制度难以接纳外来搬迁群众，使他们游离于城镇社会保障体系之外，不能享受与城镇居民一样的社会经济发展成果，而且在易地扶贫搬迁与新型城镇化协调发展过程中，搬迁群众难以享受到城镇的社会保障，这对于易地扶贫搬迁与新型城镇化协调发展极其不利。

1. 城乡社会保障模式的差异

社会保障的模式，涉及社会保障是否具有制度规范的保证。在城乡二元化的经济结构中，城乡社会保障分别形成了两个相对独立的不同模式的社会保障体系，即制度保障模式和剩余保障模式①。城镇社会保障制度有赖于城镇的工业制度，农村社会保障制度是以农村土地制度为基础的家庭保障，城镇社会保障制度实行社会统筹与个人账户相结合的账户模式，资金来源于国家、企业和个人，而农村社会保障制度实行积累账户模式即个人缴纳为主、集体补助为辅和国家予以政策支持，相比之下农村居民人均可支配收入低于城镇居民人均可支配收入，如果在农村居民个人缴纳社会保障，则增加其生活负担。显然，这种模式的差异就使得农村居民的社会

① 石宏伟．中国城乡二元化社会保障制度的改革和创新［M］．北京：中国社会科学出版社，2008（9）：139.

保障远落后于城镇居民。

2. 城乡社会保障管理体制上的差异

城镇偏向的社会保障制度给我国各个方面带来极大的不良效应，然而，我国实行的“有差别的”社会保障制度还不仅存在城市偏向，还存在社会保障制度顶层设计上的不完善，比如在社会保障管理体制上。城镇社会保障基金由人力资源和社会保障部统一管理，管理较为规范，而农村社会保障则由各级政府部门下属机构管理。

3. 城乡社会保障覆盖面的差异

社会保障覆盖面通常用社会保障项目的多少来反映，社会保障项目越多，社会保障覆盖面就越广，社会保障水平就越高，反之则社会保障覆盖面越小。经过多年的发展和改革，广西城镇社会保障项目已经相当齐全，社会保险方面有养老、医疗、工伤、失业等保险项目，社会救助方面以最低生活保障为核心，还包括社会互助、流动乞讨人员救助等社会救助项目，社会福利方面建立对老人、儿童、残疾人等群体的福利项目和住房公积金、廉租房等住房福利项目；城镇国有企业职工有养老补助、生育待遇、劳保医疗等保障项目，国家机关工作人员有退休金、公费医疗、单位福利等社会保障项目。而相比之下（见表 5－3），农村居民享受到的社会保障项目不全，仅包括养老保险、医疗保险、低保、优抚安置、农村合作医疗等社会保障项目，而失业保险、工伤保险、失业保险等以及一些社会福利项目没有或者基本没有。可见，城镇国有企业职工、国家机关工作人员与农村居民等不同群体所享受的社会保障待遇存在本质上的差别，这一过程事实上实现了“福利身份化”的生产。城乡社会保障覆盖面的差异不仅表现在社会保障项目的差异上，还表现在保障项目覆盖面的差异上。以最低生活保障为例，从图 5－5 分析可知，广西城乡居民生活最低保障人数之间有很大差异，2006 年以后城乡之间居民生活最低保障人数的差距越来越大，其中 2013 年城乡居民最低生活保障人数的差距最大，高达

296.45 万人，到 2018 年广西城乡之间居民最低生活保障人数的差距达 234.85 万人，这说明了城镇居民最低生活保障覆盖面远远高于农村居民最低生活保障的覆盖面。

表 5－3　　城镇与农村社会保障项目对比

	内容
城镇社会保障项目	社会保险：养老保险、医疗保险、工伤保险、失业保险等 社会救助：最低生活保障、社会救助、流动乞讨人员救助等 社会福利：老人、儿童、残疾人等群体的福利项目、住房公积金、廉租房等
农村社会保障项目	养老保险、医疗保险、低保、农村合作医疗、最低生活保障等

资料来源：根据国家社会保障制度相关内容整理所得。

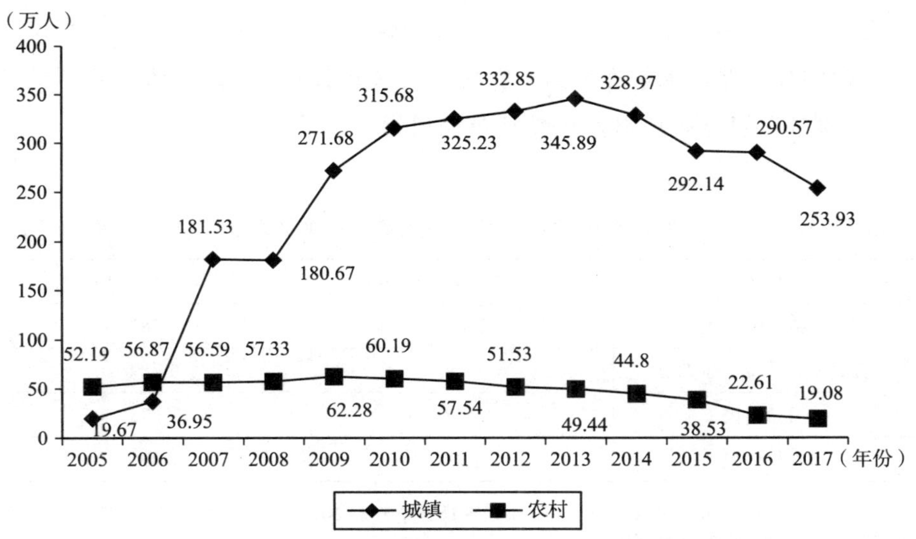

图 5－5　2005～2017 年广西城乡居民生活最低保障人数

资料来源：根据《广西统计年鉴 2018》整理所得。

4. 城乡社会保障水平的差异

随着农村社会保障制度的发展，农村社会保障水平不断提高，但其与城镇相比差距显著，甚至有扩大的趋势，而且养老保障、医疗卫生保障、失业保障、工伤保障等方面在解决基本社会保障方面存在较大缺口。以基本养老保险为例，在全国层面上看，如表5－4所示，2013～2017年全国城乡养老保险待遇水平具有提高，其中城镇企业职工、机关事业单位工作人员、城镇居民和农村居民的养老保险领取金额都有所增加，但是城乡养老金待遇水平差异依然较大；到2017年城乡养老金待遇水平差距缩小，但是城镇居民与农村居民养老保险待遇水平仍然相差2.3倍，可见，在养老金待遇水平方面存在城乡差异。从广西层面来看，2017年，广西城镇职工每人月均养老保险领取金额约为994.8元，城镇居民每人月均养老保险领取金额约为460元，农村居民每人月均养老保险领取金额约为185.9元，城镇居民与农村居民人均每月领取养老金额相差2.5倍之多①。虽然现有统计指标不能完全反映广西城乡社会保障水平的差异，但总体来说广西城镇的社会保障水平远远高于农村社会保障水平。因此，改革我国城乡“有差别的”社会保障制度仍然任重而道远。

表5－4　　2013年和2017年全国养老金待遇水平比较　　单位：元

群体	2013年人均领取金额	2017年人均领取金额
城镇企业职工	2 150	5 387
机关事业单位工作人员	2 150	5 387
城镇居民	600	678
农村居民	200	295

资料来源：根据2014年和2018年《中国统计年鉴》和2013年和2018年人力资源和社会保障事业发展统计公报计算整理所得。

（三）城乡二元社会保障制度的阻碍作用

现阶段，广西形成城乡二元的社会保障制度，农村与城镇的社会保障

① 参见：2018年度广西人力资源和社会保障事业发展统计公报。

制度具有较大差异，进而拉大了农村与城镇的社会保障水平，导致城乡社会保障享受不均。社会保障制度对广西深度贫困地区新型城镇化建设的阻碍主要体现在社会保障制度对易地扶贫搬迁与新型城镇化协调发展进程的重要影响。由于城乡二元化社会保障制度的存在，搬迁群众在城镇难以有效享有与城镇居民同等的社会保障福利。随着易地扶贫搬迁与新型城镇化协调发展的深入，社会保障制度对两者协调发展的阻碍作用也越来越明显，主要体现在以下两个方面：

一方面，社会保障制度阻碍搬迁群众“留下来”。社会保障是国家基于“全覆盖、保基本”的原则而构建的，抵御社会风险和保障国民基本生活安全的制度体系，包括生有所育、住有所居、病有所医、伤有所疗、失业有所帮、老残有所养、灾难有所救。易地搬迁后，搬迁贫困群众失去赖以为计的土地资源，后续生计问题紧迫，住房、医疗、就业、社会救助等方面也面临挑战，如果社会保障制度没能保障他们的最低生活标准，搬迁贫困群众很难“留下来”和“稳得住”。由于广西“城乡二元”社会保障制度的限制，农业转移人口难以有效享受城镇居民的社会保障福利水平①。而城乡社会保障制度福利水平的享有以户籍制度为依据，那么在搬迁群众依然是农村户籍的情况下，从制度层面来看他们被排斥在城镇居民社会保障体系之外。另一方面，社会保障制度阻碍搬迁群众社会保障权益享有。城乡二元结构是制约我国城乡一体化发展的主要障碍，也是造成各制度分割的主要原因。经过40年改革开放和现代化建设，我国综合国力有了大幅度提升，人民生活水平总体上已经达到了小康水平，但城乡二元结构并没有发生根本上的改变，农村与城市在某些方面的差距还在拉大，城乡分离的社会保障制度难以适应城乡一体化发展的要求。在中国城乡二元体制背景下，城乡二元户籍制度，搬迁人口只能享受农村居民社会保障制度福利水平，而且广西针对农业转移人口的社会保障制度改革相对滞

---

① 广西壮族自治区人力资源和社会保障厅课题组．广西农民工社会保障调查研究报告［J］．人事天地，2014（8）：6－9.

后。由于搬迁人口获得社会保障的渠道和制度模式的不完善，社会保障资源的种种分割成为搬迁人口“内在市民化”过程中的障碍，导致出现了“搬迁不定居，定居不融合”的现象。综上所述，城乡二元社会保障制度影响搬迁群众社会保障权益的享有。

五、公共服务方面

在快速城镇化的进程中，旧有的二元结构尚未被完全打破，城乡之间由于户籍制度和土地制度等形成的藩篱长期存在，新的二元结构也逐渐凸显，因此在中国城乡二元体制大背景下，中国一直实行城乡二元的公共服务体制，城乡居民公共服务的提供机制不同，公共资源的配置带有城市偏好，城乡居民之间所享受的公共服务存在较大差异。就目前而言，城乡二元结构仍是阻碍搬迁人口融入城镇并享受城镇公共服务的重要藩篱。正是由于这种城乡二元结构的长期存在，城乡公共资源配置不均衡，城乡公共服务严重不均等。而且就目前形势来看，易地扶贫搬迁与新型城镇化协调发展过程中，搬迁人口市民化进程缓慢和公共服务的步伐明显滞后于城镇化的步伐有关。由于搬迁人口市民化过程中城乡公共服务供给差异大、城乡公共服务享受不均以及制度权益保障失衡等因素制约，导致搬迁人口市民化进程缓慢，并滞后于城镇化发展的步伐。

（一）城乡公共服务供给差异大

长期以来，户籍制度被认为是制约市民化推进的主要障碍，但深入分析可以发现，户籍只是一个形式，基于此所实施的公共服务供给才是本质①。搬迁人口市民化进程落后和公共服务的步伐明显滞后于新型城镇化的步伐。而易地扶贫搬迁与新型城镇化的协调发展要求城镇基本公共服务相应提高，需要基本公共服务供给需求相匹配，这意味着由此前的“半城

① 高飞．中国农业转移人口市民化政策研究［M］．北京：科学出版社，2016，10：71.

镇化”模式转变为搬迁人口市民化的“完全城镇化”。近年来，党和政府在促进公共服务均等化方面做了很多的努力，扩大公共服务的覆盖面，并初步建立基本公共服务体系。与此同时，还存在公共服务不均等的现象，主要表现为公共服务供给城乡之间的不均等、公共服务供给城乡群体之间的不均等，直接影响着公共服务均等化进程，以及易地扶贫搬迁与新型城镇化协调发展的步伐。

1. 公共服务供给的城乡之间不均等

长期以来，我国城乡二元结构问题突出，城乡居民在享受医疗卫生服务、就业服务、最低生活保障、义务教育等基本公共服务方面，突出表现为公共服务供给在城市与农村之间存在不均等。在城乡差异的公共服务制度下，我国长期将主要公共资源投入城市，而占据大规模人口的农村地区获得的公共资源则相对较少。因此，城市基本公共服务需求的数量基本供给充足，而农村多种基本公共服务的供给数量处于不足或者缺位状态，城乡间基本公共服务供给数量不均的现象突出。具体表现为城乡教育资源分配不均等，农村办学条件差、师资力量薄弱等；城乡卫生医疗服务不均等，卫生投入费用、卫生资源和机构设置上存在较大差异；城乡就业服务在基础设施、覆盖范围、服务内容和水平上存在较大差异。以城乡医疗卫生情况为例，2017 年农村每千人口只拥有 1 名卫生技术人员，城市则有 5 名以上；农村每千人口平均拥有不到 1 张病床，而城市的平均数字约为 3.5 张①。而且据调查统计，政府对医疗机构的投入比重来看，财政投入大多集中在城市或者城镇医院，农村医疗机构获得的财政投入严重不足。

2. 公共服务供给的城乡群体之间不均等

公共服务均等化的对象是全体成员意味着全体社会成员的公共服务需求都应该得到满足，都应该享受大体一致的公共服务，然而当前公共服务

① 数据来源：根据《中国统计年鉴 2018》的相关数据计算得到。

供给在不同群体之间差距较大。搬迁群众迁移到城镇后，由于社会身份依然是农民，不被城镇所承认和接纳。随着易地扶贫搬迁规模的扩大，尤其是非户籍人口的增加，大大增加了当地政府公共服务压力。在调查中发现，部分地方把公共服务看作为区域内的中福利和私利时，有限的公共资源是不能与非城市系统内的外来人员所共享的，因此多数地方政府缺乏为非户籍人口提供公共服务的动力，甚至还是设置种种障碍。易地搬迁后，搬迁群体的公共服务已不再通过原有的村庄获取，而是从移民安置社区获得，对于如何有效满足村落向社区转变过程中搬迁群体的公共服务需求，无疑是当前和今后搬迁型社区应重点考虑的问题。从本质上看，贫困群众搬迁到城镇是城镇建设的正能量和是城镇化水平提高的良策，不会给城镇造成负担，但是随着城镇人口的增加，尤其是非本地户籍人口增加，大大加大了当地政府的公共服务压力，给城镇的公共服务承载力带来负担，因此，部分地方政府缺乏为非户籍人口提供公共服务的动力。如此一来，造成的城乡差距越来越大，严重影响了新型城镇化建设的进程。

（二）城乡公共服务享受不均

农业转移人口规模大、市民化程度低是我国城镇化最大的特点。由于易地扶贫搬迁政策，大量贫困人口迁入城镇，虽然贫困人口居住在城镇，但社会身份却依然是农民，这些居住在城镇的搬迁贫困人口虽然被统计为城镇人口，但由于户籍制度等限制，在就业、子女教育、社会保障、医疗服务等方面难以与城镇居民享受同等待遇，市民化程度不高。在社会转型过程中，“家庭出身”和“阶级成分”等一度曾经发挥较大影响的先赋指标退出历史舞台，但由于户籍制度所确立的“城乡身份”依然在社会经济中发挥重要影响，由“城乡身份”区分而产生的城乡二元结构也被保留下来①。公共服务非均等格局，体现在城镇居民和农村居民在教育、医

① 王应春．破解城乡二元体制对公共服务均等化的制约路径探析［J］．现代妇女（下旬），2014（10）：107－108.

疗、养老等诸多基本公共服务上难以享受同等的待遇。以城乡最低生活保障为例，2013 年民政部统计数据显示，全国农村低保月人均补助水平 104 元，在通货膨胀的背景下这个低保水平难以保证农村低保户的正常生存需要；2015 年城乡低保差距仍然巨大，城市低保平均标准是 438.9 元/月，而农村低保平均标准是 255.4 元/月，城市低保平均标准是农村的 1.72 倍，平均支出水平则是农村的 2.21 倍。

城乡分割体制是实现公共服务均等化的核心问题之一。在“身份社会”中，“身份问题”相当程度上左右着公共资源的配置，身份上的不同获得的公共服务存在很大差距。搬迁群众虽然身居在城镇中，但由于“身份问题”导致其享有的公共服务无论是水平还是质量都与城镇居民存在较大差异。换言之，在制度层面上把城镇居民和搬迁群众在身份上分为两个截然不同的社会群体，公共资源和基本公共服务等向城镇和城镇居民倾斜，搬迁群众得到的公共资源和享受到的基本公共服务不管是在水平上还是在质量上都明显滞后于城镇和城镇居民。我国城乡基本公共服务均等化取得了显著成效，城乡居民在医疗保障、义务教育、养老保险方面均实现了制度全覆盖，但是城乡公共服务整体差距较大。其中教育发展不均衡和卫生发展不均衡是主要短板：一直以来我国城乡教育资源分布不均匀的问题比较突出，在义务教育的经费投入存在极大的城乡二元性，财政对教育的投入明显有城市偏向，城镇的义务教育经费大部分有中央财政承担，农村的义务教育经费主要由乡级财政和县级财政自行承担，而地方财政由于可支配收入较少，对农村教育经费的投入明显不足，使农村教育在师资力量、办学条件等方面与城镇教育存在很大差距；我国城乡在卫生发展的资源配置和卫生服务方面不均衡，农村在卫生人员、卫生经费、卫生设施等方面与城市相比存在明显差距，统计结果显示，2017 年 80% 的全国公共医疗卫生资源的配置由城镇或城市占有，而占全国总人口 56.1% 的农村地区却只是占有全国公共医疗卫生资源的 33.1%，导致农村地区有 40% ~ 60% 的人“看病难”或因病致贫和因病返贫。

从公共选择角度分析城乡公共服务享受不均的原因，其核心是城镇和农村公民的选择对地区政府决策的不同影响，实际上是一种政治利益的交易。很显然，政府之所以将更多的公共服务投向城镇，是因为城镇居民能够给予政府更多的政治利益，换句话说，城镇居民在政府提供公共服务选择方面具有更大的政治影响力，但农村居民却刚好缺乏这种政治影响力，(见图5－6)。从公共选择视角审视城乡公共服务差距，关键是看谁更有利于政府的政治利益。就城乡而言，相比之下农村居民本身没有强有力的政治影响力，加上现行户籍制度对农村转移人口市民化进行限制，而户籍制度实际上与社会福利挂钩，这就直接对农村居民选择更优公共服务和更好社会福利的机会具有不利影响。与此同时，相比于农村，城镇人口更加集中，人口组织化更加强，具有集体行动的逻辑，而农村居民数量庞大但分散，人口组织化程度不高，常常陷入“集体行动”的困境，那么在此情况下，城镇居民的利益表达渠道和强度都远胜于农村居民，凭着其政治上的优势获得更多的资源和利益，导致公共服务资源、政策都流向城市，阻碍城乡公共服务均等化进程。

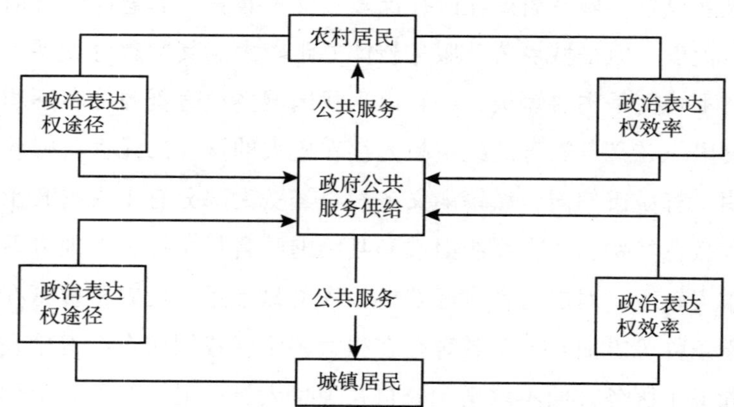

图5－6　政府政治利益与政府公共服务供给的交换机制

资料来源：课题组成员绘制所得。

（三）制度缺陷导致权益保障失衡

易地扶贫搬迁与新型城镇化协调发展中公共服务的矛盾相当程度上是

受政策和制度的影响。在传统的城乡二元结构体制下，制度设计是按照城乡分离的思路分配城乡之间的公共财政资源[①]。这种按照身份和地域的制度设计方式使无论是义务教育、社会保障、医疗保险等方面都是城乡有别，甚至有些制度将农民排除在外。现代发展经济学理论认为，城乡二元结构特别是社会二元结构的本质是制度性[②]。城乡二元结构体制是中国难以实现公共服务均等化的关键因素。城乡居民的两种身份制度、就业制度、教育制度、公共服务制度的制度设计安排，不仅导致城乡居民收入差距悬殊，2018 年城乡居民人均可支配收入之比仍达 2.68∶1，更导致了城乡居民公共服务水平过于悬殊，使城乡居民权益保障的失衡。农村基本公共服务与城市双轨运行，不仅水平较低，还存在一些制度覆盖盲区。因此，导致城乡二元结构的制度设计，需要从户籍制度、就业制度等进行分析：户籍制度是造成城乡二元结构的重要制度设计，从 1958 年颁布的《中华人民共和国户口登记条例》开始，城乡居民被分为农业户口和非农业户口，形成了“城乡身份”的格局，非农户口可以享受国家给予的诸如养老、医疗、住房、教育等方面的优惠福利待遇，而农业户口则因为户口的限制无法得到权益性的保障；以户籍制度为基础的制度设计，将城乡分割成为两个发展机会不同、身份地位不同的社会集团，于是城镇的公共服务将农村居民排除在外。就业制度也是造成城乡二元结构的重要制度设计，实行城市偏向的就业制度巩固了城乡二元的结构，在较长时期内，我国就业分配制度主要面向城市或者城镇，较少向农村开放，大量的农村剩余劳动力则只能在农村内进行自我消化，而且国家的福利待遇都是给予正式职工的，农村剩余劳动力则没有此权利，尽管就业制度改革正在逐步推行，但是仍然表现出“城镇人口就业优先”的倾向。总之，制度缺陷导致搬迁群众权益保障与城镇居民的失衡。

① 张明珠．新型城镇化下基本公共服务均等化探讨［J］．宏观经济管理，2016（2）：64－66.

② 王谦，吴楠楠．改变城乡二元制度是实现城乡公共服务均等化的关键［J］．经济论坛，2011（7）：12－14.

六、生态环境方面

易地搬迁与生态环境密切相关，由于脆弱的原始生态环境，或由于过度开发和不当的人类社会活动导致生态环境不断恶化，人类负荷超过其生态承载力引起生态赤字，进而威胁到当地居民衣、食、住、行等基本生存需要和可持续发展能力，使当地居民面临经济贫困和生态贫困的双重贫困[①]。生态环境越脆弱，生态贫困发生率越高。可见，贫困地区与生态脆弱区在地理位置上具有高度耦合性。生态环境脆弱，资源环境一定程度上制约产业发展和城镇化进程。广西正处于全面建成小康社会和脱贫攻坚以及新型城镇化建设的关键时期，经济发展、扶贫脱贫与资源环境约束之间的矛盾更加突出，不解决好水土流失、石漠化、生态功能退化等生态问题，不处理好发展与保护环境的关系，就难以推动广西深度贫困地区易地扶贫搬迁与新型城镇化协调发展的步伐。

（一）水土流失严重

水土保持作为生态文明建设的重要组成部分，也面临着新的挑战和更高的要求。广西由于受岩溶广布、地貌类型复杂、以山地和丘陵为主、地势起伏不平等特殊自然条件限制，生态环境又较为脆弱，水土流失在全区所有县（市、区）广泛分布，以桂西北石灰岩地区和桂东南花岗岩地区最为严重。水土流失造成极大危害：第一，水土流失产生的泥沙容易引发山洪、泥石流等灾害，泥沙淤积在江河湖泊、水库降低水利设施的调蓄功能和加剧洪旱灾害；第二，水土流失导致土壤养分流失，土地肥力下降，造成农业减产，同时恶化生产生活环境，使农村地区贫困加剧；第三，水土流失导致生态环境恶化、影响经济社会的可持续发展。

---

① 乔宇．生态贫困视域下民族生态脆弱地区减贫研究——以武陵山片区为例［J］．贵州民族研究，2015（2）：125－128.

如表5－5所示，1988年和2000年广西水土流失面积均在1万平方千米左右，水土流失面积占总面积比重均在5%以下，水土流失程度较浅；但2000年以后，水土流失面积由10 690.5平方千米迅速增加至2004年的28 122.56平方千米，占总面积比重增加了7.5个百分点，到2011年水土流失面积由2000年的10 690.5平方千米增加至50 536.78平方千米，占总面积比重增加了16.77个百分点，增幅达372.73%，2000～2011年水土流失呈明显恶化趋势；到2013年尽管水土流失面积有所减少，但是其水土流失面积占总面积的比重依然较大；2013～2018年，广西水土流失面积明显减少，占总面积比重降低了4.75个百分点，显然这期间政府的水土流失治理工作有所成效。因此，广西水土流失总体趋势为波动变化，但水土流失面积依然较大，也说明当前广西水土流失形势仍然严峻和水土流失治理的紧迫性。如表5－6所示，广西14个地市中有6个地市的水土流失面积占土地总面积的比重高于广西全区水平，包括了南宁市、柳州市、百色市、河池市、来宾市、崇左市；其中有3个地市水土流失面积占土地总面积的比重在20%以上，分别是来宾市、百色市和崇左市，根据上述数据分析，可以概括出广西水土流失情况严重、形势严峻，同时水土流失情况较严重的百色市、河池市、崇左市等主要位于桂西北，该地区也是贫困程度深的深度贫困地区。

表5－5　　　　广西近20年来水土流失面积变化趋势

年份	水土流失面积（km^2）	占总面积比重（%）
1988	11 142.93	4.69
2000	10 690.5	4.5
2004	28 122.56	12
2011	50 536.78	21.27
2013	50 500	21.3
2018	39 306.49	16.55

资料来源：根据广西壮族自治区水利厅公布的数据整理编制所得。

表 5－6　　2018 年广西 14 个地市水土流失面积及比重统计

序号	市、区	土地面积（km^2）	水土流失面积（km^2）	占总面积比重（%）
1	南宁市	22 341	3 959.04	17.72
2	柳州市	18 652	3 549.51	19.03
3	桂林市	27 809	4 421.7	15.9
4	梧州市	12 582	936.11	7.44
5	北海市	3 337	318.99	9.56
6	防城港市	6 227	698.26	11.21
7	钦州市	10 783	1 271.46	11.79
8	贵港市	10 596	1 306.23	12.32
9	玉林市	12 839	1 238.95	9.65
10	百色市	36 206	7 552.33	20.86
11	贺州市	11 855	1 569.4	13.24
12	河池市	33 494	5 756.15	17.19
13	来宾市	13 386	3 113.54	23.26
14	崇左市	17 331	3 614.82	20.86

资料来源：根据《关于 2018 年度广西壮族自治区水土流失面积遥感调查成果的通告》的相关数据整理编制所得。

广西水土流失广布广西各个县、区，且各个县、区有不同程度的水土流失情况，而且水土流失面积较大的县、区主要集中在桂西北的石漠化地区，以及桂东南的花岗岩地区。对表 5－6 和表 5－7 进行综合分析，发现大部分深度贫困县的水土流失情况比较严重，很显然，水土流失较严重的县、区与深度贫困县高度耦合，那么一定意义上说明贫困程度与水土流失程度具有相关关系。这部分深度贫困县由于贫困程度深，对土地的依赖性强，过度对土地和山林进行开发，进而引起水土流失，而水土流失又反过来对当地产业发展造成不利影响，进而使贫困程度加深。

表 5－7　　2018 年度广西 20 个深度贫困县

地市	深度贫困县
河池市	都安瑶族自治县、大化瑶族自治县、凤山县、东兰县、罗城仫佬族自治县、巴马瑶族自治县
百色市	乐业县、那坡县、隆林各族自治县、德保县、靖西县、凌云县、田林县
贺州市	昭平县
来宾市	忻城县
柳州市	三江侗族自治县、融水苗族自治县县
崇左市	天等县
南宁市	马山县

资料来源：根据广西扶贫办相关资料整理所得。

（二）石漠化程度深

我国的岩溶地区，是贫困问题最为突出的地区之一，该地区贫困程度深，贫困问题严重。石漠化作为岩溶地区土地退化的极端形式，被称为“地球癌症”，“山高坡陡石头多、少水少田少树木”是其最突出的特征，石漠化地区普遍存在贫困与生态环境恶化的双重压力，严重制约着扶贫开发工作的开展。2005 年广西岩溶土地面积 833 万公顷，占国土面积 35.2%；岩溶土地中石漠化面积 237.9 万公顷潜在石漠化面积 186.7 万公顷，其中轻度石漠化面积占 10%，中度石漠化面积占 27.2%，重度石漠化面积占 55.2%，极重度石漠化面积 7.6%，石漠化形势严峻。根据 2011 年石漠化检测结果，广西石漠化土地面积 192.6 万公顷，潜在石漠化土地面积 229.3 万公顷，其中轻度石漠化 27.5 万公顷，占 14.3%；中度 56.7 万公顷，占 29.4%；重度 99.9 万公顷，占 51.9%；极重度 8.6 万公顷，占 4.5%。与 2005 年相比，2012 年广西石漠化面积减少 45.3 万公顷，减少 19%，其中重度及以上石漠化面积约为 149.4 万公顷，减少了 39 万公顷。上述数据分析可以看出，与 2005 年相比，2012 年石漠化面积有所减少，重度及以上石漠化面积的减少比例也较大，但是石漠化整治任务仍然十分繁重。

截至2016年底，全国岩溶地区石漠化土地总面积1 007万公顷，占区域国土面积的9.4%，涉及湖北、湖南、广东、广西、重庆、四川、贵州和云南8个省（自治区、辖市）。如图5－7、图5－8所示，广西作为我国岩溶石漠化土地面积最大的地区之一，岩溶区石漠化土地面积153.3万公顷，占石漠化土地总面积的15.2%，所占比重大，石漠化分布广；如图5－9、图5－10所示，潜在石漠化土地面积为267万公顷仅次于贵州省，占潜在石漠化土地总面积的18.2%。

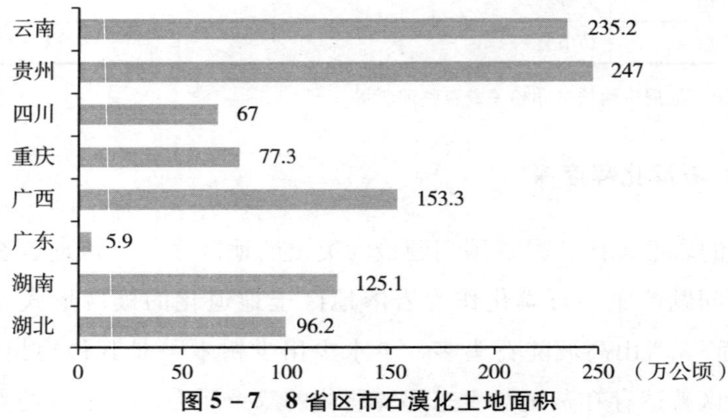

图5－7　8省区市石漠化土地面积

资料来源：《中国岩溶地区石漠化统计状况公报》。

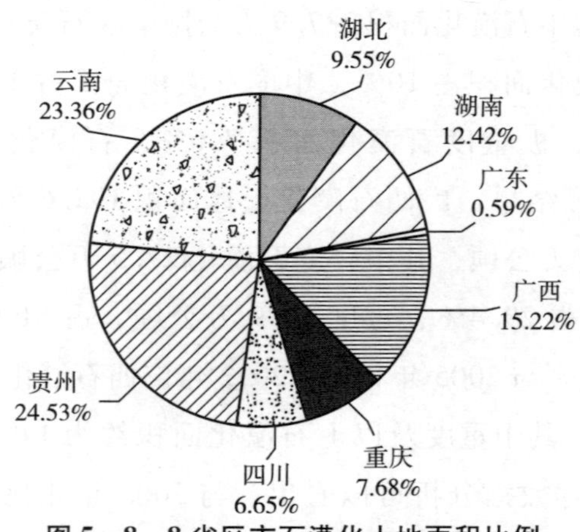

图5－8　8省区市石漠化土地面积比例

资料来源：《中国岩溶地区石漠化统计状况公报》。

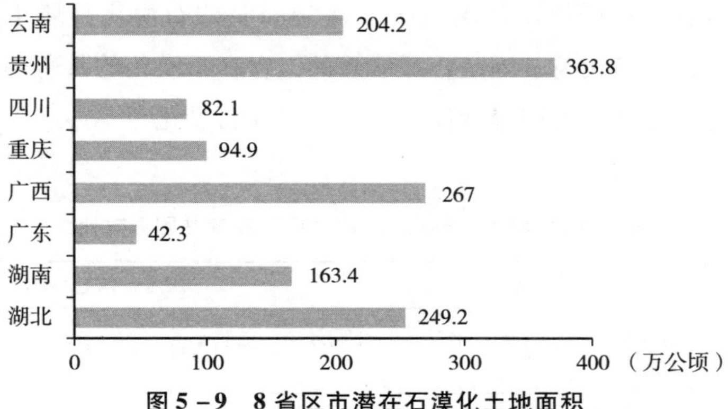

图5-9 8省区市潜在石漠化土地面积

资料来源：《中国岩溶地区石漠化统计状况公报》。

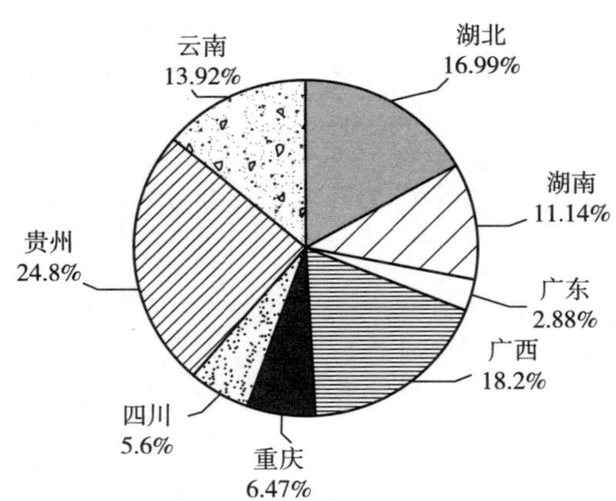

图5-10 8省区市潜在石漠化面积比例

资料来源：《中国岩溶地区石漠化统计状况公报》。

如表5-8所示，广西石漠化面积涉及7个市、29个县，主要分布在广西“老、少、边、山、穷”的深度贫困地区，该地区是贫困人口集中、自然条件恶劣、交通及信息闭塞、基础设施薄弱、社会事业发展程度低、资源要素匮乏和生态环境脆弱导致的资源约束性贫困，单一性的传统农业发展模式、生产方式落后和生产效率低下导致的生产性贫困。统计数据显示，2018 年广西含 28 个石漠化县，其中 28 个石漠化县中 67.9% 属于深度贫困县且普遍位于深度贫困地区，有 14.3% 的石漠化县属于极度贫困县。很显然，石漠化与贫困是相互联系的，存在石漠化的县普遍是贫困程度深的深度贫困县，贫困程度深的县普遍存在石漠化。

表 5-8　　2018 年滇桂黔石漠化广西片区县和深度贫困县对比

地市	石漠化县（28 个）	深度贫困县（20 个）
柳州市	融安县、融水苗族自治县、三江侗族自治县	三江侗族自治县、融水苗族自治县
桂林市	龙胜各族自治县、资源县	——
百色市	田阳县、德保县、靖西县、那坡县、凌云县、乐业县、田林县、西林县、隆林各族自治县	德保县、靖西县、那坡县（极度贫困县）、凌云县、乐业县、田林县、隆林各族自治县（极度贫困县）
南宁市	隆安县、马山县、上林县	马山县
河池市	凤山县、东兰县、罗城仫佬族自治县、环江毛南族自治县、巴马瑶族自治县、都安瑶族自治县、大化瑶族自治县	凤山县、东兰县、罗城仫佬族自治县、巴马瑶族自治县、大化瑶族自治县（极度贫困县）、都安瑶族自治县（极度贫困县）
来宾市	忻城县	忻城县
崇左市	宁明县、龙州县、大新县、天等县	天等县
贺州市	——	昭平县

资料来源：根据国务院扶贫办公布名单整理编制所得。

（三）生态功能减弱

许多深度贫困地区生态系统功能，自然灾害高发，容易产生区域性贫困。生态系统功能的减弱导致农业生产条件差和人力资本不足，使许多贫困地区和人口极易陷入持续性贫困之中。而且不能满足社会经济可持续发展要求，对易地扶贫搬迁与新型城镇化的协调发展具有阻碍作用。当前生态系统功能减弱主要表现在以下几个方面。

第一，生态系统脆弱，恢复周期长。广西石漠化土地分布范围广而集中，长期以来石漠化导致区域生态系统功能退化，流域内截蓄降水、调节径流的能力减弱，水土流失加剧，不仅直接影响水电资源的开发利用，而且威胁流域地区的生态安全，生态区位及其重要。石漠化地区大多属于旱地，属于没有水利设施的坡耕地，由于山高坡陡的地形条件和独特的岩溶双层地质结构，加上广西降水丰沛且多暴雨的气候特征，有限的水土资源不仅容易从孔隙渗漏至地下而流失，还极其容易遭受地表径流冲刷而丧失，导致石漠化地区土壤蓄水保水困难，土地肥力难以保持，降低土地生产力。研究表明，石漠化土地从退化的草本群落阶段恢复至灌丛、灌木林阶段需要近 20 年，至乔木林阶段需要 47 年，至稳定的顶级群落阶段则需要近 80 年，那么在广西深度贫困地区基岩裸露程度高、土被破碎不连续、土地贫瘠、保水保肥能力差以及抵御灾害能力弱的情况下，该区域的生态系统恢复周期长，石漠化治理难度系数大。第二，经济发展滞后，土地承载压力大。广西石漠化地区分布在"老、少、边、山、穷"的深度贫困地区，其经济发展严重滞后，该地区贫困人口占全区贫困人口的 33.1%，是广西贫困人口集中分布地区，截至 2018 年，处在石漠化区域范围的深度贫困地区有 11 个深度贫困县和 727 个深度贫困村没有脱贫，贫困群众对土地依赖性较强，增收途径有限。全国石漠化区域人口密度达 207 人/公顷，是全国平均人口密度的 1.5 倍，是岩溶地区理论最大可承载人口密度（100 人/平方千米）的两倍，那么在此背景下可以说明，广西深度贫困地区的土地承载压力大；同时由于部分深度贫困地区为了改变落后的面貌，在发展经济过程中忽略环境保护，使环境遭受严重破坏，加重环境压力。第三，人为破坏和自然灾害的存在，导致局部生态功能下降。由于深度贫困地区的贫困群众主要依赖土地资源和林地资源来维持生计，加之种粮及其补助所得收益远高于生态效益补偿标准，导致该地区毁林开垦、陡坡耕种或者石漠化耕地的现象时有发生，而且这种情况下还伴随着自然灾害频发，滑坡、泥石流、森林火灾等多发，导致了局部生态功能下降；还有一些深度贫困村或者少数民族村庄，由于人口增长过快，导致土地人口承载力的超负荷，尤其是陡坡垦殖和石漠化土地的开垦，引发了生态环境的恶化与土地生产力的下降。

第二节　非结构性制约因素

一、基层矛盾复杂

尽管在推进易地扶贫搬迁与新型城镇化协调发展的实际过程中取得了一些成效，但是基层实践中存在的区域之间、贫困户之间、贫困户与非贫困户之间、贫困户与搬迁干部之间的矛盾以及基层组织“冒进”等现象值得关注。作为区域性的易地扶贫搬迁与新型城镇化协调发展工程，由于广西深度贫困地区的特殊性、复杂性，导致基层矛盾复杂化，阻碍易地扶贫搬迁与新型城镇化的协调发展进程。

一方面，复杂的基层矛盾表现在不同区域之间、不同贫困户之间、贫困户与非贫困户之间以及贫困户与搬迁干部之间。第一，不同区域之间，由于经济发展水平不同，给予搬迁户的搬迁待遇有所不同，引起区域之间的争相竞争，导致易地搬迁工作的无序。第二，不同贫困户之间往往容易为了争取搬迁资格或更好搬迁待遇而产生矛盾，比如有的贫困户搬迁后分配到较好的搬迁住址，其他待搬迁的贫困户则为了能够搬迁到较好的搬迁住址相互竞争，最后激化矛盾。第三，贫困户与非贫困户之间，由于贫困户因易地搬迁后实现脱贫，尚未达到搬迁标准的非贫困户可能对易地扶贫搬迁政策不满，进而非贫困户与贫困户之间产生矛盾。第四，贫困户与搬迁干部之间。贫困户之间也存在认为扶贫干部办事不力、未坚持公平原则而对扶搬迁干部不满，某些符合搬迁条件的贫困家庭没有获得搬迁资格，而一些生活条件较好甚至未达到搬迁标准的家庭获得了搬迁资格，这种“背皮”搬迁的现象导致贫困户对搬迁结果不满，进而与搬迁干部发生矛盾，不积极配合搬迁干部的工作；“搬富不搬穷”现象突出，也引起了贫困户与搬迁干部的矛盾，易地扶贫搬迁之所以产生“搬富不搬穷”现象，与易地扶贫搬迁制度设计存在某些方面缺陷和其他社会排斥的因素有关，这种现象的产生不仅引发贫困户与搬迁干部的矛盾，也影响易地搬迁的精准性。

另一方面，基层组织“冒进”。基层组织的“冒进”实质上是贪功心理的有力表现。易地扶贫搬迁工程是一项具有大规模、长时段和艰巨性的显著特征，而且《易地扶贫搬迁“十三五”规划》要求易地搬迁以自愿为原则，但为了完成搬迁任务，基层强迫贫困人口搬迁，而“被搬迁”的搬迁人口表面上增加了城镇常住人口数量和扩大了城镇规模，但实际上城镇化水平并未提高，部分地区易地扶贫搬迁工作五花八门，“政绩搬迁”“挪窝搬迁”等简单粗暴的搬房子式的易地搬迁层出不穷，存在这些现象的原因可能是有的地方仅追求“搬得出”任务的完成，而相对忽视“稳得住”和“能致富”，导致贫困群众搬迁后依然处于“一方水土不能养育一方人”的尴尬状态。此外，由于脱贫攻坚任务重、难度大、时间紧迫，基层盲目追求搬迁速度，片面追求“搬得出”的数字效果，出现“冒进”现象，“忽悠”搬迁群众，误传搬迁政策，甚至不顾群众意愿，以易地扶贫搬迁之名搞“运动式”搬迁，目前广西深度贫困地区仍有46.39万贫困人口，要在2020年实现全部脱贫，时间紧、任务重，有些深度贫困村片面追求搬迁速度，忽视贫困群众的搬迁意愿，强迫命令搬迁。从搬迁社区规模与结构方面来分析，基层组织的“冒进”比较明显。在实践中，部分深度贫困县为了能尽快完成搬迁指标，把贫困群众安置在规模小、布点多、跨行政区划安置点稀少的搬迁安置点，存在片面强调搬迁数量而不顾搬迁质量的问题，不少地方未能严格按照易地扶贫搬迁政策中要求的“三靠近”（靠近城镇、靠近园区、靠近中心村）、“三为主”（到户为主、增收为主、搬迁为主）搬迁思路和模式，存在简单复制农村模式和集中安置点布局分散、安置规模小等问题。有的过分追求“搬得出”任务的完成和过分注重搬迁效率，虽然搬迁群众搬迁到城镇，但是他们没有生活保障，缺乏生计能力，权益难以保障，使得他们对未来充满迷茫，进而使易地搬迁的效果大打折扣。

总而言之，易地扶贫搬迁在推进城镇化建设过程中，难免会面临各种复杂的基层矛盾，阻碍了易地搬迁工作开展和城镇化的进展。

二、搬迁群众问题突出

（一）“搬出难”与“稳住难”并存

1. “搬出难”

第一，“安居乐业”是中国农民传统极为认同的一种文化观念，“搬迁”实属无奈之举。因为中国农民所依存的传统生计方式、社会认同的社会知识及文化观念皆源于土地及其之上的家族制度等文化社会传统①。易地搬迁将面临“离乡”的现实，并由此带来传统村落共同体离散的结局，搬出村落意味着失去共同体的认同与庇护，让部分贫困群众害怕易地搬迁。在传统观念里，“搬迁”常被视为“背井离乡”，是一种惨痛的遭遇，中国农民的骨子里是不愿或害怕搬迁的，至少“搬迁”在中国农民的传统观念里不会是实现致富的第一选择②。著名学者费孝通指出，“生于斯死于斯”成为中国农民与土地及其之上的村落共同体之间生命循环③。第二，安土重迁意识在中国农民意识形态中根深蒂固。由于农民世世代代以土地为生产资料和劳动对象，土地也是农民社会福利与生活保险的主要依托之一，对土地有着根深蒂固的眷恋之情和复杂心理，恋土重迁。

除此之外，易地搬迁意味着离乡又离土，并由此带来以血缘和地缘为

① 冯友兰．中国哲学简史［M］．天津：天津社会科学学院出版社，2008.

② 周恩宇，卯丹．易地扶贫搬迁的实践及其后果——一项社会文化转型视角的分析［J］．中国农业大学学报（社会科学版），2017（2）.

③ 费孝通．乡土中国［M］．北京：人民出版社，2008.

基础的传统村落共同体的瓦解，让部分贫困群众心存恐惧，尽管当前人们的传统观念有所改变，外出务工频繁，但这种形式的迁移并未使他们脱离本土，而且根植于农民心中的乡土情结难以割舍，离乡又离土的易地搬迁对于他们来说是一件在短时间内难以接受的事。在广西深度贫困地区的很多少数民族村寨，对于他们来说搬出村寨就意味着失去村寨共同体的认同和帮助，脱离了村寨共同体的庇护，以瑶族村寨为例，这里的村民居住在佐米亚高地区域①，构建起了区域性社会小结构，已经形成了稳定的瑶族村寨共同体，一旦被迫离开就会这片区域引起他们的抵触心理。

第二，易地扶贫搬迁是一项复杂的系统工程，贫困人口在新的环境下不仅面临经济压力，也遭遇社会文化方面的困境。易地扶贫搬迁作为国家主导下的自上而下的制度安排，其制度逻辑不可避免地与搬迁群众的实际生活逻辑产生矛盾，如陌生的邻里关系、文化割裂的阵痛、社会交往关系的“隔膜”以及社会调适的张力，各种因素叠加使易地扶贫搬迁产生不稳定因素，而拒迁或返迁在斯科特看来是属于“弱者的武器”，作为弱势群体的搬迁群众则会首先使用拒迁或返迁“武器”。对于生活在广西深度贫困地区的贫困群众来说，多层次的空间缺失和空间能量不足使该区域的贫困群体的生计风险充分暴露。而且居住在空间条件极差、空间能量极低的空间中的贫困群众，他们甘愿冒风险去改变生存状态的概率也低很多。

第三，易地搬迁后，贫困群众面临着从农民向市民的转型，同时意味着对贫困群众来说后续生产生活方式的转变，导致贫困群众对搬迁后有关土地调整变更、户籍迁移、子女教育、医疗社保、计划生育、生活保障等方面存在疑虑，这种情况下的市民化转型对于绝大多数贫困群众来说是高成本的，更是让他们心生搬迁怯意的。调查发现，在搬迁动员工作中，广西部分深度贫困县关于如何尽可能保障搬迁群众的生计问题并没有给出明确承诺，对于贫困群众来说，能够获得政策支持来通过搬迁改善居住环境

① 佐米亚高地区域包括了从越南中部高地到印度东北部地区所有海拔 300 米以上的区域，横跨东南亚的 5 个国家，以及中国的云南、贵州、广西和部分四川。

完全是利己的事情，但部分贫困群众之所以选择“不搬迁”，是出于保障不足的担忧，搬迁后失去了赖以为计的土地、林地资源，如果没有生计保障便很大可能地重返贫困。

第四，对易地扶贫搬迁政策认知不强。一方面，易地扶贫搬迁对象的认知局限以及对易地扶贫搬迁政策的不理解，在易地扶贫搬迁问题上，贫困群众的认知往往存在较大差异。易地扶贫搬迁遵循的是“群众自愿、应搬尽搬”的原则，虽然政府承担了大部分搬迁成本，但仍坚持遵循贫困群众的意愿，因此在广西的很多深度贫困村仍然存在易地扶贫搬迁过程中贫困群众“不愿意搬”的情况。尤其是年纪较大者，在原来村落生活了几十年，形成了自己的人际关系网络和生活习惯，不愿搬迁到新的地方。在广西部分深度贫困村也存在一些不愿搬迁的情况，他们考虑到搬迁后原有房屋被复垦或土地林地等相关资源距离迁入地较远而不便耕作和利用，而不愿搬迁。另一方面，有的市（县）脱贫攻坚易地搬迁专责小组成员单位对易地扶贫搬迁政策认知也不强，对易地扶贫搬迁工作重视程度不够，相互之间配合较少，主动过问搬迁情况的较少，特别是项目县负责推进项目的项目业主与扶贫办、住建局、发改局、财政局等部门联系较少，尚未形成合力推进项目实施。

第五，易地扶贫搬迁政策执行不到位。首先是基层扶贫干部政策执行不到位，由于这两年国家、自治区两级扶贫政策变化频繁，配套设施尚未完善等客观原因，导致直接面对贫困群众的县区、乡镇、村委干部未能及时学习领会最新相关的政策，理解相关政策不透彻，把握尺度不准确，导致搬迁动员工作对于一些应该搬乃至能够搬迁的贫困群众并没有发挥理想的效果，影响了易地搬迁工作效率。其次是项目县对搬迁对象的宣传动员的力度不够，由于许多贫困群众都住在深度贫困地区，文化程度较低、接受能力较弱，对易地搬迁优惠政策的理解较慢，参与性不强，甚至对易地搬迁政策有抵触心理。最后是易地扶贫搬迁的动员效果不理想，并非仅仅是贫困群众单方面对易地扶贫搬迁政策抵触的结果，易地扶贫搬迁政策宣传不到位、易地扶贫搬迁政策执行的“最后一公里”尚未完全打通也是一部分原因，而且在易地扶贫搬迁政策的实践过程中出现了偏差，搬迁群众后续生计没有得到保障、配套措施等没能及时跟进和实施。以广西大新县志兴村为例，该村在2018年脱贫攻坚效果显著，尚有42户140人未脱贫贫困发生率由原来的41.56%下降至14.15%，但政策宣传工作有待加强，尤其是易地扶贫搬迁政策宣传方面，虽然驻村工作队、村两委成员多次进屯入户走访，但有时侧重于单项工作的开展，政策宣传和解释不是很到位，群众的政策知晓度有待提高。

2. “稳住难”

搬迁人口直面生产生活方式、社会交往方式和社会环境的转变，还要面临由村民向居民身份的明显转变。对于一些接受新事物能力较弱的搬迁群众而言，新环境的生产生活方式、社会交往方式、文化习惯等方式的转变都会让他们感到不适应，对于原村落的环境又有难以割舍的情怀，而且搬迁人口还要直面自己在城镇中“外乡人”或“异乡人”的身份。易地搬迁群众搬迁前是生活在贫困落后的农村地区，他们受传统的故土情节、乡村生活方式及受教育程度的影响，在新环境下的归属感较弱，容易对过去的生活环境产生怀念，可能产生搬迁回去的想法。搬迁人口面临着来自生计和社会文化层面的转型和调试的张力，而这种张力则体现在搬迁群众面临与传统生计、与文化资源同时割裂的文化转型“阵痛”。与此同时，贫困地区为实现脱贫致富与生态保护而采取的易地扶贫搬迁是为解决迁出地物质贫困而采取政策措施，这其中也涉及对迁入地的空间重组、经济生产活动、人口特征和文化心理的冲击。一旦这种冲击超过搬迁群众的承受范围，他们就会产生返迁的念头或者直接返迁。“远亲不如近邻”，在中国传统文化观念里根深蒂固，对于人们来说邻居就是他们在特定生活环境下最熟悉又互相帮助的亲戚，他们早已习惯了“一家有事大家帮忙”的生活模式。而易地扶贫搬迁后邻里关系必然会发生变化，当传统邻里文化被割裂时，埋藏在搬迁群众内心深处的熟悉感和亲切感，甚至自在感都会消失殆尽，导致对新邻里关系的排斥和对新环境的排斥，进而可能产生返迁的念头或行动。

大部分搬迁群众文化水平较低或者没有接受过文化教育，学历不高，无一技之长，易地搬迁后，就业问题和后续生计问题堪忧。对于搬迁群众来说搬迁后的后续生计问题是他们要考虑的问题，如果贫困群众选择了搬迁，则面临如何维持生计的问题，在原居住地拥有自己的土地，搬迁后改善的仅是居住条件，失去了赖以维持生计的土地资源，这很大程度上影响贫困群众是否在搬迁后“稳得住”。从全国全局层面来看，2018 年末全国就业人员 77 586 万人，其中城镇就业 43 419 万人，如图 5 – 11 所示，2014 ~2018 年全国城镇就业人数呈上升趋势，其中 2018 年全年新增就业 1 361 万人，城镇就业压力较大，同时 2018 年末全国城镇调查失业率为 4.9%，城镇登记失业率为 3.8%，这更加增加了城镇的就业压力。从广西局部来看，广西 2018 年末全区就业人员 2 848 万人，其中城镇就业人员 1 282.4 万人，2014 ~2018 年广西城镇新增人数呈波动起伏的趋势，但是每年新增城镇就业人数都在 40 万人以上，而且 2018 年末城镇登记失业率为 2.34%，这给搬迁进城的贫困群众带来就业压力和就业困难。更值得注意的是，由于易地搬迁时间紧、任务重，部分基层政府较多考虑的是如何“搬得出”，较少甚至忽略搬迁生计问题，搬迁群众拓宽增收渠道多数需要自寻门路。对于搬迁群众而言，有的缺乏技术，无法寻找就业门路，有的缺乏能力，无法迅速就业。现实生活中，一些搬迁群众或因外迁失地后就业无门，生活无法保障，或因在城镇面临着就业压力和就业困难，不久又返回原居住地。也有不少地方歪曲了易地搬迁的初衷，把易地搬迁简单视为搬迁异地，导致搬迁群众后顾之忧重重，基础设施建设和公共服务配套不健全，究其原因是部分搬迁干部对脱贫攻坚政策和易地扶贫搬迁政策的解读和领悟不到位，只追求数字脱贫而忽略对搬迁群众搬迁后的后续生计问题的考虑。实际启示我们，安居只是基础，乐业才是保障，搬迁群众如果无法解决后续生计问题，就不会安心离开原居住地，就难以“稳得住”。

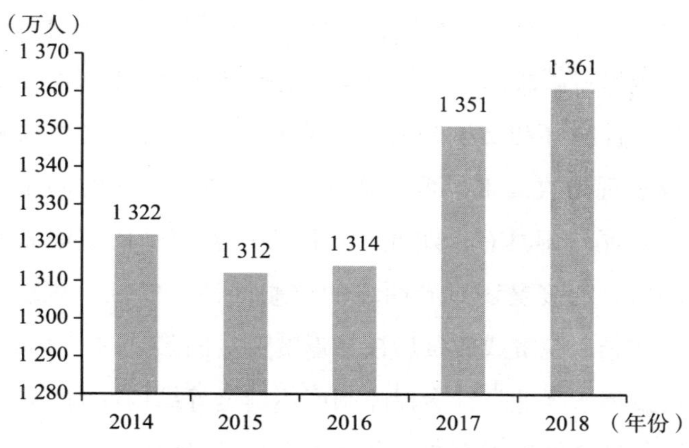

图 5－11　2014～2018 年全国城镇新增就业人数

资料来源：根据《中国统计年鉴 2014～2018》整理所得。

除此之外，对于社会社会保险率低的城镇而言，易地扶贫搬迁人口迁入城镇后，无社会保险的兜底保障，搬迁人口更易心存畏惧，由于他们暂时无工作或者工资收入较低，参保能力不足，这就可能导致搬迁人口不愿留在城镇，难以“稳得住”。以城镇基本养老保险参保情况为例，2017 年广西城镇基本养老保险人数是 7 777 915 人，同年广西城镇人口为 2 404 万人，此时城镇基本养老保险参保人数占总城镇人口数（基本养老保险覆盖率）的 32.35%，很显然当前城镇基本养老保险覆盖率较低，这使搬迁人口难以“稳得住”。

总而言之，无论是生产生活方式、社会交往方式和社会环境的转变以及文化心理的冲击，还是就业问题和维持后续生计问题、无社会保险的兜底保障问题，它们都对搬迁群众的“稳得住”构成一定的挑战和威胁。

（二）贫困代际传递问题突出

1. 贫困代际传递问题

贫困代际传递是指继承父辈的贫困和不利因素并再传递给后代的恶性遗

传链。在易地扶贫搬迁与新型城镇化协调发展过程中，攻破搬迁群众的贫困代际传递是一个亟待解决的难题，也是促进搬迁群众可持续发展的问题。

从贫困的恶性循环和贫困陷阱角度来看，深度贫困之所以被称为“深度”贫困不仅表现为收入水平低与物质匮乏，也表现为时间维度上贫困的“顽固性”，也就是贫困具有长期性和代际性的特点。由于陷入贫困的恶性循环或贫困陷阱，深度贫困具有明显的“顽固性”特征，表现长期贫困和代际贫困，往往难以脱贫或脱贫后极易返贫；贫困陷阱的产生既与恶劣的自然环境、经济发展水平低、社会保障制度不健全等结构性因素有关，也贫困群众自身局限的结构性因素有关，贫困群众自身局限性，以及宏观结构性因素的制约都会导致贫困群众难以打破贫困的恶性循环，无法跳出贫困陷阱，陷入持久性贫困之中，并代际传递到下一代。从贫困文化理论角度来看，延续给下一代的不利因素主要体现在劳动力素质方面和贫困文化方面。刘易斯的贫困文化理论认为，处于贫困亚文化之中的人有独特的文化观念和生活方式，这种亚文化通过“圈内”交往而得到加强，并被制度化，进而维持贫困生活，在此环境中成长的下一代会自然地习得贫困文化，于是贫困文化发生世代传递①。由于亚文化对主流文化的排斥，使贫困人口的子女依旧在亚文化的笼罩下进行贫困再生产，成为贫困代际传递的内部力量。不管从贫困要素分析，还是从贫困文化分析，贫困的代际传递对下一代的影响都是客观存在的。后代在长期潜移默化的过程中认同贫困文化和习惯贫困的生活方式，缺少摆脱贫困的动力。贫困文化塑造着在贫困中长大的人的基本特点和人格，使他们即使遇到摆脱贫困的机会也难以利用它走出贫困。

贫困在结构机制和文化机制的交互作用下出现代际传递，其内生原因由经济资本、人力资本、社会资本和心理资本共同构成②。首先，经济资本是贫困代际传递的最基本因素。贫困家庭的经济情况对贫困代际传递的

① 奥斯卡·刘易斯．五个家庭：墨西哥贫困文化案例研究［M］．上海译文出版社，1959.

② 王志章，刘天元．连片特困地区农村贫困代际传递的内生原因与破解路径［J］．农村经济，2016（5）：74－79.

影响十分显著。贫困家庭收入的增加可以暂时实现脱贫，但是脱贫后所拥有的财富只局限于基本的物质生活改善，也有可能出现自身或者子辈返贫的情况，造成严重的贫困代际传递。2018 年广西贫困地区（33 个国家贫困县）农村居民人均可支配收入 10 761 元，则月人均可支配收入为 896.75 元，而广西全区人均可支配收入为 21 485 元，月人均可支配收入约为 1 790.42 元[①]。那么很显然，广西贫困地区农村居民不管是年人均可支配收入还是月人均可支配收入都低于广西全区水平，且差距较大，对于贫困人口来说较低的人均可支配收入只能维持生计，而无法发展，以致无法有剩余经济资本用于改变生活环境、提高社会地位等，这说明经济资本对于贫困的代际传递有一定的影响。其次，人力资本是贫困代际传递的最真实反映。阿玛蒂亚·森的可行能力贫困理论指出贫困不仅是贫困人口收入低下的问题，而是意味着贫困人口缺少获得正常生活的能力。这种能力就是通常所说的人力资本。人力资本中与市场关联密切的教育水平、维持生存的能力等因素对贫困代际传递均呈现出正相关性[②]。如表 5 - 9 所示，农村家庭户主文盲人数逐年减少，但仍然占据一定比例，小学、初中及高中文化程度的户主人数也有所增加，但高中以下文化程度的户主人数较多，高中以上文化程度的户主相对较少，整体来看农村家庭户主文化水平普遍较低。因此，可以说明父母文化水平较低，对教育认识不够深刻，相应地对子女的教育时间、精力投入不足和对子女教育重视程度低，因而导致子女的受教育受阻，文化水平低。同时，家庭中父母的教育程度不仅会限制子女的教育投入，而且还会造成“文盲”的代际传递[③]。如表 5 - 10 所示，尽管小学学龄儿童入学率和小学毕业生升学率逐年提升，但是仍然没有达到入学率和升学率 100% 的要求，同时 2012 ~ 2017 年小学辍学率降低到 0.03%，但是依然存在辍学情况；2012 ~ 2017 年，虽然初中毛入

① 数据来源：《2018 年广西壮族自治区国民经济与社会发展统计公报》。

② Beeker Gary and Nigel Tomes. “Human Capital and the Rise and Fall of Families”, Journal of Labor Economics, Vol. 3, 1986.

③ 侯芮．贫困代际传递的理论分析［J］．商，2015（25）：295 - 295.

学率和初中毕业生升学率逐年提高，但是与发达地区依然有一定距离，而且初中辍学率相对较高，比如在2017年100名初中生里面就有大约两名学生辍学。上述数据分析显示，当前九年义务教育尚未能够全面普及，尤其是广西深度贫困地区由于父辈对教育的重视程度不够，使该地区九年义务教育过程中辍学率上升。那么这种情况下，“贫二代、穷二代”在低学历、缺乏职业劳动技能的条件下，也就自然进入二级劳动市场，经济上处于不利地位，进而变成父辈与子辈之间“悲惨生活”发生传递。再其次，社会资本是贫困代际传递的重要因素。在社会资本层面，贫困的代际传递也与人际关系或者社会关系有关。广西深度贫困地区的大多数贫困户居住分散，户与户之间距离较远，这样使贫困户之间交流、沟通机会较少，社会关系不深，不易利用身边资源得到致富消息，更没有与身边的人就脱贫形成合作，独立于社会关系之外。这种情况下，这部分贫困群众极易处于孤立无援的状态，不利于得到外界物质帮扶，不利于他们接受脱贫思想和方式，导致几代人适应笼罩在贫困之下。最后，心理资本是贫困代际传递的重要依托。在心理资本层面，家庭内部的生活习惯和生活态度是贫困代际传递的一部分原因。广西深度贫困地区的贫困群众由于长期处于贫困状态，容易形成不良的生活习惯和生活方式，而不良的生活习惯，包括酗酒、赌博、打架斗殴等社会反常和社会失范因素对贫困的代际传递有显著的影响①。贫困群众的子女在潜移默化和耳濡目染中受到父辈的不良生活习惯和生活态度的影响，而且这种影响难以根除。不难看出，心理资本对贫困的代际传递是根本性。

表5-9　　2013~2017年农村家庭户主文化程度情况　　单位：人

项目	2013年	2014年	2015年	2016年	2017年
未上过学	46	46	29	25	25
小学	740	716	712	749	755

① E. Durkhein, Suicide, Free Press, 1951, p. 12.

续表

项目	2013 年	2014 年	2015 年	2016 年	2017 年
初中	1 155	1 174	1 246	1 288	1 281
高中	335	350	343	281	280
大学专科	22	22	15	21	23
大学本科	0	0	0	1	1
研究生	0	0	0	0	0

资料来源：根据《广西统计年鉴 2018》整理编制所得。

表 5－10　广西 2012～2017 年义务教育普及程度统计　单位：%

指标	2012 年	2013 年	2014 年	2015 年	2016 年	2017 年
小学学龄儿童入学率	99.8	99.6	99.6	99.4	99.6	99.8
小学辍学率	1.5	1.3	0.5	0.4	0.1	0.03
小学毕业生升学率	97.4	98.3	98.4	99.3	99.8	99.8
初中毛入学率	108.9	108.8	108.9	109.2	110.0	112.5
普通初中辍学率	3.4	3.3	2.5	1.9	1.4	1.5
初中毕业生升学率	77.7	80.1	85.7	83.6	90.3	92.4

资料来源：根据《广西统计年鉴 2018 年》整理编制所得。

2. 精神贫困代际传递问题

除此之外，精神层面的贫困代际传递突出。精神贫困既是物质贫困的直接后果，又是物质贫困产生的深层根源，因此精神贫困是一种比物质贫困更隐蔽、更可怕的社会现象。而精神贫困则是指人思想落后、意志松懈倦怠、行动消极无为的一种精神状态。其表现为不思进取、安于现状、脱贫内生动力不足、“志、智”双缺、排斥新思想与新观念等多个方面。精神贫困在贫困家庭中代际相传，代代之间相互影响，将贫困标签化于家庭之中，实质上是长期以来的贫困状态促使贫困群众形成独特的思维模式，或者说是一种亚文化，并通过同一特性圈内交往从而被强化、被制度化，进而对后代意识形态的形成产生不良影响。因长期受自然条件、文化教育等因素制约，部分贫困群众精神贫困问题严重。以广西大新县礼贤村为例，该村的贫困群众中，小学及以上文化程度占55%，初中文化程度占35%，高中以上文化程度仅占10%，由于贫困群众文化素质水平不高，对新事物、新思想的接受能力受阻，思想观念僵化，安于现状，赌博、封建迷信等不良社会风气也时有发生。正如班菲尔德（Banfield）① 所认为的农村贫困人口不能靠自身实现摆脱贫困的目标，他们安于精神贫困状态，把与现代社会不相符的整套价值观念内化于心。广西深度贫困地区有部分贫困人口是因病、子女教育及自身残疾等因素致贫，也有部分贫困人口因懒致贫，他们长期生活在大山里，长期处于贫困状态，守着一亩三分地循环劳作，能基本维持生存，生活得过且过，有时甚至不愿去改变它；并且受农村亚文化的影响，信念消极，目光短浅，易受外界诱惑，缺乏自控，他们变得不求发展、不求致富，他们生存有余但富裕不足，是相对小康标准的一种相对贫困状态。这种贫困状态会发生锁定，一旦这种贫困状态产生锁定，他们的精神贫困就会出现代际传递。在调查过程中也发现，广西部分深度贫困地区追求脱贫任务的完成，片面强调物质资本的帮扶，不重视或者忽略人力资本、心理资本方面的帮扶，致使该地区贫困群众的精神贫困问题得不到有效解决。而且片面重视物质资本投入的脱贫思维和实践，难以造就广西深度贫困地区脱贫致富的主体精神和内在张力，必然影响易地扶贫搬迁成效的巩固和提高，阻碍易地扶贫搬迁与新型城镇化的协调发展。显然，精神贫困存在代际传递性，一定程度上反映了广西深度贫困地区部分贫困群体“扶了依旧贫”“越扶越贫”“扶了继续贫”的精神贫困代际传递效应。因此，精神贫困的代际传递效应，要求斩断精神贫困代际传递的根源，刻不容缓地消除精神贫困。

---

① Banfield Edward C. The Moral Basis of a Backward Society ［M］. New York：Free Press，1958：156.

（三）“适应难”与“融入难”并存

社会身份完整、角色期待明确、互动环境良好以及新旧角色间的转换通道顺畅等，都是顺利实现农民市民化的前提或条件①。但是由于搬迁群体本身的特殊性，导致其在文化层面、经济层面和身份认同层面存在市民化过程中的“适应难”和“融入难”。而且在国家自上而下的制度安排下，“移民上楼”使以血缘和地缘为基础的乡村共同体瓦解，搬迁后居住空间、经济空间、文化空间、社会空间的瓦解和再造影响搬迁群众的生产生活方式、社会交往、社会关系网络、心理适应等。

文化层面的搬迁群众“适应难”和“融入难”。贫困群众迁入新社区后将面临硬生生被移植一套社会文化体系的现实，其原有思想观念、生产及生活方式、社会网络等被打破，由于贫困群众的保守性、弱势性特点，让其主动融入城镇转变为市民面临许多障碍。一方面，易地搬迁前，文化形态基本上属于单一同质文化，而搬迁后，由于原生的村落文化所在的自然社会环境、民俗习惯、生产生活方式等被迫改变，文化形态从单一同质文化跳跃到多元异质文化，这种“跳跃式”文化变迁，虽然被打上城镇化的标签，却导致了搬迁人口不认同、不适应和不理解的文化挫败感。另一方面，贫困人口在行为方式、思维习惯、价值观念等方面与“市民”存在差异，这种文化层面的差异，不能通过简单的易地搬迁来缩小，而且根据刘易斯的贫困文化理论来分析，贫困文化的复制贫困功能使贫困文化以独特的文化特性传播、扩散，甚至将贫困人口的行为方式、思维习惯、价值观念进行代际传递，使搬迁贫困人口在“后搬迁时代”仍然沿袭原来的行为方式、思维习惯和价值观念，因此导致搬迁人口在文化层面“适应难”和“融入难”。

经济层面的搬迁群众“适应难”和“融入难”。经济层面的“适应”

---

① 毛丹．赋权、互动与认同：角色视角中的城郊农民市民化问题［J］．社会学研究，2009（4）：28－60.

和“融入”是搬迁群众顺利实现市民化的基础。与城郊失地农民和进城农民工群体不同，易地扶贫搬迁极大地改变了搬迁贫困群众原有的生产方式和生产结构，导致其生产技能不适用于城镇工厂、企业的生产方式及生产结构，而且搬迁群众的自身文化素质不高是其生产方式和生产结构转换的最大障碍，这增加了他们的生活成本并随之带来了经济层面的困境。除此之外，由于搬迁群众受教育水平低、接受就业培训机会少，导致文化素质不高和就业技能低，他们往往无法达到城镇工厂、企业的务工要求，在“后搬迁时代”这些搬迁群众无法通过就业奠定实现市民化的基础，就意味着经济条件难以改善，市民化更是无从谈起。

身份角色层面的搬迁群众“适应难”和“融入难”。易地扶贫搬迁贫困户在身份角色层面首先受到的市民化障碍便是搬迁贫困户身份的标签化①。调查发现，搬迁群众在与人交往时也会说“我是什么村的”或城镇居民也会问“你是什么村的”，搬迁群众在社区中戴上了“某村人”的身份，这一特定的搬迁移民符号成为搬迁群众身上的标签，造成身份认同混乱和心理困惑。标签理论认为，弱势群体的缺陷是强势群体在垄断社会资源和话语权的基础上所“标签化”的结果，而易地扶贫搬迁人口作为弱势群体，则被“标签化”，身份认同存在障碍。易地扶贫搬迁人口的社会交往因被“标签化”而不可避免地存在两者“隔膜”：一种是社会交往的空间隔膜，搬迁社区或城镇基本是从不同地方搬迁来的贫困群众，在这种情况下导致的是搬迁群体的社会交往仅限于简单的“同质群体”的增加，与周围市民的交往有限，容易形成搬迁群体与城镇原有居民之间的居住分化和阶层分化的局面，最后使搬迁群体“孤立化”，而且大部分搬迁社区设置在县城或中心城镇的边缘地带，与中心城市有一定的距离，一定程度上使搬迁群体“被孤立”，造成搬迁群体的社会交往“隔阂”；另一种是社会交往的阶层“隔膜”，客观阶层位置相当程度上影响人们的居住分

---

① 邹英，向德平．易地扶贫搬迁贫困户市民化困境及其路径选择［J］．江苏行政学院学报，2017（2）：77－82.

化、社会交往和社会认同，而布劳提出的“接近性假设”说明人们更多与处在相同社会阶层的人交往，搬迁群众被划分为搬迁群体，与城镇原有居民处在不同阶层，与城镇居民难以发生深层次的社会交往，这会导致搬迁群众陷入“内倾性”社会交往的困境[①]和社会隔离的境地，搬迁群众将会“适应难”和“融入难”。

易地扶贫搬迁不同于进城务工农民，它不是完全由农村生活方式向城市生活方式的移植，也不同于征地拆迁移民彻底脱离土地的实践，它是一种基于传统村落和城市社区之间的“半农化”“半熟人社会”或“无主体熟人社会”[②]。易地搬迁后，原有村庄社会共同体的解散，使传统乡村熟人社会走向半熟人社会，导致来自不同村庄的搬迁群众相互沟通不顺畅，容易产生误解和矛盾，彼此之间存在排斥心态，在这种情况下，容易出现搬迁群体被城镇社会排斥的现象。社会排斥是指某些社会成员或社会群体在一定程度上被排斥在社会主流关系网络之外的一个动态过程[③]。众所周知，人人都有融入群体，与人沟通的需要，但如果被集体排斥则会出现深深的焦虑感和不安感，常常迷失自我。如果从社会排斥角度分析这种情况可以发现，搬迁群众缺乏机会参与城镇的社会、经济、文化活动，被边缘化或隔离在主流关系网络之外，难以适应和融入。

三、搬迁型社区治理之困

搬迁型社区的治理有效是保证搬迁人口“稳得住”或“不反迁”的一个关键环节。而且只有搬迁人口“稳得住”，才能保证城镇化率提高。无论是搬迁人口治理参与、社区服务管理、参与渠道与机制抑或基础设施

---

① 李倩，李小云．“分类”观念下的内倾性社会交往：失地农民市民化的困境［J］．思想战线，2012（5）：43－47.

② 郑娜娜，许佳君．易地搬迁移民社区的空间再造与社会融入——基于陕西省西乡县的田野考察［J］．南京农业大学学报（社会科学版），2019，19（1）：58－68＋165.

③ 杨菊华．中国流动人口经济融入［M］．北京：社会科学文献出版社，2013：113.

等问题，它们对搬迁人口“稳得住”构成一定的威胁。易地扶贫搬迁不但是一个物质空间变更的过程，而且也是搬迁人口适应新的生活方式、文化习惯的过程，更是重建新型社区共同体的过程[①]。从空间的角度来看，搬迁社区空间不再单纯的是自然地理空间，而是一个涉及政治、经济、文化等多维糅合的社会实践空间，在此空间下必然带来生产生活方式的变迁，而这种变迁又恰恰会影响社区治理。换言之，易地扶贫搬迁必然带来生产生活方式的转变，从而牵动社区治理的难题。从社区行为角度来看，搬迁社区作为一种延续着农村传统村落属性的同时，又具备城镇社区空间形态的特征，被称为“过渡型社区”，过渡型社区由于具有农村传统村落属性和城镇社区属性的“双重”属性导致了大量社区行为问题的出现。

（一）搬迁人口治理参与意愿不足

公民参与社区治理是近年来国内倡导的一种新型社会治理形式，但是在实践中，搬迁人口对社区的治理参与，无论是参与意愿还是参与能力都有待提升。

1. 部分搬迁群众对搬迁社区治理不信任

第一，由于搬迁社区的居委会是为了方便管理而临时设立的组织，在管理方面尚未成熟，对搬迁群众的多样化需求没能满足，搬迁群众对其治理能力和治理水平心存疑虑和不信任，这直接影响搬迁群众治理参与的积极性和主动性。当社区各项组织尚未完全建立或尚未得到大家认可时，搬迁群众一时找不到可以依赖的组织或代言人，很容易出现“真空期”。公民个体投入了时间、精力参与社区事务，能否实现利益诉求，投入成本与预期汇报是否成比例，这些都直接影响公民个体参与的积极性，因此大部分搬迁群众充当“搭便车者”与“守门员”的角色，而不是积极主动地

① 何得桂．山区避灾移民搬迁政策执行研究：陕西的表述［M］．北京：人民出版社，2016(3)：201.

去参与。同时，社区治理行政化也会使搬迁群众对社区管理的不信任，所谓社区治理行政化是指基层的自治主体虽有自治之名，但在实际运行中却沦为基层政府的执行部门，缺乏自主性和独立性，突出表现为在搬迁社区治理过程中定位不清、权责不明。第二，搬迁群众通过社区治理组织参与社区治理的层次较低，导致对搬迁社区管理不信任。当前，公民参与社区治理的范围主要在文体娱乐、环境绿化等方面，在真正涉及社区发展规划、功能扩建、基础设施建设、权益维护等重大公共性社区问题时，搬迁群众很难有充分的发言权，搬迁群众较少拥有通过居委会或业主委员会参与社区事务治理的机会，他们能够参与的大多是有“动员性”和“号召性”明显的居民会议、社区听证会、评议会等。第三，从社区治理来看，社区治理不善也是导致搬迁人口公共参与缺失的一部分原因。搬迁社区服务管理仍然有较为浓厚的行政色彩，根据政府安排由社区党支部负责，日常活动大多是例行公事，大量时间用于处理社区事务性工作。社区治理不善不仅使搬迁群众在某种程度上被边缘化，还有可能使搬迁群众“稳不住”。而且由于行政力量的渗透以及搬迁社区自治能力的先天不足，导致搬迁社区的生长能力和生长空间受到制约，进而使搬迁社区在实际运行中出现治理不善的情况。社区治理能力不强，也是导致社区治理不善的主要原因之一。有些新产生的搬迁社区，不是城镇经济自然发展的结果，而是地方政府为推动易地搬迁和推进新型城镇化战略的产物，地方政府一味追求数量和速度，使搬迁社区建设缺少文化和人文环境建设，而且许多搬迁社区的居委会只是对原有村委会进行简单的名称更换，而治理能力并没有得到实质性的提升，从而导致社区治理不善；相较于传统的农村村落，搬迁社区面临的是一个动荡、多元、开放的治理空间，其社区治理打破了原有的封闭空间，人员流动较大，外来文化不断涌入，这些都是搬迁社区需要面对的更加复杂、更加难以处理的问题，给搬迁社区的治理能力带来挑战。

2. 文化困境明显，致使搬迁人口参与意愿不足

第一，搬迁群众参与文化不成熟，导致搬迁群众主体意识和参与意识不强。缺乏主体意识和参与意识的公民，在面对社区治理事务，即使是与自身利益相关的公共事务，也不是以积极独立的社区主体去参与，要么是“事不关己，高高挂起”，要么避而远之，要么因参与困难或自身利益受损而产生挫折、悲观、排斥情绪。受传统城镇社区治理模式和农民固有观念的影响，大多数搬迁群众对于自己城镇居民的身份“一时转不过弯”，认为以及依旧是农民，而且传统农村教育落后，广大农民文化水平不高，在这样的教育背景下搬迁群众对社区治理参与仍然存在“等、靠、看”的文化意识，参与意愿不足，不少搬迁群众未能及时加入社区组织，出现“被边缘化”情绪，久而久之对社区活动及事务缺乏参与热情与主动，因此，受教育水平、文化层次直接制约搬迁群众参与社区治理。搬迁群众都是来自偏远的农村地区，他们随大流、安于现状、与世无争的思想心态根深蒂固，而这种心态也使搬迁群众主动参与意识淡漠，导致一哄而上的动员式参与随处可见。

第二，社区公民公共精神缺失。社区公共精神主要是指社区公民的社区共同体观念、集体团队观念、理性妥协的公共态度，以及对社区的认同意识等。频繁的搬迁和人口流动弱化了搬迁群众的社区归属感和认同感及参与社区治理的主动性。也就是说，很多搬迁群众对搬迁社区的认同感和归属感较弱，他们还没有从“村上人”发展为“社区人”①。搬迁社区的人心还是“一盘散沙”状态，社区公共事业和公共服务供给往往无法有效推进。同时，搬迁群众对社区内的社团组织和社区外的社会组织认同感较低，直接影响他们通过组织化方式参与社区治理的积极性。除此之外，社区公民公共精神的缺失，导致公民个体利益与社区公共利益的冲突。人

① 何得桂．山区避灾移民搬迁政策执行研究：陕南的表述［M］．北京：人民出版社，2016(3)：209.

的有限理性导致公民参与社区治理时，参与的功利性较强而理性不足，忽视社区公共利益，甚至为了满足私人利益，损害公共利益。这种态度直接导致大部分搬迁群众认为，社区参与是一种提供私人“服务套餐”的手段，而不是提供公共服务的方式。搬迁群众较多是从自身利益出发，与自己利益有关时，参与社区事务的积极性和主动性就高，反之则低。因此，社区公民公共精神总体缺失，降低了搬迁群众参与社区事务的实际效能，非理性参与时有发生，比如在与社区居委会、物业管理公司等打交道时，不是以积极、理性、和平的协商方式处理冲突与矛盾，而往往以极端无序的方式维护受损害利益，结果并不理想。

（二）搬迁型社区服务管理难度大

1. 隶属关系尚未有效理顺

隶属关系尚未有效理顺，导致搬迁社区服务管理难度较大。一方面现有户籍的掣肘，搬迁群众原籍和现籍“两头跑”，“人地分离”和“人户分离”是搬迁社区管理服务难度加大的重要原因。表现为搬迁群众虽在搬迁社区居住，但户口、土地还在原籍客观上形成户籍所在地村级组织鞭长莫及，现居住地社区组织想管而无法管，形成事实上的“灯下黑”或“三不管”[①]。以国定贫困县广西那坡县某镇为例，搬迁群众户口和人的分离，搬迁后由于户籍所附带的土地资源等利益而使搬迁群众没有迁入户口，客观上造成了所在村级组织管理上的鞭长莫及，而现居地社区组织无法管，进而出现了搬迁群众“两头不受管”的局面。另一方面表现为由于入住搬迁群众绝大多数贫困地区的农民，他们的土地、林地等生产资料仍然属于原来村落管理，村级组织对搬迁群众的管理在短期内还无法脱离因此搬迁群众不但要受到原来村级组织的管理，还要接受现居住社区的管

① 何得桂．西部山区避灾扶贫移民型社区管理创新研究——基于安康的实践［J］．国家行政学院学报，2014（3）：97－101．

理服务工作，客观上存在“双重管理”问题。除此之外，在调研中还发现不少搬迁社区都是跨村、跨镇甚至跨县的搬迁群众居住在一起，打乱了原有行政村的村落结构和熟人社会格局，导致户籍关系错综复杂，隶属关系较为混乱，管理难度不断加大，甚至可能出现“管理真空”问题。

2. 传统生活习惯与社区规范冲突

调查中发现，有的搬迁群众的生活方式和生活习惯仍然沿袭村落的生活方式和生活习惯，加大社会管理难度，比如损坏、占用公共设施等和不履行及承担社区管理的责任与义务，一些乱吐乱倒、乱泼乱丢、乱养乱挖等不文明行为层出不穷。虽然搬迁群众无地可种，但传统农具锄头、镰刀等仍旧在日常生活中使用，或直接摆放在公共楼道内。而且在较短时期内搬迁群众难以改变原来单家独户的“庭院式”生活方式，从而难以融入“社区式”社区生活方式，进而导致搬迁社区服务管理难度大。农村传统村落的社会交往网络存在规模小、同质性高、异质性低的特征，他们社会交往关系的建立以血缘、地缘为基础，较少主动向外与城镇原住居民进行社会交往，而且在搬迁群众尚未完全融入城镇的情况下，其社会交往保留农村社会交往的特征。当前，不成熟的社区服务管理方式难以改变搬迁群众交往模式的内卷化。因此，社会资本的缺乏使得搬迁群众社区服务管理难以有效的主要原因之一。

除此之外，礼俗文化的延续，加大了搬迁社区治理的难度。在现代化的过程中，礼俗文化总是最难有人为介入进行改变的部分，特别是传统观念浓厚的农村①。祭拜习俗、婚俗、丧俗等传统礼俗文化习惯离开了原本的农村村落，自然的扎根在城镇社区的“土壤”里，在此情况下，搬迁群众的行为与社区规范产生冲突。比如，在调查中发现在某个搬迁社区每逢清明节、中元节会有搬迁群众在社区道路上祭拜，火种的残留对社区安全

---

① 郭梦霞，陈子琪，董俊芳．从社区行为视角看拆迁安置社区的治理困境及出路［J］．黑龙江农业科学，2017（12）：88－93.

造成隐患，社区管理人员碍于情理并未直接介入，从而陷入社区管理困境。

3. 社区管理机构职能尚未理顺

易地扶贫搬迁是一个以减少贫困和摆脱风险为目标的政策过程，但同时也是一个行政力量进一步介入基层社区的过程。大规模的人口搬迁活动，很大程度上打破了原有的社会结构、利益格局等。社区管理机构职能尚未理顺所导致的公共参与基层治理问题，不仅使易地扶贫搬迁政策实施难以打通“最后一公里”，还使搬迁群众在某种程度上被边缘化。当前，社区管理机构职能还未有效理顺，服务管理工作开展难度大。在搬迁社区，社区党建工作面临社会流动加剧、社区结构分化、居民构成复杂等挑战，导致搬迁群众难以很好地享受公共服务和社会公益服务，加之搬迁社区中的流动，非户籍党员增多，导致社区党建和社区融合难度加大。社区党建与基层自治存在隔阂，就目前一些搬迁社区的情况来看，一些搬迁社区党建引领作用未能很好地发挥，社区党建与社区居民自治联系较为松散，有些甚至存在社区党建与社区居民自治各自关起门开搞、社区管理服务被割裂开来，极少有社区党建与社区居民自治结合起来共同建设社区的典型。搬迁社区治理转型不彻底给社区服务管理带来挑战，由于部分搬迁社区居委会是在原村委会基础上进行组建的，原村委会的集体资产关系还未完全理清，因此这部分搬迁社区居委会既要对原村集体经济的遗留遗产进行理顺，又要对城市发展和社区事务进行管理，事务繁多，难以进行有效的社会管理转型。与此同时，有部分社区的管理还处于初步阶段，各项组织不健全、物业管理服务不规范、社区管理队伍建设滞后，或广西深度贫困县的很多搬迁社区尚处于“忙于建房”或搬迁阶段，社区服务管理工作尚未实质开展。加之，搬迁社区的管理者主要是原村落村委会的干部，而这些原有村级干部文化素养普遍不高，年纪偏大，尚且缺乏社区管理的知识和经验，与城镇社区管理理念仍然有一定差距。

（三）基础设施配备不完善

“住得稳”是易地扶贫搬迁目标实现的前提和基础，大多数搬迁社区配套了相应的硬件设施，按照《中国的易地扶贫搬迁政策》中规定搬迁社区要配备好水、电、网、垃圾及污水处理设施，规划建设好科、教、文、卫等基本公共服务，配套建设生活超市、营业网点、公共交通等生活服务设施的要求，搬迁社区的基础设施配备不完善。从宏观层面来看，广西深度贫困地区公共基础设施配备不完善。2018 年广西医疗卫生情况如下：2018 年末广西全区共有医疗卫生机构 33 743 个，其中医院 624 个，乡镇卫生院 1 264 个，社区卫生服务中心 168 个，诊所（卫生所、医务室）9 592 个，村卫生室 204 409 个，疾病预防控制中心 118 个，卫生监督所 119 个，妇幼保健院 104 个；卫生技术人员 42.03 万人，其中职业医师和职业助理医师 10.6 万人，注册护士 14.04 万人，乡村医生和卫生员 3.26 万人；医疗卫生机构床位 25.59 万张，其中医院 17.32 万张，乡镇卫生院 6.53 张。2018 年，全国总人口数为 139 538 万人，广西 2018 年人数 5 659 万人，那么全国平均每 1 万人医疗卫生机构占有量为 71.9 个，而广西平均每 1 万人医疗卫生机构占有量仅有 6 个，与全国的差距很大；广西平均每 1 万人医疗卫生机构床位占有量与全国的相比，少 15.4 个；尽管在卫生技术人员的平均每万人占有量上广西高于全国水平，但是总体上看，广西的医疗卫生方面供给不足，医疗卫生发展较为滞后（见表 5－11）。2018 年末，广西全区共有县级以上公共图书馆 115 个，文化馆 124 个，博物馆 251 个，艺术表演团体 108 个；在图书馆拥有量上，广西比西部省（区）四川、云南、内蒙古少；在博物馆拥有量上，广西比除四川以外的省（区）多；在文化馆和艺术表演团体拥有量上也相对较多（见表 5－12）。全国拥有图书馆 3 173 个，图书 95 亿册（张），人均图书拥有量 6.85 册（张）；广西图书馆共有 115 个，图书 2.74 亿册（张），人均图书约 4.84 册（张），很显然，广西在人均图书拥有量上低于全国水平。

表 5-11　　2018 年广西与全国医疗卫生情况对比

	全国（万个）	全国每万人占有量（个）	广西（万个）	广西每万人占有量（个）
医疗卫生机构	100.4	71.9	33 743	6
医疗卫生机构床位	845	60.6	25.59	45.2
卫生技术人员	950	68	42.03	74.3

资料来源：根据《2018 年广西壮族自治区国民经济和社会发展统计公报》和《2018 年中华人民共和国国民经济和社会发展统计公报》相关数据整理编制所得。

表 5-12　　广西与西部部分省区文化、艺术机构的情况

省份	图书馆	博物馆	文化馆	艺术表演团
广西	115	251	124	108
贵州	98	73	99	41
四川	204	253	207	53
云南	151	90	149	98
内蒙古	117	110	120	94
陕西	110	——	122	281
新疆	107	87	119	110

资料来源：根据广西、贵州、云南等 7 个西部省区的《2018 年国民经济与社会发展统计公报》整理编制所得。

由上面数据分析可见，广西的文化、教育、医疗卫生等方面社会发展滞后，而对贫困程度深、经济社会发展落后的广西深度贫困地区来说，其在文化、教育、医疗卫生等方面则更加滞后。在易地扶贫搬迁与新型城镇化协调发展过程中，会面临公共基础设施配备不足的压力并对城镇的公共基础设施承载力带来挑战，进而影响两者协调发展的进程。

第三节　本章小结

根据上面所述，已基本完成了对广西深度贫困地区易地扶贫搬迁与新型城镇化协调发展的结构性制约因素和非结构性因素的论述。为了更好地区分这两种制约因素，有必要对结构性制约因素和非结构性制约因素的关系和特征进行适当比较分析，以便于对本章进行更好的总结（见表5－13）。

表5－13　　结构性制约因素和非结构性制约因素的比较

类别	结构性制约因素	非结构性制约因素
基本特征	客观性较强，相对难以解决	主观性较强，相对易于克服
主要表现	产业发展方面（产业结构不合理、产业升级缓慢，产业支撑后劲乏力、市场竞争力不足）；土地流转方面（土地流转法律法规不健全，土地流转制度的城乡二元化明显）；户籍制度方面（户籍制度的城乡二元化明显）；社会保障制度方面（社会保障制度的城乡二元化明显，城乡社会保障差异大）；公共服务方面（城乡公共服务供给差异大，城乡公共服务享受不均）；生态环境方面（水土流失严重，石漠化程度深，生态功能较弱）	基层矛盾复杂； 搬迁群众问题突出； 搬迁型社区治理之困
影响后果	易地扶贫搬迁与新型城镇化协调发展将难以取得预期成效	易地扶贫搬迁与新型城镇化协调发展将难以取得预期成效

资料来源：根据本书分析内容整理所得。

无论是从实证调查数据来看，还是从理论分析来看，广西深度贫困地区易地扶贫搬迁与新型城镇化协调发展面临着“结构性因素”的制约，主要表现在6个方面：一是产业发展方面；二是土地流转方面；三是户籍制度方面；四是社会保障方面；五是公共服务方面；六是生态环境方面。如果从易地扶贫搬迁的“搬得出”“稳得住”和“能致富”这三条标准以及新型城镇化建设的标准来看，社会保障、公共服务、生态环境既涉及“搬得出”和“稳得住”，又涉及社会的城镇化和生态的城镇化问题，城乡差异的社会保障制度阻碍搬迁群众“留下来”，对搬迁群众获得与城镇居民同等的社会保障福利有不良影响，城乡公共服务供给不均衡和城乡公共服务享受不均以及制度权益保障失衡等因素制约，导致搬迁人口市民化进程缓慢，并滞后于城镇化发展的步伐，水土流失、石漠化程度深以及生态系统功能较弱等生态环境问题推动贫困群众易地搬迁；户籍制度主要与“稳得住”和人口的城镇化有关，城乡二元的户籍制度阻碍搬迁人口市民化，阻碍人口的城镇化进程和影响搬迁人口能否“稳得住”；产业发展主要与“能致富”和产业的城镇化有关，产业发展是“能致富”最大的难点，是产业城镇化的关键因素，产业结构不合理、产业支撑后劲乏力的产业发展瓶颈不容忽视。“结构性因素”呈现出难以跨越的特征，需要认真直面和应对。“结构性因素”所产生和引发的影响，需要引起党委、政府、社会组织、公民等多元主体高度重视。否则，“结构性因素”将难以克服，易地扶贫搬迁与新型城镇化协调发展将难以取得预期成效。

易地扶贫搬迁与新型城镇化协调发展模式作为一种新型的易地扶贫模式和城镇化推进模式，如何充分利用各种资源和各种方式促进“非结构性因素”的解决，是关系搬迁对象能否“搬得出”“稳得住”和关系城镇化水平能否有效提升的重要内容。如果说产业发展、土地流转、户籍制度、社会保障、公共服务、生态环境等因素更多地属于“结构性因素”，那么人的行为特征和主观能动性则更多的属于“非结构性因素”。人是具有能动性的社会动物和历史创造者，基层干部、搬迁群众作为重要的内源性因素对于易地扶贫搬迁与新型城镇化协调发展的推进能够产生深刻的影响。“非结构性因素”主要分为基层矛盾复杂、搬迁群众问题突出和搬迁型社区治理之困这三个方面，具体表现有：基层中不同区域之间、贫困户之间、贫困户与非贫困户之间以及贫困户与搬迁干部之间的矛盾凸显，不仅影响易地扶贫搬迁工作的落实，还影响新型城镇化建设步伐；搬迁群众的稳定和适应问题、贫困代际问题、精神贫困代际问题等都对整个易地扶贫搬迁与新型城镇化协调发展格局产生不利影响；易地扶贫搬迁是大规模的人口迁移活动，很大程度上打破了原有的社会格局，进入新的社会格局，引发搬迁社区的治理矛盾。

从前文分析来看，无论是结构性制约还是非结构性制约，它们都对易地扶贫搬迁与新型城镇化的协调发展产生相应的影响，使大规模的易地扶贫搬迁面临诸多困境，使新型城镇化建设遇到诸多障碍。如果没有能够更好地处理阻碍易地扶贫搬迁与新型城镇化协调发展的结构性制约因素和非结构性制约因素，两者协调发展模式很有可能是“农村的再复制”，而不是促进易地扶贫和推动城镇化建设的有效路径。

第六章

广西深度贫困地区易地扶贫搬迁与新型城镇化协调发展的机理分析

第一节　易地扶贫搬迁与新型城镇化协调发展的目标与战略

一、易地扶贫搬迁与新型城镇化协调发展的战略重点

（一）易地扶贫搬迁战略与新型城镇化战略

易地扶贫搬迁作为国家精准扶贫战略的重要内容，是解决生存环境差、生态环境脆弱、自然灾害频发等面临“一方水土养不起一方人”的生态贫困地区的贫困问题的重要战略。正如习总书记指出，易地搬迁脱贫一批，是一个不得不为的措施，也是一项复杂的系统工程。而且易地扶贫搬迁作为精准扶贫的重要扶贫减贫策略之一，是一个在政策支持下实现部分非城镇人口搬迁到城镇的过程，不可避免地出现易地扶贫搬迁与新型城镇化建设中的种种问题。与此同时，易地扶贫搬迁不仅面临着搬迁人口新

社区的经济、社会、生态融入问题，还面临着与新型城镇化进行对接，实施难度大。因此，易地扶贫搬迁不仅是空间上的位移，而且是系统性、社会性的迁移。对于实施易地扶贫搬迁战略来说，首先是应该实现“搬得出”，即贫困户顺利搬迁；其次是“稳得住”，即搬迁人口能够顺利地在搬迁安置点长久居住；最后是达到“能致富”目标，即搬迁人口能够顺利脱贫，改变落后面貌。最终在实现脱贫致富的同时，也能够提高城镇化水平，巩固新型城镇化建设成果。

党的十六大提出“走中国特色的城镇化道路”，党的十八大提出“新型城镇化”战略，标志着我国城镇化进入新起点、新阶段。新型城镇化是以城带乡、城乡一体化发展的城镇化，一方面提升城镇综合承载能力、改善人居环境、扩大就业、鼓励和扶持创业，吸引贫困人口进城落户；另一方面，促进城镇基础设施向乡村延伸、基本公共服务向乡村覆盖、建设辐射面广的产业园区，让部分搬迁群众离土不离乡、就业不离家，实现就地就近城镇化。新型城镇化道路是新型的、可持续的，又是符合我国国情的。走新型城镇化道路，是中国实现农业农村现代化、消除城乡差距、实现城乡一体化的必然选择，城镇化的核心是人口城镇化，人口城镇化的重点是农村人口流向城镇，而从易地扶贫搬迁来看就是贫困人口搬迁到城镇。但是搬迁人口不仅进入城镇，而且要与市民平等分享城镇公共资源、社会福利和保障，实现进城搬迁人口地域、职业和身份的“三个同步转变”①。以人为本的城镇化要求，在发动全社会民众为新型城镇化建设努力奋斗的同时，有序推动易地搬迁人口市民化，稳步推进城镇基本公共服务向搬迁人口的全覆盖，让搬迁人口享受与城镇户籍人口均等的公共服务，帮助搬迁人口加入融入城镇中，促进人的全面发展和社会公平正义。

目前，中国新型城镇化发展正处于由高速度向高质量转变的关键期，

---

① 杨静，张光源. 推进“三个同步转变”的新型城镇化——以农民工市民化为突破口［J］. 中州学刊，2014，210（6）：41-46.

按照高质量新型城镇化的发展要求，以人的城镇化为核心，以城镇综合承载能力为支撑，有序推进易地扶贫搬迁人口市民化和推动易地扶贫搬迁与新型城镇化协调发展。

加快贫困地区特别是深度贫困地区的新型城镇化进程，既是推动区域协调发展的有力举措，也是贫困地区换新貌、贫困人口“挪穷窝”的有效保障。这为促进经济转型升级和社会和谐进步、为全面建成小康社会、加快社会主义现代化奠定坚实基础。

（二）五化同步战略

易地扶贫搬迁与新型城镇化的协调发展要求“五化同步”。易地扶贫搬迁推进新型城镇化建设，新型城镇化进程离不开深入推动新型城镇化与新型工业化、信息化、绿色化和农业现代化相辅相成、协调互动、同步发展。坚持“五化同步”战略，结合广西深度贫困地区资源禀赋比较优势，发挥政府主导城镇化政策的作用，加快推进具有广西深度贫困地区特色的现代化产业结构体系，推动产业集聚搬迁城镇，增强产业发展对搬迁人口的就业支撑能力，确保新型城镇化进程持续、快速、健康、有序推进。

（三）生态保护与文化传承战略

坚持生态保护与文化传承是易地扶贫搬迁与新型城镇化协调发展的必然要求。坚持新型城镇的科学发展、特色发展和生态发展，优化城镇格局，鼓励贫困人口向城镇集聚、向产业园区集聚，在搬迁中守住生态，在生态中促进城镇化发展，实现迁出地的生态修复和迁入地的生态保护。广西深度贫困地区有不少区域既是少数民族聚居地区又是革命老区，具有丰富的少数民族特色文化和极具特色的风俗习惯、红色文化等，应该实施文化传承战略，保护少数民族文化资源和红色文化资源。坚持实施易地扶贫搬迁工作和推进新型城镇化建设过程中对文化进行保护、传承，弘扬地方优秀文化，发掘文化内涵，积极建设有文化底蕴、历史记忆、民族特色的新型搬迁城镇；在易地扶贫搬迁过程中注重保护、传承迁出地的传统文化，在新型城镇化推进中注重传承和弘扬迁出地传统文化，在传承、弘扬迁出地传统文化中推进新型城镇化，实现易地扶贫搬迁与新型城镇化的协调发展与传统文化的保护、传承同步推进。

（四）改革创新战略

改革完善新型城镇化发展体制机制，尊重市场规律，统筹推进土地流转、住房保障、行政管理、生态环境、规划建设等重点领域和关键环节体制机制的改革，促进新型城镇化健康发展，从而吸引贫困人口向城镇转移，让生活“一方水土养不起一方人”地区的贫困人口“搬得出”。推动改革创新战略，涉及经济社会多方面，是一次深刻的社会改革，当前亟须加快改革创新的有以下几个方面：一是加快土地流转制度改革，加快建立搬迁人口原宅基地市场化流转机制，逐步扩大宅基地的流转交易范围。二是推动住房保障制度改革，多渠道、多方式改善搬迁人口居住条件，将搬迁人口作为住房保障对象，公租房、廉租房、经济适用房等保障性住房对搬迁人口开放。三是推动行政区划管理改革，通过区划管理改革，促进不同层级城镇间的平等竞争，重新调动中小城镇发展活力，赋予地方更大发展自主权，充分释放发展潜能，以承接更多的搬迁人口。四是推动生态环境建设，加快发展经济的同时，要兼顾和解决好生态环境建设与城镇承载能力的问题，不走先污染后治理的老路。五是促进城镇规划建设，解决城镇空间粗放扩张的问题，转变城镇规划理念，使城镇规划由扩张性规划逐步转向限定城镇边界、优化空间结构的规划。

二、易地扶贫搬迁与新型城镇化协调发展的基本原则

协调发展的基本原则，遵循以因地制宜与均衡配置、统筹兼顾与协调推进、机会均等与共同发展、就业驱动与转型发展、生态优先与绿色发展的理念。首先，因地制宜，均衡配置。易地扶贫搬迁与新型城镇化建设要结合当地自然、地理、人文、资源等条件，因地制宜制定产业发展规划，

均衡配置产业要素和产业发展规模。结合易地搬迁规模和城镇建设需要的基础上，均衡配置基础设施、公共服务等，促进就业、居住、产业与城镇化均衡发展。其次，统筹兼顾，协调推进。易地扶贫搬迁要根据实施项目规划，制定年度工作计划，并结合产业发展情况和城镇建设发展的需要，推进年度计划的协调推进。协调提升搬迁社区产业发展能力和城镇综合承载力。着力解决搬迁群众就业创业、公共服务等后续生计问题，确保搬迁群众发展有前景、生活有改善。接着，机会均等，共同发展。易地扶贫搬迁与新型城镇化协调发展过程中要注重机会公平配置，从改善搬迁群众生产生活条件、完善公共服务等作为切入点，统筹推进公共服务和社会管理服务的均等化，让搬迁群众获得与城镇居民同等的公共服务待遇。然后，就业驱动，转型发展。要以就业作为驱动，推动产业结构调整和产业发展方式转变。从落实搬迁群众就业创业政策措施入手，在就业创业的规模、市场环境、资金及资本参与等方面建立相应激励机制，为搬迁群众的技术和改善劳动力素质提供政策支持。最后，生态优先，绿色发展。党的十九大报告系统论述了人与自然和谐共生的“美丽中国”。那么，易地扶贫搬迁与新型城镇化协调发展过程中，人与自然的和谐发展必然不可忽视。根据资源和环境承载力，落实生态优先、绿色发展原则。把生态文明融入整个易地扶贫搬迁与新型城镇化协调发展全过程，确保生产空间集约高效、生活空间宜居宜业、生态空间宜居适度，并统筹处理资源、环境、人口与发展的关系，坚决守住生态和发展“两条线”。

三、易地扶贫搬迁与新型城镇化协调发展的主要任务

根据可持续生计理论，它不仅是理论和思维框架之一，还是可以在操作层面上予以指导工作的一项工具。期盼推动易地扶贫搬迁与新型城镇化协调发展工作者更多地从搬迁群众后续发展和生计角度来解决贫困问题，同时探索适合迁入地情况、充分利用迁入地资源、符合搬迁群众资源的解决办法，这样以利于两者协调发展，促进扶贫开发工作的开展和新型城镇

化建设的推进。

（一）因地制宜发展产业，提升产业竞争力

搬迁不仅是居住空间的改变，也是经济层面生计模式的重构。发展产业是保障搬迁群众后续生计的重要部分，旨在提高搬迁群众收入水平和生产生活能力。第一，充分利用迁出地与迁入地的特色优势资源，通过先进实用技术、农业科技服务和特色产业优势，扶持专业合作社、致富带头人发展，帮助搬迁群众发展生产、增加收入；与产业扶贫相结合，重点扶持搬迁群众自办合作社及合作社自办的扶贫车间，并以合作社和扶贫车间为载体，积极承接产业转移，调整产业结构，扎实推进搬迁后续产业扶持工作，以增强搬迁安置区域自我发展能力。第二，根据搬迁社区人口禀赋条件，综合发展劳动力密集型产业，结合相关政策和技术优势，适当进行经营调整。第三，发挥扶贫政策的指导作用，吸引外来人才和鼓励本地人才进入农业领域，提高农业发展水平。第四，充分利用“互联网＋”的作用，进一步拓宽产品销路，提升产品销售实效。第五，搭建多层次、广覆盖、宽领域的第一、第二、第三产业协调发展产业链，促进产业链适当延伸，推进农业与旅游、教育、文化等产业深度协调，大力促进产业协同发展模式的构建。

（二）因技施策，提升搬迁群众自我发展能力

帮助搬迁群众就业创业是易地扶贫搬迁的后续扶持工作，也是保证搬迁群众“稳得住”的重要手段。一方面，搭建创业平台，完善专业化、网络化的创业服务体系，增强创业创新信息的惠普性，在搬迁社区范围内积极开展创业培训、创业座谈，丰富创业形式，提高创新创业能力；因地制宜地鼓励搬迁群众围绕乡村旅游、乡村服务业等开展创业，发挥社会资本、小额贷款的作用，为搬迁群众提供创业资金支持；支持搬迁安置区域优势产业集聚发展，发挥致富带头人的作用，带动搬迁知识青年的创业活动。另一方面，加大对搬迁群众的职业技能提升和教育培训工程的实施力

度，创新培训方法，组织搬迁群众进行培训，提高搬迁群众生产技术和开拓市场能力，增强他们就业能力，增强他们生产生活能力；针对农业、工业、服务业等行业，加强搬迁群众的技能技术培训，并加大对搬迁群众技能技术的投入，统筹各类培训资源；鼓励搬迁家庭子女到职业院校和技术类学校就读，掌握一门技术。

（三）严格执行土地增减政策，提升土地使用价值

充分利用城乡建设用地增减挂钩政策支持易地扶贫搬迁与新型城镇化的协调发展。一方面，建立增减挂钩项目库，登记项目的“拆迁区”和“建新区”数据，并以高标准、高质量的原则对迁出地进行村庄整治和农田整治，提高迁出地土地利用率，同时建立不同所有制土地的市场同价机制，利用现代信息技术手段，加强对土地利用变更情况的监管。另一方面，为了防止土地闲置、浪费，应该推进迁出地土地确权工作，建立市场流转体系，探索搬迁群众对土地承包权、集体土地收益分配权的自愿有偿退出机制；同时完成迁出地退耕还林和林地、荒山的确权工作，以确保搬迁群众的土地权益和提高资源利用率。

（四）推进搬迁群众户籍转移制度，同步跟进社会保障

国家发展改革委颁布的《2019 年新型城镇化建设重点任务》强调，突出抓好农业转移人口落户工作，推动非户籍人口在城市落户目标取得决定性进展。因此，要推进户籍制度改革。以人的城镇化为核心深化户籍制度改革，确保搬迁群众与城镇居民获得同等权力、履行同等义务；制定切合实际的户籍转移政策与措施，有序引导搬迁人口落户城镇。一方面，完善社会保险、社会救助、社会福利等社会保障体系，建设公平、可持续的公共服务，更好地发挥社会救助兜底功能；注重搬迁群众的经济融入、社会融入、文化融入等问题，强化搬迁群众的本地化身份，以文化多元发展为基础，吸纳外来文化，升华文化价值。另一方面，从提高公共服务均等化和公共服务城乡一体化入手，构建利益共享和资源分配机制，促进就业

创业、教育机会和医疗资源等公平；进一步加大城镇基础设施建设和行业改革力度，满足搬迁群众进入城镇生产生活需要，健全政府主导、社会参与的公共服务体系，合理配套教育、医疗卫生、文化体育、生活消费市场等公共服务设施进一步提高城镇综合承载力。

（五）加强生态环境保护，保持绿色和可持续

根据习近平总书记提出的“绿水青山就是金山银山”理念，在易地扶贫搬迁与新型城镇化协调发展过程中加强生态环境保护，保持绿色和可持续发展，以提高城镇资源和环境的综合承载力。在易地扶贫搬迁过程中和新型城镇化建设进程中，难以避免地对迁出地和迁入地的生态环境造成损害，那么必须保护和健全生态系统。从改造和提升人居环境开始，以人为本，完善基础设施建设，优化社区、集镇、城镇空间布局，提升社区、集镇、城镇综合治理能力。严格保护迁出地自然生态环境，以恢复迁出地生态系统为核心，以涵养水源、保持水土为生态建设主要内容，加强对山林、坡地的生态修复。保障城镇人居环境，实施城镇绿化工程，加大立体绿化建设，园林式单位、小区创建，重视节能环保、家政服务等导向型绿色产业，为绿色经济奠定良好基础。推动资源利用方式的根本转变，发展循环经济，实现土地集约利用、废物资源化利用、能量梯级利用、废水循环利用，着力打造绿色低碳循环产业链。充分调动搬迁人口积极性，设置好实现绿色发展的治理模式，确保绿色发展理念融入搬迁人口的日常生活。

第二节　广西深度贫困地区易地扶贫搬迁与新型城镇化协调发展的内在逻辑

城镇化和农业人口市民化两个问题是紧密联系的。理论与实践证明，城镇化水平与农业人口市民化水平呈正相关的关系，城镇化水平高的

地区其农业人口市民化程度就越高，反之亦然①。那么，按照此逻辑分析，易地扶贫搬迁与新型城镇化也是紧密联系的，易地扶贫搬迁推动贫困人口向城镇集聚，搬迁人口落户城镇后由“农民”转化为“市民”，搬迁人口的市民化进而推动新型城镇化水平的提升，新型城镇化水平反过来又影响搬迁人口的市民化程度。新型城镇化背景下易地扶贫搬迁的核心是将搬迁人口市民化差距控制在合理范围内，发挥新型城镇化的发展潜力和优势，并在发展中建立起良好的易地扶贫搬迁与新型城镇化协调发展关系，从而推动广西深度贫困地区脱贫和新型城镇化建设。

城镇化是衡量地区经济发展和文明程度的重要标志，但其根本是加快农村人口向城镇集聚的过程②。由于广西深度贫困地区尚处于脱贫攻坚阶段，贫困程度深，经济发展水平严重滞后于全国平均水平，该地区的城镇化进程缓慢，区域发展不协调。面对如此严峻形势，如何把握机遇，全面推进广西深度贫困地区经济社会又好又快发展，本书对易地扶贫搬迁与新型城镇化协调发展问题做了深入调查研究，认为实现易地扶贫搬迁与新型城镇化协调发展，首先需要厘清两者之间的内在逻辑关系。不同的角度对易地扶贫搬迁与新型城镇化协调发展有不同认识。为了更有效地加快易地搬迁扶贫工作和新型城镇化进程，促进易地扶贫搬迁与新型城镇化协调发展，我们有必要对易地扶贫搬迁与新型城镇化协调发展作一理论梳理，以便对两者的协调发展有一个全面的理解和认识。

一、易地扶贫搬迁与新型城镇化的理论逻辑

易地扶贫搬迁与新型城镇化具有辩证统一的关系，是互为促进、相辅相成的关系。易地扶贫搬迁与新型城镇化互为支持和动力，前者为后者创造和奠定了基础，后者为前者提供了机遇和挑战。一定程度上讲，没有易

①② 陈政，陈思华．山地特色新型城镇化研究［M］．成都：西南财经大学出版社，2016（7）：13.

地扶贫搬迁和搬迁人口市民化，要加快新型城镇化进程，显然是缺乏支撑力的，没有新型城镇化推动，就很难实现搬迁人口市民化。要加快新型城镇化进程，推进城乡一体化建设，就需要加快易地扶贫搬迁工作和加快搬迁人口市民化。加快新型城镇化进程，其根本是促进城镇规模扩大，强化城镇的开放，优化城镇结构，完善城镇功能。而易地扶贫搬迁则对城镇的规模扩大、结构优化、功能完善起到了加速作用。

与增减挂钩政策相衔接的易地扶贫搬迁，与新型城镇化直接关联，易地扶贫搬迁是一个系统工程，其涉及的不仅是贫困群众居住地域的转移，也不仅仅是贫困群众居住模式的变更，更深层涉及的是贫困群众的职业转换和角色转型，其实质在于易地扶贫搬迁贫困群众的“市民化”①。贫困群众在易地搬迁后，其在“后搬迁时代”的生计发展、就业保障、技能提升、社会融入以及心理融入才是重点和难点，而这些重点与难点的解决需要城镇化建设作为支撑。与此同时，从空间贫困理论来看，易地扶贫搬迁实践中将贫困人口从自然条件恶劣、地理空间资本不足的居住地搬迁到自然环境相对较好的地理空间，缓解自然地理空间对贫困人口的脱贫限制，但是地理环境的变迁并不是脱贫的决定性因素，只是重要影响因素。在过分强调地理空间对脱贫决定性作用的理念下，搬迁人口的多重生计空间被忽略，迁入地的社会支持、经济承载和接纳空间、文化心理资本重建等都在单一的地理空间因素的强化下没有得到充分考虑，单纯的易地扶贫搬迁没有确定高质量的脱贫效果，因此亟待需要与新型城镇化建设协调发展，解决搬迁人口的多重生计空间问题和迁入地的社会支持、经济承载和接纳空间、文化心理资本重建等问题，从而促进易地扶贫搬迁的高质量脱贫效果，以及以新型城镇化建设巩固易地扶贫搬迁效果。

易地扶贫搬迁与新型城镇化辩证统一，也可以体现在易地扶贫搬迁与新型城镇化的协调发展促使减贫的可持续性。而减贫的可持续是指贫困消

---

① 邹英，向德平．易地扶贫搬迁贫困户市民化困境及其路径选择［J］．江苏行政学院学报，2017（2）：77－82.

减的情形能够较长期间的维持下来不出现反复返贫情况，呈一种直线、良性运行态势①。易地扶贫搬迁是在不破坏、不伤害区域生态环境的前提下，进行易地搬迁，逐步解决搬迁人口的问题，同时借助城镇的功能作用，促进社会保障、教育、医疗卫生等基本公共服务均等化，并实现长时间地维持易地搬迁扶贫成果，避免返贫、返迁现象。易地扶贫搬迁只是摆脱贫困的充分而不必要条件，稳定脱贫的另一份力量来自于空间更替和升级密不可分的主体——新型城镇化；新型城镇化除了改变搬迁群众生存空间初始条件外，另一层积极意义正在于改善搬迁群众的个人能力配置，将搬迁群众为摆脱原空间束缚和制约而进行斗争和奋斗所损耗的时间、精力转移到搬迁后新的安置空间的发展生产和改善生活条件中，从而使搬迁群众在“后搬迁时代”能够持续脱贫和稳步发展。

综上所述，新型城镇化是经济社会发展的必然选择，易地扶贫搬迁以新的方式推进了新型城镇化进程，在易地扶贫搬迁工程建设中，把推进新型城镇化与易地扶贫搬迁相结合，促进贫困地区人口的城镇化，二者互为条件，相辅相成，相互促进，对于加快易地扶贫搬迁步伐和加快新型城镇化进程有很大的推动作用。易地扶贫搬迁与新型城镇化协调发展，是一个涉及搬迁对象、迁入地区和原住居民以及其他迁移相关者短期和长期权益关系的复杂性工程，需要系统的、配套的、慎重的政策、经济、组织制度和工程技术涉及，选择合适的安置方式和脱贫方式和城镇化推进方式，避免搬迁对象易地搬迁形成移民致贫，甚至导致城镇形成长期的社会经济问题。因此，推进广西深度贫困地区易地扶贫搬迁与新型城镇化协调发展，要用系统性思维、全局化视野和协调作战的智慧与能力，加强顶层设计、注重整体谋划，形成系统设计、整体谋划、协调推进的局面，通过顶层设计和整体谋划有机结合，形成整体协调，推动易地扶贫搬迁与新型城镇化协调发展向更质量不断迈进。而这也是推动易地扶贫搬迁与新型城镇化协

---

① 陈全功，程蹊．关于减贫的可持续性问题的探讨［J］．湖北社会科学院，2015（9）：80－85.

调发展的一个重要载体。

二、易地扶贫搬迁与新型城镇化的实践逻辑

（一）易地扶贫搬迁与新型城镇化目标趋同

易地扶贫搬迁与新型城镇化的关联在于新型城镇化的宗旨是推动农村人口向市民转变，实现稳定发展，而易地扶贫搬迁的目的是解决农村贫困人口的贫困问题，以使其脱贫致富，两者的目标方向一致①。易地扶贫搬迁与新型城镇化目标方向一致，可以从以下几个方面体现：

易地扶贫搬迁是脱贫攻坚“五个一批”中难度最大、政策性最强、标准最高的一批，涉及搬迁人口市民化及其后续发展、城镇化发展等多个方面，如果处理不好势必会影响搬迁效果和城镇化进程。而且易地扶贫搬迁涉及新型城镇化和农业农村现代化，有助于促进农业增效、搬迁群众增收，打造宜居、宜业的新型社区、新型集镇、新型城镇，最终达到帮助贫困地区脱贫致富奔小康的目标。易地扶贫搬迁是我国开发式扶贫的重要内容，是通过政府和外部力量多方面的帮助，解决生态脆弱和自然环境匮乏、基础设施极不经济地区贫困人口脱贫的一项综合方案，同时也是一项重大的民生工程。搬迁人口能否在城镇逐步实现脱贫致富是衡量易地扶贫搬迁政策效果的衡量标准，搬迁人口能否顺利市民化是衡量城镇化水平的衡量标准。易地搬迁推进城镇化建设既是扶贫开发的一个重要举措，也是现阶段城镇化建设一个路径选择，积极稳妥推进移民扶贫和城镇化相衔接，可以从根本上解决移民群众的生存和发展问题②。

---

① 吕翠丽，何玲玲．易地扶贫搬迁与新型城镇化耦合发展研究［J］．经济师，2018，355（9）：16－18.

② 黄普绵．贫困山区易地搬迁推进城镇化建设的思考［J］．新经济，2014（20）：55－56.

《国家新型城镇化规划（2014～2020年）》提出了“推动城乡发展一体化”战略目标，要实现基础设施和公共服务的城乡一体化。易地扶贫搬迁对于加快脱贫致富步伐，推进城乡经济社会一体化发展具有重要的积极作用，而新型城镇化的主要目标是推动城乡发展一体化、实现区域协调发展。而城乡发展一体化能有效优化城乡公共资源配置，为实现搬迁人口市民化和提升城镇公共服务水平提供保障①，也缩小了城乡二元体制下城乡之间巨大差距，推动贫困地区搬迁人口市民化的进程②，也为构建广西深度贫困地区城乡融合发展新模式创造了条件。

易地搬迁人口市民化是新型城镇化的重要内容之一，有序推动深度贫困地区搬迁人口市民化是扶贫开发取得成效的环境。而且新型城镇化的核心内涵是“人口城镇化”③，那么很显然推动搬迁人口市民化的过程也是搬迁人口提升自我发展能力最终实现脱贫的过程④。

（二）易地扶贫搬迁与新型城镇化互为载体

易地搬迁是手段，脱贫是目的，易地搬迁可持续性是目标，“以搬促城、以城促搬”正是保障易地搬迁可持续性的重要方法。易地扶贫搬迁推动城镇化发展进程，城镇化发展提高搬迁群众市民化意愿，满足搬迁群众市民化诉求。易地扶贫搬迁与新型城镇化互为载体，实际上就是把易地搬迁、扶贫开发与加快城镇化进程有机结合起来，利用易地扶贫搬迁和扶贫开发政策，把长期居住在贫困山区的贫困人口，在充分利用城镇基础设施完备、经济发展快、公共服务完善等优势条件基础上，通

① 戈大专，龙花楼，屠爽爽，李裕瑞．新型城镇化与扶贫开发研究进展与展望［J］．经济地理，2016，36（4）：22－28＋5.

② 王艳飞，刘彦随，李裕瑞．环渤海地区城镇化与农村协调发展的时空特征［J］．地理研究，2015，34（1）：122－130.

③ 姚士谋，张平宇，余成，李广宇，王成新．中国新型城镇化理论与实践问题［J］．地理科学，2014，34（6）：641－647.

④ 龙花楼，屠爽爽，戈大专．新型城镇化对扶贫开发的影响与应对研究［J］．中国科学院院刊，2016，31（3）：309－319.

过集中安置、整体搬迁等方式，完成贫困人口城镇化，同时推进城镇化进程。

新型城镇化发展是国家经济发展的重要战略任务，是易地扶贫搬迁永久可以依托的载体。自从中共中央十五届五中全会和广西壮族自治区党委七届九次全会以来，自治区就提出加快发展城镇化的进程，至今取得了很大的发展。十七届五中全会通过的《中央“十二五”规划建议》指出，统筹城乡发展，积极稳妥推进城镇化，加快推进社会主义新农村建设，促进区域协调发展和良性互动；2014 年颁布的《国家新型城镇化规划（2014～2020 年）》明确提出，要全面提高城镇化质量，加快转变城镇化发展方式；2014 年颁布的《广西壮族自治区新型城镇化规划（2014～2020 年）》强调，城镇化是现代化必由之路，是推动城乡区域协调发展的重要途径，是广西与全国同步建成小康社会的重要支撑；2019 年国家发改委印发的《2019 年新型城镇化建设重点任务》要求，支持特色小镇和城乡融合发展。由此可见，城镇化是中国经济发展长期的基本国策，是广西经济发展的重要手段，依托城镇化发展实施易地扶贫搬迁是可行的，也是易地扶贫搬迁工程可以采用的模式。

新型城镇化建设加速搬迁人口向城镇集中。新型城镇化的发展建设要求规模经济效益和集聚效应。易地扶贫搬迁推动社会进步，也就是易地扶贫搬迁还有重要的社会作用，这就是加速了搬迁人口的观念和生活方式的转变，促进搬迁人口素质的不断提高，涉及经济、教育、环境等诸多问题的解决。

城镇化不是简单的人口比例增加和城市面积扩张，更重要的是实现产业结构、就业方式、人居环境、社会保障等一系列由“乡”到“城”的重要转变①。为了实现由“乡”到“城”的重要转变，需要加快易地搬迁步伐和促进搬迁人口市民化进程。因此，当前易地扶贫搬迁的新形势下，

① 中国（海南）改革发展研究院．人的城镇化——40 余位经济学家把脉新型城镇化［M］．北京：中国经济出版社，2013（6）：37.

实现由“乡”到“城”的重要转变，进而加快城镇化转型和提升城镇化质量，主要重点在解决和促进易地扶贫搬迁人口的市民化问题，即人的城镇化问题，这是当前城镇化最本质最重要的内容。

（三）易地扶贫搬迁是新型城镇化的重要推动力

从易地扶贫搬迁角度来看，有学者指出易地扶贫搬迁是城镇化建设与扶贫开发的结合点，也是推动我国农村落后地区实现现代化的重要方式①。有学者认为，易地扶贫搬迁是加快城镇化发展的助推器，城镇化发展又带动易地扶贫搬迁加快推进②。那么易地扶贫搬迁是新型城镇化的重要推动力可以从以下几个方面得到体现。

第一，搬迁人口进入城镇，增大了城镇的规模、为城镇产业发展、社会进步提供了劳动力，提高城镇公共服务和基础设施建设水平，改善城镇人居环境质量，并提升城镇的辐射带动能力促进周边地区发展，直接推动广西深度贫困地区的新型城镇化发展。易地扶贫搬迁与新型城镇化、农业现代化、工业化、信息化有机结合，引导贫困人口有序进入城镇，使得城镇人口快速增加、农业人口相应较少，城乡差距因此逐步缩小，城镇化率得到稳步提升，而城镇规模和结构的随之优化、改善，一定程度上吸引了贫困人口向城镇转移。客观上，搬迁人口为城镇发展补充了价格低廉的充足廉价劳动力，拉动了城镇房地产、教育、医疗、日常生活等方面的需求和消费，加速了城镇经济的发展。据测算，城镇化率每增加一个百分点将会带来7亿万元的投资和消费需求③。因此，搬迁人口市民化也是转变城镇经济发展方式和经济发展的重要途径。

第二，易地扶贫搬迁与以往不同的、不是简单“复制农村”的扶贫开

---

① 程丹，王兆清，李富忠．易地扶贫搬迁研究——以山西省五台县为例［J］．天津农业科学，2015，21（1）：70－73.

② 王金涛，陈琪．动员力度、心理聚合与搬迁绩效——以陇中某地易地搬迁为例［J］．中国行政管理，2016（9）：82－87.

③ 王琛．从利益相关者理论解读农业转移人口市民化［J］．经济社会体制比较，2015（3）：81－91.

发形式具有成效明显的特点。在一定程度上，易地扶贫搬迁可以对广西深度贫困地区的人口功能区进行重新调整，有利于这个区域的经济、社会、人文、生态等要素资源之间的彼此协同发展，从而进一步推动贫困人口向外转移。也就是说，通过易地扶贫搬迁不仅能够大幅提高人口的城镇化，易地扶贫搬迁工程正是在推进人口的城镇化，它依托中小城镇安置搬迁群众，通过建设保障性住房来实现搬迁群众在城镇中居有定所的愿望①。更为重要的是，易地扶贫搬迁促使城镇人口流动增加，人才更加集聚，更加活跃城镇第二、第三产业发展，可以为广西深度贫困地区城镇化提供现实路径。通过易地搬迁，引导贫困人口就地、就近有序进入城镇，以行政推力，加速形成大、中、小城镇协调发展的城镇体系，是广西深度贫困地区实现新型城镇化的有效路径。

第三，易地扶贫搬迁从根本上改变的不仅是贫困地区贫困群众的生产生活环境，还改变了他们的生产生活方式以及社会交往方式，实施易地扶贫搬迁以后，贫困群众由分散居住转变为集中居住，医疗卫生、教育状况、居住条件、养老条件等方面得到明显改善，在空间位置上由偏远贫穷山区向较为繁荣的城镇搬迁，由村庄向社区的转变，实现了迁移式扶贫与城镇化发展的良性互动，推动了新型城镇化步伐。这是因为通过易地扶贫搬迁，进行统筹规划和集中安置，鼓励进城入镇，避免“简单复制农村模式”，其根本目的是让搬迁群众有尊严地享受与城镇居民一样的生活，共享经济发展的成果。

第四，通过易地扶贫搬迁，搬迁群众形成的城镇劳动力市场潜力巨大，扶持政策吸引了众多产业项目落地城镇，产业链得以延长，产业结构得到不断调整和优化升级，搬迁配套基础设施、公共服务设施建设日趋完善，有力促进城镇改造、推动新城区建设，从而带动了新型城镇化建设步伐；除此之外，易地扶贫搬迁人口角色的顺利转换对于推进新型城镇化建

① 耿敬杰，汪军民．易地扶贫搬迁与宅基地有偿退出协同推进机制研究［J］．云南社会科学，2018（2）：109－116.

设、实现城乡一体化发展具有重要作用。易地扶贫搬迁人口市民化是提高城镇化质量、推进新型城镇化的重要任务。

（四）新型城镇化是易地扶贫搬迁的重要拉动力

第一，新型城镇化推动了搬迁人口市民化。加快推动转移人口市民化是推进以人为核心的新型城镇化的首要任务，是破解城乡二元结构的根本途径。新型城镇化能够有序推进搬迁人口市民化。新型城镇化是以人为本的城镇化，搬迁人口的市民化是新型城镇化建设的主要内容之一，其核心在于将搬迁到城镇的搬迁贫困群众转变为市民。在新型城镇化建设过程中，通过户籍制度改革，促使搬迁人口向城镇人口转化，实现搬迁人口市民化，建立搬迁人口享受与城镇人口同等社会保障服务体系，有效地促进社会公平，解决搬迁人口子女教育问题，提升搬迁人口人力资本水平。因此，易地扶贫搬迁必须与新型城镇化的发展建设相衔接，从根本上实现“人的城镇化”，实现易地搬迁社区与既有城镇体系的一体化协同发展。

第二，新型城镇化带动了城镇功能的完善，而城镇功能的完善促进城镇综合承载能力提升，吸引贫困人口向城镇搬迁。工业化、农业产业化、城镇化为易地搬迁人口进城提供了条件，搬迁群众进城又会促进工业化、农村产业化，良性互动的效应正在显现。新型城镇化建设过程中，将需要配套建设完善的水、电、路、通信等基础设施和教育、医疗、社保等公共设施，将需要占用大量的城镇建设用地，能够极大地拓展城镇空间，也促使城镇产业结构不断优化升级。

第三，新型城镇化是突破“胡焕庸线”① 的一个有机契机，应顺应城镇郊区化和逆城市化发展趋势，因势利导，善加利用，破解“胡焕庸线”

① 胡焕庸线是指在我国的版图上，从黑龙江黑河到云南腾冲，有一条呈45度角的斜线，这就是地理学家胡焕庸1935年提出的我国人口密度划分线，亦称“胡焕庸线”。“胡焕庸线”在某种程度上也成为目前城镇化水平的分割线。这条线的东南各省区市，绝大多数城镇化水平高于全国平均水平；而这条线的西北各省区，绝大多数低于全国平均水平。

的“李克强之问”[①]。新型城镇化的核心是“人的城镇化”其实质就是“市民化”。而加快易地扶贫搬迁步伐和促进搬迁人口市民化是加快“人的城镇化”进程最直接、最快速的方式。

第四，新型城镇化发展为易地扶贫搬迁提供有利条件。有利条件可以从以下三个方面体现：首先，新型城镇化的发展夯实易地扶贫搬迁安置区的基础设施建设，提高搬迁贫困群众的生产生活水平，依照《易地扶贫搬迁“十三五”规划》的要求，城镇公共服务和居住功能将得到极大的改善，城镇交通、通信、供电、供水等基础设施也将得到优先发展，大大提高城镇居民的生产和生活环境以及生活质量。其次，易地扶贫搬迁与新型城镇化协调发展不仅可以减缓易地扶贫搬迁国家补助标准偏少给实施易地扶贫搬迁工程带来的资金压力，同时使易地扶贫搬迁工程抵御风险的能力加强；国家为促进城镇化发展，在文化、教育、医疗等方面提供资金支持，对城镇基础设施建设也提供援助，易地扶贫搬迁工程不需要在这些公共服务和基础设施建设上进行重复投入，降低了易地扶贫搬迁资金压力，同时依托城镇化发展优势，可以把易地扶贫搬迁项目建设提高到更好标准，从而提高易地扶贫搬迁工程抵御风险能力。最后，依托城镇化发展，搬迁贫困群众将得到更多的就业和创业机会，收入也将得到提高，是搬迁贫困群众促进能够脱贫还能够在城镇有发展。

综上所述，易地扶贫搬迁与新型城镇化协调发展可以让贫困群众彻底摆脱“受灾—贫困—扶贫—再受灾—再贫困—再扶贫”的恶性循环，使贫困群众从山沟到城镇、从土房到洋房、生活水平得到质的飞跃，使贫困群众铲除“险根”、拔掉“穷根”、换掉“穷业”，可谓一举多得。易地扶贫搬迁与新型城镇化协调不仅是一种重要的扶贫路径，从古至今还是解决区域协调发展和推进新型城镇化建设的重要方式。

---

① 李克强之问是指2014年11月27日，李克强总理在国博参观人居科学研究展时，指着中国地图上的“胡焕庸线”说，我国94%的人口居住在东部43%的土地上，但中西部如东部一样也需要城镇化，要研究如何打破这个规律，统筹规划、协调发展，让中西部百姓在家门口也能分享现代化成果。

第三节 广西深度贫困地区易地扶贫搬迁与新型城镇化协调发展的关系模型

城镇化不是简单的人口比例增加和城市面积的扩张，更重要的是实现产业结构、就业方式、人居环境、社会保障等一系列由“乡”到“城”的重要转变[①]。那么，易地扶贫搬迁与新型城镇化协调发展过程中，不能仅是搬迁人口迁入城镇并以此扩大城镇面积，还需要在产业、公共服务、组织管理、生态环境等方面与城镇化相协调，以达到真正的新型城镇化（见图6－1）。

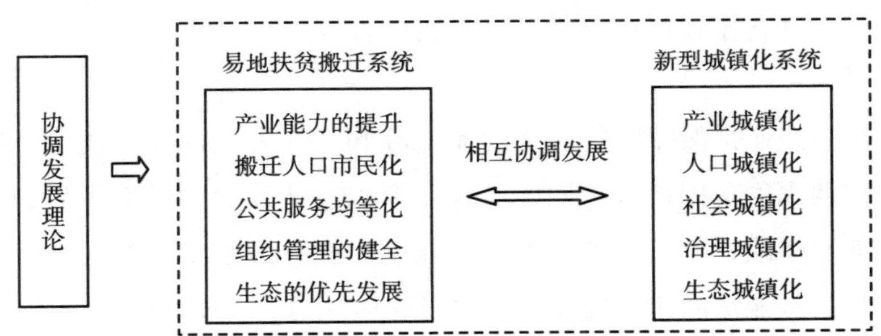

图6－1 易地扶贫搬迁系统与新型城镇化系统的协调情况

资料来源：课题组成员绘制。

一、产业能力的提升与产业城镇化协调

首先，产业发展能力的提升和产业城镇化是相互影响、相互作用的统一体。城镇化和工业化是相随相伴的，产业发展能力的提升利于产业的城

① 王金涛，陈琪．动员力度、心理聚合与搬迁绩效——以陇中某地易地搬迁为例［J］．中国行政管理，2016（9）：82－87.

镇化和工业化的发展。随着社会经济的发展，产业结构不断优化升级，产业能力随之提升，而产业发展能力的提升成为推动产业城镇化的驱动力。新型城镇化建设，不是简单的搬迁群众“洗脚上楼”，而是要与产业发展能力相结合，这样才能有可持续发展的动力，使搬迁群众有增收致富的途径。从产业城镇化的角度来看，产业城镇化是能够同时兼顾城镇化与产业发展的一种有效形式，而且城镇化不能孤军深入，没有产业支撑，城镇化则难以持续健康发展。因此，产业发展能力的提升是产业城镇化的直接导因和驱动力，产业城镇化是产业发展能力提升的空间载体和依托，促进产业发展能力的提升与产业城镇化协调需要选择一条符合广西深度贫困地区产业发展现状和产业城镇化条件的道路，即联动龙头企业的辐射带动能力，带动其他产业的发展；完善产业能力提升的基础设施，促进产业结构优化升级；完善配套政策，消除产业发展能力提升与产业城镇化协调的体制性障碍；强化搬迁群众教育和就业能力的提升，培育适应产业发展的人力资本等。

其次，产业是保障搬迁群众就业增收和后续发展的动力支撑。第一，应该从广西深度贫困地区长期发展角度审视产业发展的内部优势和劣势、外部机遇和挑战，全面系统地思考产业能力提升的策略，包括重大任务、重点工程、产业空间布局以及产业发展行动方案等，使产业发展能力提升精细精准落地；第二，产业发展是搬迁群众的收入支撑，是搬迁群众“稳得住、可发展、能致富”的重要保障，应整合搬迁群众的各类资源，采取扶贫资金或土地资源入社、入企的方式，建立搬迁群众增收长效机制，确保搬迁群众有稳定、可靠的收入来源，能够增收致富；第三，充分利用贫困地区主导产业优势，积极发展与主导产业链条相关的加工、运输、零售、服务等产业，通过延长主导产业链，让搬迁群众参与到其中，解决搬迁群众就业问题。

最后，产业的发展是拉力条件。产业的发展拉动人口向城镇集中，加速非农产业向城镇集聚。产业城镇化，可以最大限度地实现搬迁劳动力的转移就业，又有效缓解了搬迁劳动力就业难的困境，逐步实现搬迁群众向城镇人口转化。推动产业发展能力提升与产业城镇化的协调，可以促进农村改革和发展迈向新台阶，推进非农产业适度规模经营，实现非农产业现代化，逐步向产业城镇化靠拢，进而向城镇集聚。将产业发展能力的提升与城镇建设更好地结合，产业扶持向重点集镇、重点产业集中，增强产业发展在人口集聚、产业集聚、就业创业等方面的支撑能力。通过产业发展能力的提升，促进城镇产业向现代化产业转变，进而推动产业城镇化建设。

二、搬迁人口市民化与人口城镇化协调

搬迁人口市民化是指贫困人口易地搬迁到城镇后，在城镇定居，并在心理资本、社会资本、人力资本等方面融入城镇，身份角色由“农民”向“市民”转变的过程。人口城镇化，是指农村人口迁入城镇并长期生活，成为城镇市民和逐步融入城镇的过程。那么，搬迁人口市民化与人口城镇化协调是促使搬迁人口进入城镇后，与城镇居民享受均等城镇公共资源和公共服务，并成功落户城镇，顺利实现市民化，进而推动搬迁人口城镇化。

第一，加快推进以人为核心的人口城镇化，促进搬迁人口有序实现市民化。搬迁人口（农业转移人口）市民化指借助易地扶贫搬迁，使搬迁人口（农业转移人口）在身份、地位、价值观、社会保障以及生产生活方式等方面向市民转化，真正融入城镇生活，被城镇居民所接受的过程和结果。通常讲的城镇化一般是指人口城镇化，人口城镇化是指人口不断由农村向城镇集中并实现市民化的过程。人口的城镇化要求搬迁人口有序市民化，不断提高搬迁群众的教育、科技、文化和道德素质，增加就业岗位和就业机会，培养新时代社会主义现代化建设的新市民。而搬迁人口市民化要求将搬迁人口市民化工作纳入城镇经济发展发展规划、城乡规划和城镇基础设施规划中，优化城镇化格局，补齐城镇基础设施和公共服务短板，完善市民化载体，提高城镇综合承载能力。

第二，搬迁人口市民化与城镇化建设相结合。围绕搬迁人口市民化和

城镇建设品质的提升，坚持人的城镇化为核心，继续加快搬迁人口市民化，推动产城融合，以产促成、以城促搬，建设新型城镇。继续优化城镇功能，提高发展能力，贯彻落实以人为本的新型城镇化发展理念，不断增强搬迁人口的归属感、获得感，让搬迁人口融入城镇。

第三，搬迁人口市民化与人口城镇化协调，也户籍人口城镇化率提高的一种表现。人口城镇化更加注重搬迁人口市民化的质量和效果：一方面，深化城乡二元化户籍制度改革，逐步取消搬迁人口落户限制，加快搬迁人口就地转市民工作，畅通搬迁人口市民化的道路，让搬迁人口“进得了城”、还“落得了户”。另一方面，通过深化户籍制度改革，使搬迁人口顺利实现市民化，从而使户籍人口城镇化率得以提高，搬迁人口在子女教育、就业创业、医疗卫生、社会保障、住房保障等方面基本上享受城镇人口同等待遇。

三、公共服务均等化与社会城镇化协调

易地扶贫搬迁与新型城镇化协调发展不仅是搬迁人口的非农化和空间转移，如果仅有人口向城镇集聚和产业的优化，而进城搬迁人口不能享有基本的公共服务、生活质量没有提升、人居环境没有改善，这不是真正意义上的协调发展，搬迁人口也难以实现市民化。搬迁人口市民化的过程实质上是基本公共服务均等化的过程。公共服务均等化是指具有相同公共需求的公民可以享受到大致相同的公共服务①。而城乡公共服务均等化是指政府在公共服务及公共服务的供给过程中，强调城乡间公共服务资源供给、配置的均等化，注重农民平等享有国家公共服务的权力，缩小城乡公共服务差异，促进社会和谐发展②。城乡公共服务均等化不是绝对的平均

---

① 高飞．中国农业转移人口市民化政策研究［M］．北京：科学出版社，2016：37.

② 朱金鹤，崔登峰．城乡公共服务均等化实现机理与路径研究——基于新疆视角［M］．北京：经济管理出版社，2016（1）：15.

化，是享受公共服务机会的均等和享受结果的相对均等，是城乡之间人人都享有大体相同的公共服务福利。城乡公共服务均等化是新型城镇化不可或缺的前提条件，是社会城镇化的重要保障。而且城乡公共服务均等化是新型城镇化应有之义。新型城镇化背景下需要按照均等化的要求，尽快打破城乡界限，建立城乡公共服务均等化体系。城乡公共服务均等化是稳定城镇社会关系的重要载体，也是保证搬迁人口“稳得住”的有效手段和市场机制成熟的标志。总之，城乡公共服务均等化事关城镇化水平和现代化进程。

社会的城镇化要求建成均等化的城乡公共服务体系。要以搬迁群众整体融入城镇公共服务体系为核心，推动搬迁群众“个人融入企业、子女融入学校、家庭融入社区、群体融入社会”，也就是实现“四个融入”，以这种方式解决搬迁群众基本公共服务均等化，让他们在城镇落户，享受与城镇居民同等的权利和义务。搬迁群众老有所养、病有所医，建成完善的养老服务设施、医疗服务设施，健全的社会保障设施和金融、保险等其他公共服务设施不断提高城镇综合承载能力和公共服务水平，有序推进搬迁群众与城镇居民享有平等的公共服务福利，从而使城乡公共服务均等化与社会城镇化相协调。而且提高城乡公共服务水平，构建覆盖城乡的公共服务体系，加强城乡基础设施建设，利于实现城乡居民就业充分、生活富裕、享有均等的基本公共服务，贫困人口基本消除，与全国基本同步实现全面小康社会目标。除此之外，由于城乡之间因发展水平、地理状况等方面存在差异而对公共服务需求的不同，要实现城乡之间公共服务完全平等或共享是很难的，要实现搬迁群众真正意义上成为“城里人”，就必须扩展城镇的公共服务资源，使其有条件和城镇居民享受同等的公共服务。

评价城乡公共服务均等化主要指标是服务内容和水平的均等化以及服务设施、条件及资源占有的均等化[①]。因此，根据公共服务的性质和新型城镇化发展的状况，当前实现城乡公共服务均等化与社会城镇化相协调需

① 张明珠．新型城镇化下基本公共服务均等化探讨［J］．宏观经济管理，2016（2）：64－66.

要遵循的原则是：第一，必须坚持以人为本，从解决群众最直接、最关心、最现实的问题入手；就目前广西深度贫困地区的实际情况来看，要重点从就业、基本医疗、社会保障、教育、住房、扶贫等方面的公共服务做起，重点向弱势群体、贫困群众倾斜，保障他们在服务内容和水平、服务设施与条件以及资源占有上与城镇居民基本保持一致。第二，低水平和广覆盖原则；实现城乡公共服务均等化需要一个较长过程，在这个过程中既要考虑城乡公共服务内容和水平的均等化问题，又要考虑公共服务设施、条件以及资源占有的均等化问题，城乡公共服务均等化坚持低水平和广覆盖原则，即首先侧重于公共服务供给向农村倾斜，实现公共服务的广覆盖，然后使城乡之间的公共服务水平逐步接近，最终实现城乡公共服务均等化。

四、组织管理的健全与治理城镇化协调

治理城镇化是指维护社会秩序有序发展，积极推动搬迁社区组织管理，大力服务搬迁群众，通过完善城镇管理、城镇治理结构和创新社区公共服务管理，健全搬迁社区的组织管理体系，以达到与治理城镇化的协调。组织管理的健全与治理城镇化协调符合新型城镇化建设的要求，体现了搬迁群众与社区原住居民的利益。而且组织管理的健全与治理城镇化要求城镇管理更加科学、有序、高效、相关法律法规健全，城镇管理信息化程度和智能化程度全面提升。

首先，强化后续管理，构筑新型社区。打造亲民爱民的“两委”班子着力选拔善于应对复杂局面、关心搬迁群众冷暖、热心为搬迁群众排忧解难的优秀人才进入搬迁社区；提升社区为民服务能力，整合资金项目、统一规划、设立搬迁安置社区党群活动中心，落实办公经费和“两委”干部待遇，建立“社区党组织 + 物业公司”协调管理模式。探索社区物业化管理，专门负责提供社区的环卫、水电、公共设施维护等基本公共服务，并及时跟进社区的其他服务，为社区实施综合配套工程。

其次，加强完善社区治理结构。按照“群众自治、管理有序、设施配套、服务完善、生态和谐、文明祥和”治理城镇化建设要求，进一步加强和完善社区治理结构，以保障搬迁群众权益。加强网格化管理，健全基层综合服务管理平台，畅通民意诉求渠道，及时反映和协调搬迁群众各方面、各层次诉求。建设新型社区管理和服务体制，规范发展社区服务站等专业服务机构。推进搬迁社区服务人才对于职业化、专业化建设，加大政策扶持，建设一支以社区党组织和社区自治组织成员为骨干、社区专职工作人员为重点、社区志愿者为补充的社区服务人才队伍。在社区治理初期，把搬迁群众与城镇居民实行分类管理，即原户籍所在地村委管理土地、林地等，现居住社区居委会负责管理人口情况和居住房屋等，待到搬迁群众真正意义上实现市民化、融入城镇后，把对搬迁群众的服务管理纳入社区居委会的服务管理体系中。

最后，创新社区公共服务管理。强化搬迁社区自治和服务功能，健全党组织领导的基层群众自治制度，推进社区居民依法、民主管理社区公共事务和公益事业。在健全组织管理的同时，提供社区公共服务的一般功能，包括搬迁群众与社区原住居民互动功能、人际交往功能、互助功能等。通过创新社区公共服务管理，引导搬迁群众积极参与社区服务和社区管理，增强其社区共同意识，促进社区异质性成员之间的社会交往。鼓励搬迁群众与社区原住居民共同参与，提高在社区治理中的组织化程度，在组织管理中向城镇社区治理模式靠拢，建设包容性社区。逐步建立社区公共服务中心，统筹兼顾好教育、就业、户籍、社保等日常公共服务管理工作。

五、生态的优先发展与生态城镇化协调

易地扶贫搬迁的实质是人与自然关系的再调整，如何在易地扶贫搬迁与新型城镇化协调发展过程中实现生态保护和改善人居环境质量的双赢，关系广西深度贫困地区经济社会的可持续发展问题。易地扶贫搬迁将生态

脆弱区、生态敏感区及自然灾害隐患区的人口搬迁，对迁出区域实施退耕还林、土地整治、生态治理和生态修复，大力发展森林生态建设，促进生态系统良性循环。资源承载力和生态环境容量制约着易地搬迁的结构和数量，同时也是易地扶贫搬迁与新型城镇化协调发展的生态本底条件。要实现易地扶贫搬迁与新型城镇化协调发展的可持续性，应在区域层面上优先发展生态，促进人口搬迁与城镇生态环境容量、资源承载能力、经济发展状况相对协调，通过产业集聚和城镇化建设，吸引贫困人口适度集中，促进人与自然资源环境的协调，促进迁出地的生态修复。

生态是基本的民生，民生是生态的保障，民生的保障需要建设生态型城镇，实现生态城镇化。生态城镇化是指在新型城镇化理念指导下，以建设生态城镇为目标，科学合理安排资源开发、生态保护、生态治理等工作，实现人口与自然、资源环境的协调，促进生态高质量建设，建设生态文明城镇。生态城镇化要从生态社会、生态自然、生态经济三个方面来确定，包含了生态产业、生态环境和生态文化三个方面的内容，通过生态的优先发展，兼顾社会、经济、环境三者的效益，促进形成人民安居乐业、社会稳定、生态良性循环的经济社会生态共同体。

根据可持续发展理念要求，易地扶贫搬迁与新型城镇化协调发展需要生态优先发展与生态城镇化的协调，而两者协调体现了传统人本主义向理性人本主义的转变，反映了在认识与处理人与自然关系上的新突破，更加注重人与自然之间的紧密联系。推进生态优先发展与生态城镇化协调对于优化城镇结构、增强城镇环境承载能力、解决日益突出的环境问题具有积极作用，随着易地扶贫搬迁与新型城镇化协调发展进程的进一步深入，对生态环境的要求更高，给生态优先发展和生态城镇化建设带来契机。

第四节　本章小结

综合上述分析发现，易地扶贫搬迁与新型城镇化协调发展不仅存在理论方面的逻辑，还存在实践方面的逻辑。从理论逻辑上，易地扶贫搬迁与新型城镇化具有辩证统一的关系，相互促进、相辅相成，互为支持和推动力，并且两者协调发展促使可持续减贫和可持续脱贫。从实践逻辑上，易地扶贫搬迁与新型城镇化目标趋同、互为载体，而且易地扶贫搬迁是新型城镇化的重要推动力：推动新型城镇化建设步伐、改变搬迁人口生产生活方式、推动搬迁人口脱贫致富，新型城镇化是易地扶贫搬迁的重要拉动力：拉动搬迁人口市民化、带动城镇功能完善、突破“胡焕庸线”和为易地扶贫搬迁提供有利条件。因此，在实际过程中，要促进广西深度贫困地区易地扶贫搬迁与新型城镇化协调发展，必须要充分考虑易地扶贫搬迁与新型城镇化的理论逻辑和实践逻辑。

易地扶贫搬迁与新型城镇化协调发展绝对不是盲目照搬某一种模式。对于区位条件、经济基础、地理背景差异大、扶贫难度大的广西深度贫困地区，应将区域协调发展、扶贫开发与广西深度贫困地区宏观发展结合起来，根据该区域不同发展阶段采取不同的易地扶贫搬迁与新型城镇化协调发展战略。广西深度贫困地区的易地扶贫搬迁工作实施和新型城镇化建设，也要根据该区域的资源、产业、人文、扶贫等实际情况，采取协调发展的观点，正确选择符合广西深度贫困地区易地扶贫搬迁和新型城镇化建设的模式，从产业、搬迁人口市民化、公共服务、组织管理、生态保护等方面促进易地扶贫搬迁与新型城镇化的协调发展。易地扶贫搬迁与新型城镇化协调发展的总体目标就是服务于实现全面脱贫的需要，服务于推进新型城镇化进程的需要，服务于统筹城乡发展的需要，服务于全面建成小康社会的需要。在明确总体目标的基础上，易地扶贫搬迁与新型城镇化协调发展要科学规划、重点突破、逐步推进，具体来说是产业能力的提升与产业城镇化协调、搬迁人口市民化与人口城镇化协调、公共服务均等化与社会城镇化协调、组织管理的健全与治理城镇化协调、生态的优先发展与生态城镇化协调。

第七章

国内易地扶贫搬迁与新型城镇化协调发展模式借鉴

第一节 陕西省“六字口诀”促易地扶贫搬迁与新型城镇化的协调

易地扶贫搬迁是帮助贫困群众挪穷窝、斩穷根的关键举措。靖边县围绕遵循规律、统筹谋划、四化同步、一举多赢的易地扶贫搬迁工作思路，狠抓减贫计划、问题整改、建设进度、规范管理、后续发展，在易地扶贫搬迁上取得重大突破。以“六字口诀”（责、实、准、优、业、精）促进易地扶贫搬迁与新型城镇化的协调，按照在“责”上压紧压实、在“实”上下足功夫、在“准”上加强宣传、在“优”上配套设施、在“业”上增加收入以及在“精”上完善管理的工作理念，两年多来完成2 385户、1 379人的易地搬迁安置任务。本着促进城镇化发展的原则，对所有易地扶贫搬迁户采取城镇化集中安置，不仅实现了搬迁群众的脱贫，而且还推进了靖边县城镇化率的提升。

一、在“责”上压紧压实

靖边县为了在“责”上压紧压实各级、各部门、各干部，坚持党政主责、高位推动、全员行动，成立县长任组长的易地扶贫搬迁工作领导小组，同时成立靖边县易地扶贫搬迁办公室，凝聚工作整合力，联合各部门协同推进易地扶贫搬迁工作。县党委、政府亲自部署、亲自调度，从上到下层层分解任务、层层落实责任，齐心协力做好易地扶贫搬迁工作。与此同时，按照搬迁与脱贫同步、搬迁与城镇化同步原则，进一步落实干部责任，形成以书记挂帅、县长为总指挥、国土局和移民办为参谋部、各部门和乡镇为大部队的集团化作战体系，确保“点点有人抓、事事有人管、户户有人帮”，从而形成了示范引领、典型带动的工作局面。

二、在“实”上下足功夫

“实”即真抓实干、务实求效。为了落实易地扶贫搬迁工作实效，靖边县按照“三项规划一体编”的总要求，在分析搬迁群众的分布及人员结构（年龄、学历、经历等）的基础上，充分尊重搬迁群众的意愿，有效协调各类搬迁对象。靖边县站在统筹谋划、系统思维的高度，对迁入地的住房规划、基础设施和公共服务设施进行整体考虑，并对搬迁群众的后续生计问题进行综合规划，科学编制好易地扶贫搬迁总体规划和城镇化建设总体实施方案。在易地搬迁集体安置点的布局规划中充分体现整体性、合理性、科学性和引领性作用，考虑搬迁社区后续管理，对楼房化安置的每户水、电、气设计实行独户单表。

三、在“准”上加强宣传

坚持精准发力、精准识别的原则，做好新形势下易地扶贫搬迁的新闻宣传和舆论引导工作，通过新闻媒体、工作简报、印发宣传资料等方式，多渠道、全方位、高效率的宣传易地扶贫搬迁战略思想和传达易地扶贫搬迁政策文件和会议精神，营造良好的舆论氛围，以此打通政策宣传的“最后一公里”，将政策第一时间传达到基层，确保易地扶贫搬迁政策执行的精准度。为确保精准识别工作有序推进，加强对生态环境脆弱、不具备基本生存条件和基础设施、公共服务配套难等需要易地扶贫搬迁的贫困村进行宣传，宣传易地扶贫搬迁精准识别政策，将易地扶贫搬迁政策“精准滴灌”到村、到户、到个人，确保易地扶贫搬迁成效精准。

四、在“优”上配套设施

实施在“优”上配套基础设施工程，在巩固易地扶贫搬迁成果基础上，围绕搬迁群众生产生活需要，坚持“小型保基本、中型保功能、大型保覆盖”的总体要求，进一步优化升级搬迁社区水利、电力、公路、环保等各类基础设施建设，着力提升基础教育、基层医疗卫生、文化体育、养老服务、福利设施等公共服务能力建设。整合资金对搬迁社区文化活动场所建设，进一步优化党群服务中心配套设施，保证搬迁社区“五有一通”，即有办公楼、舞台、篮球场、宣传栏、升旗台、接通宽带网络、打通服务搬迁群众“最后一公里”。

五、在“业”上增加收入

靖边县通过发展农家乐、畜禽养殖、农产品加工、电子商务、观光旅游等特色产业以及配套餐饮、住宿、休闲产业等，吸引搬迁群众就业，并与搬迁群众签订农产品订购合同，多渠道增加收入；在掌握搬迁群众就业意向、就业技能、职业规划等情况基础上，建立搬迁群众“两单一卡”（就业岗位菜单、劳动力资源账单、脱贫明白卡），并通过对搬迁群众进行职业培训，促进他们就业创业；通过深化土地改革，盘活迁出地土地资源，形成土地所有权、承包权、经营权三权分置，通过流转将土地、林权等产权承包给企业或者合作社经营，增加搬迁群众财产性收入。

六、在“精”上完善管理

靖边县把所有已建成易地搬迁集中安置点统一纳入民政管理体系。一是以搬迁社区党建文化引领为抓手，探索新型搬迁社区管理模式，在党建基础上全面推行“五有服务”即遇事有人办、说话有人听、困难有人管、贫困有人帮、致富有门路。二是在搬迁社区内组织各类文化休闲活动，设立读书屋、棋牌室、书画阅览室等文化休闲室，让文化休闲活动成为联系搬迁群众之间关系的纽带，推动搬迁群众融入搬迁社区，激发搬迁群众内生动力，实现扶贫与扶智、扶志相结合，让搬迁群众获得幸福感、存在感。三是社区服务与物业管理联合办公，开展帮办代办、民政社保、卫生计生等服务项目，并全权包办救助补贴、证件办理、电商服务等各类事务。

第二节　贵州省探索易地扶贫搬迁与新型城镇化协调发展的方式

一、凯里市“三大机制”促协调

近年来，为实现易地搬迁群众“搬得出、稳得住、有发展、能致富”，贵州凯里市认清形势、突出重点、以问题为导向，加快推进易地扶贫搬迁工作落细落实，抢抓全国中小城市综合改革试点现行机遇，建设移民新城，探索推进易地扶贫搬迁和新型城镇化协调发展的新道路。

（一）主要做法

1. 创新移民城建设投入机制

一是创新“四房”资金整合机制。打通移民房、公租房、廉租房、经济适用房等保障性住房政策通道，推动“四房”政策并轨；在整合上级扶贫、危房改造以及交通、水利等专项资金捆绑用于“移民城”项目建设的基础上，用好州、市两级扶贫及项目资金共同推进凯里市“移民城”建设。二是创新补偿安置措施。为了妥善解决安置金问题，凯里市通过财政垫付、土地出让金收益注入、村集体或开发商垫付等方式来解决，从而为加快“移民城”建设赢得良机。三是创新项目融建方式。采取成立“公募”“凯里市城市发展资金”以及依托国有平台公司向银行申请项目贷款等形式募集“移民城”项目建设资金。

2. 建立移民进城综合保障机制

凯里市全面推进住房、就业、教育、医疗等社会体制机制改革，以移民进城综合政策保障广大边远山区贫困群众进城进镇落户，让贫困群众实现城镇化脱贫。第一，实现“住有宜居”。以高标准建设易地搬迁社区，配套建设公园、广场、篮球场、足球场等文化体育设施，进行社区绿化、美化、亮化，以齐全的配套设施和良好的居住环境吸引贫困群众进城。实行建档立卡搬迁群众住房补贴和优惠政策，让贫困群众“搬得出、稳得住”，实现“住有宜居”。第二，实现“学有优教”。配套完善的教育设施，在“移民城”附近建设中小学和幼儿园，开设搬迁群众子女免费教育希望班，确保贫困搬迁群众落户城镇后“学有优教”。第三，实现“劳有丰酬”。建立以培训搬迁群众为主的职业培训制度，依托培训分校及培训基地，每年落实培训专项经费，开展就业创业技能培训，提高搬迁群众就业创业能力。为了落实每一搬迁户有一个以上就业岗位，优先安排搬迁群众到公益性岗位、市政岗位就业，建立“百企帮扶就业”机制，搭建就业平台，确保搬迁群众进城落户“有就业、有发展、有丰酬”。第四，实现“病有良医”。明确规定搬迁群众可以自由选择享受城镇医疗保险或者农村医疗保险等社会保障服务，在“移民城”范围内配套一批医院或卫生所，让搬迁群众病有保障、病有良医。凯里市的“四有服务”，突出为民便民的理念，提升搬迁社区服务质量，实现“社区有房住”“出门有学校”“出门有园区”“出门有医院”的服务全覆盖，为易地搬迁群众享受便捷、优质的社会公共服务创造条件。

3. 探索产城共促繁荣机制

凯里市坚持以产促城、以城兴产、产城协调的推动模式，探索产城共促繁荣机制。一是以城市为基础，承载产业空间和发展产业经济。加强以道路为重点的基础设施建设，建设水、电等基础设施，建设通信、有线电视、宽带网络实现全网覆盖，建设城市道路和开通公交路线连接主城。二是以易地搬迁为动力，推进“移民城”建设，通过优化升级基础设施、加快产业园建设、完善社会保障体系以及良好搬迁政策吸引周边群众向“移民城”集聚，以城镇化带动扶贫，为产城协调发展注入新活力，产生集聚效应。三是以产业为保障，着力完善教育、卫生、文化体育、商贸等配套设施，并在“移民城”周边先后建成了文化创意园、医药产业园等产业园区，以此促进“移民城”产业快速发展。

（二）取得成效

首先，为城市建设积聚了“人气”。凯里市把“移民城”作为新城集聚人气的有效措施。放宽户籍政策，优化移民城教育、卫生、商贸、文体等配套设施，加大宣传，实施易地扶贫搬迁优惠政策，拉动和吸引人口向新城集聚。其次，为城市发展汇聚了“商气”。随着“移民城”的落成，吸引了大批农民集聚新城，为新城带来了大量劳动力。最后，为城市移民增添了“福气”。把“移民城”作为统筹城乡基本公共服务均等化的试点区域之一，使社区就业、教育、医疗、社保等制度配套完善。把“移民城”建设作为易地扶贫搬迁富民工程来抓，为贫困搬迁群众提供环卫、园林、城管协管等公益性岗位，以及“百企帮扶就业”机制，实现搬迁群众“有发展、能致富”，圆了“致富梦”。

二、铜仁市碧江区创新“五化”工作法

（一）易地扶贫搬迁情况分析

碧江区是贵州铜仁市政治、经济、文化中心，承担着全市最多的跨区域易地扶贫搬迁任务，责任重大。按照贵州省易地扶贫搬迁工程指导实施方案，紧紧围绕“建房、搬迁、配套、就业、保障、退出”等关键环节和重点工作，通过主要领导亲自抓、科学规划、精准落实对象、强化宣传、严格执行政策、创新工作举措等措施，促进贫困户从“要我搬”到“我要搬”的思想观念转变，扎实推进易地扶贫搬迁各项工作。“十三五”期间，碧江区易地扶贫搬迁成效显著，实际搬迁 1.2 万余户、5.5 万余人，占全市的 18.78%，其中跨区域搬迁 1.1 万余户、5 万余人。针对易地扶贫搬迁人口经济融入难、社会交往难、社区参与难、心里融入难等问题，碧江区创新搬迁安置社区新型治理机制，形成政府统筹、社会调节、居民自治和乡贤参与的治理格局，促进易地搬迁人口市民化，加快新型城镇化进程。并创新实施“五化”工作法，促使易地扶贫搬迁与新型城镇化协调发展。

（二）主要经验做法

铜仁市碧江区按照“搬得出、稳得住、能致富”的工作目标，统一思想，提高政治站位，并以实施易地扶贫搬迁工程为契机，加快城镇化建设。由政府统筹，全面推进，创新实施“五化”工作法，全力加快搬迁点各项基础设施建设，不断完善搬迁安置点转化为城镇功能，通过实施易地扶贫搬迁工程引导贫困群众向城镇搬迁，并以此推动城镇化水平的提升，实现搬迁群众变成市民。

1. 组织全域化

首先，党群组织全覆盖。坚持把社区党建工作与易地扶贫搬迁工作同步规划、同步实施，为了能够实现“一站式”办公，按照“便于管理、便于服务、便于自治、群众参与”的原则，在搬迁安置社区成立搬迁群众委员会，促进社区发展和稳定，满足搬迁群众物质和文化活动需求。与此同时，狠抓搬迁安置社区共青团、妇联、工会等群团组织建设，壮大基层组织力量，维持社区内正常的生产生活秩序。其次，思想教育助解民忧。分级抓好搬迁干部的思想教育工作，重点将移民政策纳入搬迁干部教育培训计划。利用党校、讲习所等阵地资源，提高搬迁干部解决搬迁群众“融入难”问题的水平。发挥基层党组织“移民核心”、基层干部“移民骨干”、党员“移民先锋”的三个作用，以拓展搬迁社区党建为内容，帮助搬迁群众市民化、城市化。然后，志愿团体其协力。充分发挥迁出地与迁入地乡贤人熟、地熟、事熟优势，带领搬迁群众脱贫致富。开展志愿服务行动，协助搬迁社区开展文明创建、法律咨询、健康理疗、结对帮扶等服务项目。最后，多元主体共同参与。积极推进搬迁社区内社会组织、业主委员会、物业管理公司、事企单位等多元主体将文化、教育、体育、医疗等活动设施向搬迁群众开放，为搬迁群众的文化融入、社会融入提供人力、物力、设施支持，并促进搬迁群众主动参与搬迁安置管理，从而形成了搬迁社区多元参与治理格局。为了能够有效激发各层面、各行业参与积极性，创新建立能有效承接政府转移职能的社会组织，吸纳公众参与搬迁社区治理活动。

2. 阵地全域化

第一，建设社区服务站。在掌握搬迁社区搬迁群众家庭底数、年龄结构、文化程度等情况下，按照“布局合理、规模适当、功能齐全、设施配套”的要求，设立搬迁社区人社、公安、民政、卫生等部门的便民服务窗口，不断提升搬迁社区公共服务水平。推进搬迁社区商业网点规划建设，配备必要的服务网点设施，健全便民超市、家庭服务中心、物流配送等居民生活服务设施。第二，建设关爱服务中心。在搬迁社区服务中心规划和建设过程中，重点统筹建设关爱服务中心，对搬迁社区的儿童、老人、妇女进行统计和排查，并以此建立详细完备、动态的信息管理系统，聘请专业社工、心理辅导人员专门负责为儿童、老人、妇女提供心灵关爱，使他们感受到社区的温暖和关怀。第三，建设文化活动广场。按照搬迁安置点规模合理选择，突出搬迁社区开放性、实用性、多功能性的特点，整合文化资源，规划文化活动广场建设，拓展搬迁群众的活动空间。在搬迁社区设置图书馆、党员活动室、文化活动广场、健身活动中心等基础设施，实施文化资源共享、数字电视放映、电视夜校等文化惠民工程，为搬迁群众开展文化体育活动提供场所和提供文化活动内容。

3. 服务全域化

第一，解决好“三大问题”。搬迁群众的就业、就学、就医问题是决定他们能否“稳得住”的关键之一。碧江区充分利用企业用工、城市环卫、物业管理等就业渠道，落实200多个公益性就业岗位以及1 000多个社会就业岗位；整合教育、医疗资源，全面落实教育、医疗等公共服务，加快安置点学校、医院建设，如建设中小学、幼儿园和新建三级医院，满足大规模搬迁后搬迁群众子女入学需求，让搬迁群众与当地居民享受同等教育、医疗等公共服务，这切实保障了搬迁群众就业、就学、就医，解决其后顾之忧。第二，落实好“三大政策”。在搬迁社区全面推行“一户一卡”，对搬迁群众每户发放一张幸福卡，享受平价超市、副食店10%优惠和生活用电、用水10%优惠，补助期限4年。加强对搬迁群众及易地扶贫搬迁后续发展公司、合作社等各类新型经营主体的金融服务工作，加大搬迁社区金融扶贫力度。为了让搬迁群众掌握脱贫致富的劳动技能，加大对搬迁群众职业技能培训力度，并拓宽就业渠道，实现搬迁群众能就业、能脱贫。第三，衔接好“三类保障”。强化衔接“低保、医疗保险、养老保险”三类保障，坚持待遇同等、政策同等、保障基本的原则，以推进农村低保和城镇低保、新农合和城镇居民医疗保险、农村养老保险和城镇养老保险有效衔接，使搬迁群众能够享受到与当地居民同等的保障。

4. 诉求全域化

一是实行包保“一家亲”。碧江区建立“县级领导联系社区、科级领导包户、干部职工蹲点挂钩”帮扶机制，搬迁干部到搬迁社区宣传政策，进行现场解答，并要求搬迁干部做到包搬迁群众尽快融入搬迁社区、包搬迁困难户最低生活保障、包搬迁群众化解纠纷，保搬迁社区社会稳定，以确保搬迁群众“搬得出、稳得住、有发展、能致富”。二是搭建交流“直通车”。碧江区创新搬迁社区交流平台，建立“街道＋搬迁安置点”和“社区＋搬迁安置点”信息交流平台，定期发布各类惠民政策、就业信息、社情民意等内容，通过建立搬迁群众日常沟通交流机制，向他们发布搬迁社区工作动态、听取工作意见、帮助解决各种问题，实现社区与搬迁群众的良性互动。三是架起参政“连心桥”。建立由搬迁群众委员会牵头，各多元主体参与的联席会议制度，带动搬迁群众参与社区治理和管理。采取每月例会、季度汇报会、年终述职会等方式，对涉及搬迁社区党建、搬迁群众利益、社区治安管理等重大事项进行科学评议和民主决策，在搬迁社区内逐渐形成民主议事、民主决策的氛围。

5. 产业协调化

首先，产业联动。根据搬迁群众个人意愿，逐户制定后续发展支持政策，进一步拓展搬迁群众致富渠道，引导搬迁群众参与景区、生态区、园区停车场管理、门面管理等，并设立职业培训基地，实行“订单培训”，提高搬迁群众职业技能。其次，就业拉动。高起点编制铜仁·苏州产业园区规划，发展碧江开发区“一心三品”产业，拉动搬迁群众就业。最后，龙头带动。加快推进搬迁群众市民化改革，保护搬迁群众迁出地承包土地、山林、宅基地的权益。培育和引进龙头企业，利用搬迁群众承包土地、“精扶贷”和“特惠贷”资金等形式参与入股龙头企业，以龙头企业的发展带动社区经济的发展和拉动搬迁群众致富。

第三节　云南省以易地扶贫搬迁城镇化安置方式推动两者协调

东川区是云南昆明市3个贫困县（区）之一，也是国家级深度贫困县。在综合考虑经济、社会、生态效益的基础上，东川区将城镇化发展、易地扶贫搬迁、环境综合治理以及产业发展等工作结合起来，把不具备就地解决脱贫问题的贫困人口搬迁到生活条件好、发展空间大的城区进行安置。

一、易地扶贫搬迁城镇化安置方式的做法

（一）EPC模式，针对困难想办法

东川区综合EPC工程总承包模式设计、采购、施工一体化，具有降低成本、缩短周期、统一管理、全程负责、明确责任、保证质量等优势，通过采用设计施工总承包（EPC）模式推进安置点建设，并将工程统一管理。按照“四保一控一树”（保安全、保质量、保工期、保廉政、控成本、树影响）加强对项目的把关和督导。

（二）三点着力点，紧扣重点难点抓推进

以抓关键、抓重点、抓协调为着力点，紧扣重点难点抓推进。首先，通过“四必建”（搬迁点必须自建委员会、自建委员会必须建立临时党支部、自治章程、工作台账）、“六公示”（公示搬迁政策、工作职责、个人承诺、资金使用、质量监督情况、群众疑问及解决办法）抓住易地搬迁实施和综合效益的关键，把农房建设的决策权交给搬迁户，让搬迁户全程参与规划设计、选定施工单位、制定分配方案、管理工程质量等工作，发挥搬迁户主体作用。其次，紧扣脱贫根本目的，严控搬迁房的面积和标准，

分类确定群众自筹和政府奖补额度，减轻搬迁户资金自筹压力，确保搬迁户不因搬迁举债而致贫返贫。最后，区级成立易地扶贫搬迁脱贫攻坚分指挥部，发挥指挥部统筹协调作用，扎实做好易地扶贫搬迁重大事项审议，年度实施计划，突出解决项目资金、程序困难等问题；各指挥部设立易地扶贫搬迁领导小组，统筹推进易地扶贫搬迁后续工作；安置点设计工作组，及时协调解决项目实施过程中遇到的难题。

（三）后续帮扶，立足根本重实效

第一，超前谋划。充分考虑易地扶贫搬迁工程项目实施与搬迁群众后续发展。掌握搬迁家庭的人员构成、就医、就学等情况，同步做好安置社区就业、就学、社会保障等配套设施；针对易地扶贫搬迁劳动力，提前开展就业技能培训、“送岗上门”、专场招聘活动，提高搬迁群众职业技能和信心。同时，细化明确产业、就业、教育、社会保障等工作的具体内容、责任单位和完成时限，压紧压实责任。第二，保基本、稳过渡。一方面建立安置点内循环，配套扶贫农贸市场、商铺、医疗卫生所等资产，产生的收益用于补贴搬迁群众；另一方面，安置点及周边开发就业岗位和公益性岗位，优先安置搬迁群众，实现户均一人就业。第三，细抓落实。各分指挥部成立易地搬迁产业、就业等帮扶工作领导小组，出台针对搬迁群众的产业、就业实施方案，分布抓好搬迁群众后续帮扶工作；同时，易地搬迁产业、就业帮扶工作领导小组细化到人，开展引导性培训和技能提升培训，开发公益性岗位安置难就业、未就业的搬迁群众。迁出乡镇派出工作班子进驻城区，负责搬迁后产业、就业和社保服务工作。

二、易地扶贫搬迁城镇化安置模式的好处

昆明市东川区按照结合城镇化推进易地扶贫搬迁工作的要求，立足实际，以易地扶贫搬迁推进城镇化发展，从根本上改变贫困群众生产生活条件，共享城镇优质资源，阻断贫困代际传递，并使东川区城镇化安置率达

95.67%。第一，搬迁规模大。通过城镇化安置方式，将相邻乡镇的搬迁户一次性安置到新建楼房，以大规模的搬迁，促进城镇化进程的大幅度加快。第二，土地利用率高，节约建设用地成本。城镇化安置方式可以最大限度地利用土地，减少土地浪费。第三，建设速度快。陇南市以边建设、边动员搬迁的方式，加快了建设速度和搬迁速度。第四，有利于生态修复。第五，通过搬迁人口的大量聚集，有利于扩大城镇化规模，推动城镇化进程。第六，搬迁群众生活条件可以得到明显改善。通过共享乡镇政府所在地的道路、供水、学校、医院等公共服务设施，解决搬迁群众“出行难、饮水难、上学难、看病难”等问题，并提供职业技能培训，提高搬迁群众就业技能。第七，搬迁群众所得实惠多。搬迁群众不仅能够通过搬迁脱贫，而且不负征地费用。

第四节　本章小结

表 7-1　国内易地扶贫搬迁与新型城镇化协调发展模式启示

省份	经验做法	启示
陕西省靖边县	“六字口诀”促协调：在“责”上压紧压实、在“实”上下足功夫、在“准”上加强宣传、在“优”上配套设施、在“业”上增加收入、在“精”上完善管理理念	“六字口诀”促进易地扶贫搬迁工作稳步提升和城镇化建设
贵州省凯里市	三大机制促协调：移民城建设投入机制、移民进程综合保障机制、产城共促繁荣机制	易地扶贫搬迁与新型城镇化融合发展
贵州省铜仁市	创新“五化工作法”：组织全域化、阵地全域化、服务全域化、诉求全域化、产业协调化	“五化工作法”推动易地扶贫搬迁群众市民化
云南省昆明市东川区	易地扶贫搬迁城镇化安置模式	把城镇化发展、易地扶贫搬迁、环境综合治理以及产业发展结合起来

资料来源：根据国内易地扶贫搬迁与新型城镇化协调发展的模式整理所得。

陕西省靖边县以“六字口诀”促进易地扶贫搬迁与新型城镇化协调发展，确保搬迁群众“搬得出、稳得住、能脱贫、可致富”，不仅推进易地扶贫搬迁工作落实，也加速了新型城镇化建设进程。贵州凯里市创新实施移民城建设投入机制、移民进程综合保障机制、产城共促繁荣机制为主的三大机制，使搬迁群众搬迁到城镇后“稳得住、有发展、能致富”。作为涉及生态、经济、社会、公共服务、文化等多层面的贵州铜仁市易地扶贫搬迁工程，体现了不再走“简单复制农村模式”的老路，而是强调通过集中安置的方式以及“三靠近”（靠近城镇、靠近园区、靠近中心村）来实现易地扶贫搬迁与新型城镇化协调发展道路，这一协调发展过程中，突出了“以搬促城、以城促搬、产城协调”的易地搬迁新思路。昆明市东川区通过城镇化安置方式，把城镇化发展、易地扶贫搬迁、环境综合治理和产业发展结合起来，依托城镇化建设，有政府统一指导、统一招标实施；很显然，通过城镇化安置带来的综合效益明显，首先是改善贫困地区群众生存状况，阻断贫困代际传递，其次是节约了建设用地成本，最后是通过城镇化安置减轻生态环境压力，使生态逐步修复。不管是陕西经验、贵州凯里市和铜仁市经验抑或昆明东川区经验，都属于易地扶贫搬迁城镇化安置模式，这种模式是一个涵括内容广泛的过程，不仅包括搬迁群众居住空间的改变，同时也意味着生活方式的转型。搬迁群众的集中安置小区，基本上是按照新型城镇的标准建设的，基础设施、公共服务一应俱全。

陕西省、贵州凯里市和铜仁市、云南昆明市东川区的易地扶贫搬迁与新型城镇化协调发展的实践探索显示，开展易地扶贫搬迁是加快贫困地区城镇化水平的有效路径，更是推动就地或就近城镇化的重要举措。易地扶贫搬迁与新型城镇化协调发展的扶贫模式既改善了深度贫困地区生态环境、改善贫困户居住环境和生产生活条件、推动精准扶贫，也促进了新型城镇化进程。同时，这对于我国城镇化多元路径的探索无疑是具有重要的借鉴价值。特别是深度贫困地区可以把易地搬迁式就近城镇化模式作为新型城镇化道路的推进模式。

借鉴国内易地扶贫搬迁与新型城镇化协调发展模式的理论假设是：陕

西省、贵州省、云南省及国内先进经验在应对易地扶贫搬迁与新型城镇化协调发展实践中产生了许多成功的模式和经验，这些基于实践的模式和经验通过调整和完善，得到复制及推广，必然会在更大范围内产生作用。同时，基于成功模式和经验的总结、提炼，上升到理论层面，这将适用于指导广西深度贫困地区易地扶贫搬迁与新型城镇化协调发展，并在充分考虑广西深度贫困地区实际情况基础上将这些模式和经验本土化。

第八章

广西深度贫困地区易地扶贫搬迁与新型城镇化协调发展的培育模式

要认识到，城镇化不是简单的搬迁人口比例增加或面积扩张，而是在产业发展、社会保障、生活方式、人居环境等方面实现由“乡”到“镇”的转变。搬迁人口的城镇融入问题可以从三个视角来分析：一是社会排斥视角，城镇，包括其制度、文化、服务等都对搬迁群体存在整体性排斥；二是社会资本视角，搬迁群体拥有自己的社会网络和社会关系，一旦这种社会网络和社会关系因搬迁而遭到破坏，那么搬迁群体则较难融入；三是国家政策视角，搬迁人口因易地扶贫搬迁政策转移到城镇，在地理位置发生变化的同时，也面临着身份的转型和心理的适应变迁。根据移民融入理论，移民融入包含经济、社会、文化、政治融入等多类型和多维度融入。显然，搬迁群众市民化和城镇化的关键是搬迁群众如何从经济、文化、社会、生态等方面融入城镇。经济融入是指在产业发展、搬迁人口就业创业等方面的融入，使得搬迁人口不仅“挪穷窝”，还“换穷业”；社会、文化融入则是在经济融入基础上的进一步深入，指搬迁人口在社会关系、文化习俗、社会参与、社区交往等方面的融入；生态融入主要集中在生态保护、生态可持续发展方面（见图8－1）。

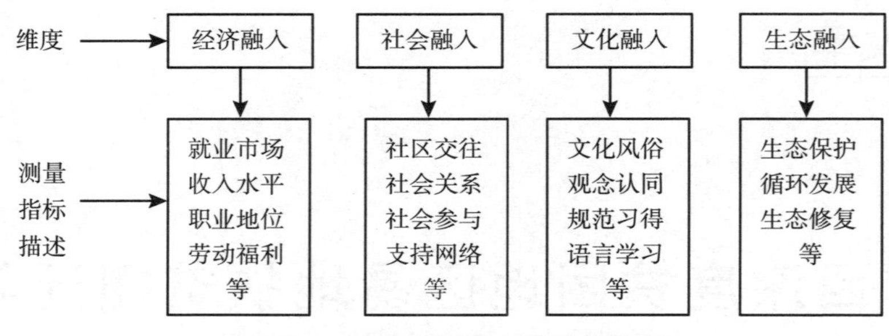

图8－1　移民社会融入类型化模型

资料来源：课题组成员绘制所得。

第一节　经济融入

一、调整产业结构，促进产业优化升级

从广西深度贫困地区的层面来看，随着脱贫攻坚工作的开展和新型城镇化的建设该地区的第二、第三产业的比重上升，第一产业比重适当下降，加上产业结构内部的调整，产业结构向高效益、高附加值转化，第二、第三产业发展出现集聚和规模化，进而对贫困群众的吸引力愈加增强。从广西全区层面来看，产业结构不断优化升级，城镇发展速度越来越快，城镇化率也逐年提高（见表8－1）。产业结构调整是促进经济发展、提高经济质量和效益的根本措施，产业结构的每一次调整、升级都会带动经济发展上一个新台阶。产业结构调整包括产业结构合理化和高级化两个方面，简单来说产业结构合理化是产业之间相互协调，产业结构高级化是使产业结构优化升级。第二、第三产业的快速发展，产业结构的不断变化尤其是三次产业结构的优化，必然带来城镇的发展和繁荣，它为易地搬迁劳动力提供更多的就业岗位，更为新型城镇化建设提供财力支撑。第一产业是易地扶贫搬迁与新型城镇化协调发展的基础因素，第二产业在易地扶

贫搬迁与新型城镇化协调发展过程中起主导作用，第三产业是易地扶贫搬迁与新型城镇化协调发展的重要影响因素，而且三大产业的影响作用越来越大。因此，需要继续调整产业结构，促进产业优化升级。

表 8－1　　　　广西三大产业结构与城镇化差异的对应关系

年份	三大产业构成	城镇化水平
2015	15.3∶45.8∶38.9	47.06%
2016	15.3∶45.1∶39.6	48.08%
2017	14.2∶45.6∶40.2	49.2%
2018	14.8∶39.7∶45.5	50.22%

资料来源：根据 2015～2018 年《广西壮族自治区国民经济和社会发展统计公报》整理编制所得。

（一）巩固第一产业

第一产业在国民经济中处于基础地位，应该要在调整三大产业结构过程中首先巩固其基础地位。通过发展特色农业、发展农业产业化经营模式、办好专业合作社、发挥农业龙头企业带动作用，以此促进农业现代化，从而起到巩固第一产业的作用。

第一，发展特色农业。大力培育“特色农业”、创意农业、休闲农业、体验农业，推进农业与旅游、农业与民族文化创意等协同发展，大力发展现代农业。鼓励发展多种形式的创意农业、景观农业、休闲农业、农业文化主体公园，农家乐等，发展现代生物农业、设施农业和工厂化农业。立足于广西深度贫困地区的特色农业，并根据该区域的土地资源优势，因地制宜地发展特色种养殖业（种植甘蔗、百香果、柑橘、火龙果、食用菌等，养殖黑猪、皇鸽、山羊等），建立亚热带水果生产基地和特色农业发展基地，进一步调整农业发展结构，形成多业并举的农业发展结构，同时加大产业扶贫力度，和加大对农业发展的政策、资金方面的倾向，巩固农业的基础性地位。充分利用现代信息技术促进农业现代化，创新“互联网＋”现代农业，创办“互联网＋农业＋农家乐”“互联网＋农产品＋现代物流业”等现代农业发展形式，有力地促进了农业增效、农民增收、农村繁荣。

第二，发展农业产业化经营模式。积极发展农业产业化经营，形成生产、加工、销售有机结合和相互促进的机制，是党中央对第一产业发展提出的要求。通过农业产业化经营，一方面可以改变农业基础薄弱性，增强农业市场竞争力；另一方面提高农业经济效益和可持续发展能力。加快培育具有优秀农业生产技术、畜牧养殖技术、电子商务技术的现代化职业农民，以解决易地扶贫搬迁与新型城镇化协调发展过程中农村出现人口流出、土地撂荒的问题；发展农业产业化经营模式和通过农业机械化作业，降低人力资本，提高生产效率，使农业生产经营规模化、机械化、标准化。在尊重农民意愿和维护农民根本利益的基础上，通过引导社会组织介入农业生产经营，采取适合特色农业现代化道路的新型农业经营体系，例如采取“企业＋专业合作社＋农户”“生产基地＋专业合作社＋农户”等新型农业经营体系，与此同时，扶持一批以农业专业化龙头企业带动、专业合作社跟进、搬迁群众参与的农业产业化联合体，尽快形成一批产业关联度大、技术装备水平高、经济实力雄厚、带动能力强的“龙头企业＋专业合作社＋搬迁群众”产业发展集团，以促进农业专业化、标准化、规模化、集约化，逐步实现农业产业化发展。培育壮大农业优势产业群，继续实施优果工程和生态富民工程，努力提高农业和农村经济的集约化、产业化程度，形成具有广西深度贫困地区特色的规模化、产业化的农业产业化经营格局。

第三，办好专业合作社。专业合作社是适应农业产业化、现代化要求、推动农业发展的有效载体。根据广西深度贫困地区的地理、气候土地条件，按“区域化、规模化、特色化”的原则，建立相对集中的农业专业合作社，通过办好专业合作社，提升农业专业化程度以及农业发展组织化程度，为该地区实现农业产业化奠定基础。依托专业合作社，引导搬迁群众土地流转、山林流转、入股等形式参与农业专业化发展，确保专业合作社辐射带动搬迁群众脱贫一批，同时增强其进入市场的组织化程度和抵御市场风险能力。推进专业合作社规模经营，鼓励其引进先进技术和现代机械，以及引导其提高规范化经营水平，提高专业合作社的集约化、机械化、规模化。引导和支持多元化、多类型的专业合作社创办，鼓励致富带头人、发展能手开展多种形式的股份合作和何营，优化农业、农村资源的有效配置，提高农民生产经营的积极性。

第四，发挥农业龙头企业作用。发挥农业龙头企业带动作用，利用其资本雄厚、技术先进、人才吸引等优势，带动农业发展专业化、标准化、规模化、集约化生产，对于提高农业组织化程度、加快农业转型升级、促进农业现代化建设具有重要作用。首先，作为在农业发展中具有一定规模、影响力的经济实体，龙头农业企业越来越成为农业现代化的重要载体，因此在充分发挥农业龙头企业先进技术、人才优势的基础上，继续推进农业龙头企业改革，整合资本、技术、人才等要素，改善经营管理和增强发展活力和后劲，进而做大做强农业龙头企业，并充分发挥其对农业现代化发展的引领带动作用。其次，加大对龙头农业企业的政策和资金扶持，继续培育一批带动能力强、影响力大的龙头农业企业，促进龙头农业企业集群发展，提升农业整体发展水平。最后，鼓励龙头农业企业与专业合作社、农户建立紧密联系的利益联结机制，充分发挥龙头企业带动农户增收致富的作用和引领农业现代化的作用，并通过改造传统农业经营模式、实行“订单农业”等方式，使农业龙头企业与专业合作社、农户利益联结机制逐步从松散型向紧密型发展。

第五，促进第一产业结构调整的多元化。第一产业结构通过合理布局、调整产业发展模式，依靠科学技术、产业化经营、龙头企业带动，使农业产品实现优质、高产，仅仅是为第一产业的进一步巩固奠定了基础。在市场经济条件下以及在建设新型城镇化的背景下，第一产业结构的调整还必须向多元化迈进，以实现农业适应新型城镇化建设的发展要求。第一产业结构的调整向多元化迈进，包括加强农产品深加工业发展，顺利将农产品转移到消费者领域，有效实现农村贫困人口的转移，加快农业产业化发展进程。通过农产品深加工业发展，不仅可以推动第一产业结构优化升级，增加农产品的附加值，而且依靠深加工龙头企业，可以建成农产品生产、加工一体化的农业发展基地，延伸农业产业链条，实现生产与市场的有效对接，进而提高农业的市场竞争力。同时，要巩固第一产业，就要逐步改变城乡二元结构，就要逐步突破就“三农”谈“三农”的桎梏，站在城乡统筹的全局发展高度，研究第一产业调整和发展的问题，实行以城带乡、以工促农、城乡互动、协调发展。

（二）调整第二产业

目前，第二产业居于三次产业中的支柱地位，比较而言，广西深度贫困地区的第二产业大部分不具有比较经济优势，必须要根据该地区的比较优势，把握产业扶贫发展的趋势，对第二产业结构进行合理规划，在此基础上再通过第二产业结构的调整实现结构优化。同时，产业结构调整要以强化广西深度贫困地区工业发展实力、优化工业布局、发展循环经济以及走新型工业化道路为重点，并在此前提下实现第二产业结构的优化升级，提高其占国内生产总值的比重。

第一，强化工业发展实力。坚持以产促城、以城促产业、产城融合，做大做强工业，促进工业内涵式发展，一方面向产品研发的上游推进，另一方面向产业链下游拓展，从而加快转变经济增长方式。同时将产业功能、城市功能、生态功能融为一体，加速新型城镇化建设进程。重点打造工业园区，以工业园区为载体，开展以工业产业为主体的招商引资活动，吸引一批发展实力强、市场竞争力强的企业，以强化工业发展实力。坚持“强龙头、补链条、聚集群”的工业发展理念，重点抓好龙头企业的发展，利用龙头企业带动其他企业的内部生产结构优化升级，并促进工业循环产业链延伸，以此带动产业集聚。

第二，优化工业布局。科学合理的工业布局，有利于地区经济均衡发展，有助于带动周边工业集聚发展。进行工业产业的地区布局规划，引导工业产业集群，加快工业产业集聚化发展，分类推进产业结构调整，推进工业产业化发展。促进工业专业化分工，推动低端产业或者高污染、高耗能产业从城镇向周边乡镇转移，引导高端产业或者低污染、低耗能产业向中心城镇集聚；同时引导和鼓励具有共同指向的工业企业向工业园区或者特定区域集聚，以推动产业集聚发展，发挥集聚效应。工业产业布局最高选择在区域内人才比较集中，交通、通信比较发展发达和基础配套设施比较完善的地方，那么在此条件下，通过政府的宏观调控力度，制定和实施工业结构调整和产品质量提升的扶持政策，加紧优势工业的区划工作。

第三，积极发展循环工业。以企业为着力点，以行业为牵引线，从点进行切入和突破，逐渐形成一个循序渐进、相互关联的有机整体。一方面，构建企业之间的循环体系。在促进原件、能源循环利用的基础上，对现有产业链进行优化和延伸，加强企业间工业生产资源的物质交换，最大限度的实现工业生产资源有效利用，使废弃物资源化、减量化、无害化，实现了企业之间的资源循环利用，进而降低资源消耗和浪费。另一方面，构建企业内部的循环体系。通过引进先进生产技术，运用科技改造落后工业生产设备，淘汰落后生产工艺，积极探索资源利用节约化、生产过程清洁化的循环产业链条，促进企业内部资源的循环利用，减少资源浪费，提高资源利用率。

第四，走新型工业化道路。走新型工业化道路，一方面，应以信息化带动工业化，重点发展高新技术产业，不断用信息技术升级改造传统生产工艺，促进工业设备、生产工艺更新换代，使其信息化、自动化，从而提高劳动生产率；加大信息化建设投入，大力推进工业基础设施信息化建设提高工艺技术和装备信息化水平。另一方面，以高附加值工业产品开发为重点，促进工业产品的升级换代，加快工业产品技术研发，提高工业产品深加工程度，增加产品的附加值。除此之外，建立低能耗、低污染、高效能的生产体系。按照生态工业发展的原则，进一步调整基础工业、加工工业的结构，努力发展绿色经济和绿色产业，走科技含量高、经济效益好、资源能耗低、环境污染小的新型工业化道路，从而逐步建设循环型、环境友好型工业体系。除此之外，坚持走新型工业化道路，加快工业结构调整，以尽快融入“中国—东盟自由贸易区”和“北部湾经济区”。

（三）发展第三产业

产业结构的高级化，除了通过创造性的知识集约化的发展来促进产业结构的进一步高加工度化、高附加值化，还可以是产业结构发展过程中，第三产业比重不断增大和规模增大。第三产业比重和规模增大是经济发展到一定阶段后产业结构调整和经济结构变化的必然结果。为此，要加快发展第三产业，以第三产业的结构升级作为调整三大产业结构的突破口。

第一，提升第三产业的现代信息化管理水平。三次产业结构之间的关系是相辅相成的，工业的发展会促使第三产业的发展壮大，同样第三产业的发展可以带动第一、第二产业的进一步发展。就广西深度贫困地区第三产业本身的发展和完善来看，其现代信息化管理水平有待提高。在产业结构调整中，应以市场为导向、以企业为主体，将第三产业作为产业结构调整的重点，扩大和延伸服务业的辐射范围，营造各具特色的旅游文化氛围，加大第三产业内部结构的现代化管理。而且产业结构调整的演变过程，要逐步提升第三产业的比重，由传统的“一、二、三”逐渐向现代的“三、二、一”产业比重的格局转换；生产要素的配置过程，要由劳动密集型产业占主导向资本密集型产业、技术密集型产业和知识密集型产业的方向转化。在第三产业的发展过程中，大力发展信息产业，扩大现代信息化管理建设，提高第三产业各个领域、各个行业的服务质量和水平，并对第三产业的经营战略、组织结构、运行机制和基础工作，进行改进和加强，有效运用现代化管理的新技术、新方法和新手段。顺应时代发展的需要，加快培育现代化服务业人才培养，提高服务业从业人员的质量意识、竞争意识和业务水平，建立服务业职业资格标准体系，从而提高服务业从业人员的现代化管理意识和水平。

第二，通过发展旅游文化服务业，促进第三产业比重上升和规模增大，加快第三产业的发展和结构升级。广西深度贫困地区既是少数民族聚居地区，又是革命老区，具有丰富的极具特色的少数民族特色文化和红色文化独创性地把少数民族民间特色文化、红色文化相结合，引爆旅游文化市场，拉动旅游辐射圈内搬迁贫困群众的增收。坚持“绿水青山就是金山银山”的绿色发展理念，依托广西深度贫困地区旅游资源和文化资源禀赋，大力挖掘和提炼山水文化、历史文化、少数民族民间文化、红色文化等特色文化，积极培育和发展独具一格的旅游产业，打造特色旅游文化平台，促进旅游产业优化升级。除此之外，根据广西深度贫困地区的人文特色和具有资源，合理开发具有项目，开发疗养休闲旅游、民俗旅游、宗教旅游、探险旅游、文化考古旅游等新型旅游项目，以旅游项目开发和建设推动广西深度贫困地区旅游业的发展，打造该地区独具特色的旅游经典品牌，并不断满足不同游客的多样化旅游需求。

第三，实施“景区+服务”模式，兴旅游，发展第三产业。依托现有的景区品牌，积极创新旅游扶贫车间载体，在实践中不断探索出“龙头景区+搬迁贫困户”“民宿协会+搬迁贫困户”“旅游项目+搬迁贫困户”等新型经营模式，在促进旅游业快速发展的同时，促进搬迁群众增收致富。推进文旅融合，着力设计旅游发展新思路。从文化资源和旅游发展上做文章，聚焦旅游特色，形成“乡村旅游带动模式”“景区开发带动模式”“节事民俗带动模式”三大模式共同带动经济发展的模式格局，促进旅游产业提档升级。除此之外，实施“景区+服务”模式，不仅能够带动旅游业的发展，也可以通过发展旅游业带动相关服务业的发展，实现旅游业与服务业融合发展。

第四，加大第三产业发展的基础设施建设。在争取国家财政支持和省市服务业发展资金的基础上，设立专项服务业发展资金，逐步加大服务产业的投资力度，用于规划和建设服务业基础设施，依靠国家财政的支持和旅游产业扶贫政策，加快现代通信、交通设施、旅游景区等的建设，以提高景区的接待能力和游客承载能力；大力发展农家乐旅游，并规范农家乐旅游接待管理，改善其餐饮服务设施，着力提高接待能力和水平。除了要着力于公路网、铁路网建设，还要提高旅游干线的质量等级和疏散客流、疏解交通的能力，保证景区水电网供应、住宿及休息区配套。与此同时，强化对交通运输、商贸流通、餐饮、公用事业、农业服务等方面基础设施的改造重组，并推进物流配送、多式联营、电子商务等组织形式与旅游服务业的融合。

（四）三大产业融合发展

三大产业融合发展指的是以第一产业为基本依托，以第二产业为引领，以第三产业为，通过产业联动、要素集聚、技术渗透、体制创新等方式，将资本、技术和资源要素进行集约化配置，使第一、第二、第三产业之间紧密相连、协同发展，最终实现产业链延伸、产业范围拓展。

把农业现代化和第二、第三产业发展起来，走第一、第二、第三产业融合发展的道路，延长第一、第二、第三产业融合发展的产业链，而产业链是有一定市场优势的产业的集合，这种集合要以产业链建设为主体，以做大做强产业为目标，立足产业结构优化升级，发挥农业基础性作用，用工业化理念谋划农业，有效利用广西深度贫困地区特色农业、农家旅游产业等优势，促进第一、第二、第三产业有机结合。通过大力发展农副产品加工业、生物制造等，促使第一、第二产业融合，以第二产业发展带动第一产业；以第一、第二产业的融合为前提，通过发展生态观光、农家乐、休闲旅游带动第三产业，以第三产业发展，扩大需求，带动消费，巩固以水果、水稻、中草药为主的种植业和以黑猪、牛、羊为主的养殖业等特色农业；增强产业融合度，提升资源要素合理配置才能促进产业结构调整，带动搬迁贫困户脱贫致富，提升经济效益。优化三大产业结构，促进三大产业融合发展，构建现代产业体系，以利于发展和承接符合产业政策、市场需求的绿色产业。

加大产业链建设，延长产业链，并发挥产业链的辐射带动作用。产业链建设要以生态、特色、优质、长效为重点，以建设农村合作社、集体养殖示范基地和家庭农场项目为核心，着力促进产业化经营、规模化生产、标准化建设、信息化支撑，努力打造“生态、休闲旅游型”特色乡镇。农副产品从源头生产到加工再到终端产品，必须环环紧扣、紧密相连，首先从源头把控种植、养殖，其次精细加工、分级包转，最后终端销售、树立品牌。按照规范化管理、专业化服务、科技化生产，提升产品附加值，延长产业链效应。创新“公司＋基地＋合作社＋农户＋市场”的复式发展模式，重点培养经营主体，以龙头企业为核心，带动产业链做强做优。

案例8－1　大新县三大产业融合发展

广西大新县围绕“种、养、贸、游、工”五大扶贫产业，走三大产业发展道路。一是“与农共舞”促增收，依托农产品龙头企业、深加工项目、合作社平台等优势通过契约、服务、资产联结等形式和农户结成“利益共同体”，鼓励贫困户、非贫困户连片发展特色种植业，既实现产业规模壮大，又促进贫困人口稳固增收。二是建设皇鸽养殖“扶贫车间”享多赢，创新实行了“扶贫车间＋寄养分红”的黄鸽养殖全产业扶贫模式，在桃城、那岭、下雷等乡镇建设4个养殖扶贫车间，打造“家门口创业”集聚区，车间由政府出资建厂，公司负责生产经营管理、销售，贫困村以扶贫扶持资金入股，贫困户以皇鸽入股寄养的形式按一定比例分红。三是利用粤桂协作平台活边贸，通过江海协作资金成立边贸运输合作社购置微型货车，通过“合作社＋贫困户”的模式，引导和鼓励贫困边民从事边贸运输，同时利用江海协作资金在硕龙镇岩应村建设商贸扶贫小区，将商贸扶贫小区一楼统一建设为商铺进行边贸交易，进一步盘活边境贸易。四是开展“景区＋服务”的旅游模式，依托大新县“边关百里山水画廊”“天造纯美”的旅游资源优势，把全域旅游作为全县最大的“扶贫车间”，依托德天瀑布景区游客量大的优势，发展以餐饮、农宿为主的服务业和提供竹排、电瓶车等有偿旅游观光服务。五是推行“扶贫车间”促进产业发展，将贫困家庭劳动力吸纳进车间务工，既实现贫困群众就业，有可拉动扶贫车间发展。

资料来源：课题组调研获得的数据资料。

二、大力发展产业，提升产业支撑后劲

（一）打造良好产业环境

1. 营造良好政策环境

习近平总书记强调，要加快推进产业扶贫，为贫困地区和贫困户培育持久增收致富的产业发展长效机制。打造良好的产业政策环境是大力发展产业的首要之义。显然，大力发展产业，提升产业支撑后劲，打造良好的产业政策环境是前提。

第一，制定发展产业园区政策措施。按照新建一批、提升一批、整合一批的思路，制定促进工业园区加快发展的政策措施，从项目融资、贴息补贴、要素保障等方面对于产业园区予以保障，奠定良好的政策环境，从而将政策优势转化为产业发展优势。加大对产业园区交通、信息、网络、通电、供水等基础设施的建设的投入力度，加快产业园区的公共信息、技术创新、物流、金融服务等服务平台建设，不断增强园区的综合配套能力和基础设施、公共服务的承载能力，以促进产业园区承接外来企业入驻的能力提升。

第二，充分利用产业扶贫政策。产业扶贫政策，营造良好的产业发展与投资手段，采取多种有效对策。构建起“县有扶贫支柱产业，村有扶贫主导产业，户有增收致富项目”的产业扶贫大格局。在充分利用产业扶贫政策的基础上，立足广西深度贫困地区的资源优势和产业优势，继续做大做强“种、养、贸、游、工”五大产业，推动深度贫困地区扶贫产业由小变大、由弱变强。创新实施特色产业发展的支持政策体系，完善产业经营主体培育、公司与搬迁户利益联结机制、服务体系建设、生产要素配置等方面的政策支持。落实产业扶贫项目以奖代补政策，吸引个人和经济组织积极发展扶贫产业，创建产业发展专业合作社。

第三，充分利用边贸扶贫政策。发挥“边”的优势，以边兴边，以边带产业发展。在边境口岸（东兴口岸、凭祥口岸、水口口岸等），创建国家级边境经济合作区，加快建设以发展口岸经济为依托的边贸扶贫产业园区，大力发展和吸引外资入驻，引导进口产品边贸落地加工业集聚边贸扶贫产业园区，进而打造在东南亚地区具有影响力的边境经济合作区，实现广西深度贫困地区产业的快速发展。在加快边贸扶贫产业园区的同时，延长边贸产业链，发展跨境物流、边关旅游等蓬勃发展的边境产业。继续用好国家给予边民每人每日互市贸易额8 000元以下免征进口关税和进出口环节税的扶持政策，吸引边民参与边境互市贸易，以此带动边贸的发展。探索和实施“易地搬迁＋边贸扶贫＋驻边守疆”模式，并充分利用边贸扶贫政策，鼓励和支持边境深度贫困地区搬迁群众在指定边民互市贸易区开展边贸互市，提供边贸运输、装卸、货物进出代理等边贸服务，促进兴边富民、稳边固边。

2. 整合优势产业资源

甘蔗、坚果、八角、火龙果、板蓝根等是广西深度贫困地区的特色种植业，竹鼠、龟鳖、皇鸽、黑猪等则是广西深度贫困地区的特色养殖业，应该逐步形成以特色种植业和特色养殖业为主的特色种养殖业。蔗糖工业、板蓝根制药业、坚果加工业等产业是广西深度贫困地区的支柱产业，应该发挥支柱产业的带头作用，辐射带动其他产业做大做强。广西深度贫困地区生态资源、旅游资源等资源丰富且独具特色，大部分深度贫困地区位于边境地区，边关区位优势独特，应该进一步将资源优势和区位优势转化为产业发展优势。在进一步明确广西深度贫困地区产业发展规划和定位的基础上，加大优势产业资源整合力度，整合沿边、生态和旅游资源优势，狠抓边贸扶贫产业、生态扶贫产业、旅游扶贫产业，打好边关旅游、生态旅游、跨境旅游等旅游品牌。充分利用边境的区位优势，发展边境贸易，同时利用边境区位优势和融入“一带一路”经济带，发展贸易加工业，一方面拉动边境产业发展，另一方面辐射带动相关产业发展。从上述可以发现，广西深度贫困地区“种、养、贸、游、工”等产业具有一定的发展优势，应该有效整合五大产业发展优势，打造“种、养、贸、游、工”五大产业发展大格局，提升产业支撑后劲。

（二）创新产业发展模式

1. 企社联合模式

重点根据广西深度贫困地区工业化战略布局，科学规划、合理布局，新建一批、提升一批、整合一批产业园区，统筹谋划产业园区的主导产业和空间布局，探索以龙头企业为主体的产业园区开发模式，建立良好的基础设施保障平台和高效的管理服务平台，加快形成龙头企业、配套企业、生产性服务企业紧密联系、相互支撑的集群发展模式。创新“产—加—销”“贸—工—农”一体化发展模式，积极培育和引进产业化龙头企业积极扶持产业关联度大、市场竞争力强、辐射面广、带动力强的龙头企业和生产基地，在财政、金融、保险、税收、土地征收等方面加大对龙头企业和生产基地的政策优惠，着力加快生产、加工、销售联结，推动农产品加工产业的集聚效应，整合区域农产品加工品牌，培育优质产业品牌。按照高产、优质、高效、生态的要求，以促进产业发展增效、搬迁群众增收为核心依托产业化龙头企业，以各种扶贫车间为纽带，大力发展“公司＋扶贫车间＋搬迁户”的专业化、产业化经营模式，进一步加强扶贫车间建设，加快形成“龙头企业带扶贫车间—扶贫车间联搬迁户”的产业化格局

2. 边贸带动模式

广西深度贫困地区，具有“跨一步就是越南，走两步就是东盟”的区位优势，有国家边民互市贸易优惠政策支持。第一，利用粤桂扶贫协作平台激活边贸。立足“边”的优势，结合边贸优惠政策，用活用好粤桂扶贫协作平台，开展边贸带动产业发展模式。第二，边境贸易带动产业发展。利用边境优势，大力发展贸易相关的加工业、物流业、专业市场等业

态，积极引进进出口落地加工业，引导贫困边民参与边贸加工，这种方式一方面拉动了边境经济发展、带动贫困边民就业、促进边境稳定，另一方面推进了产业带动扶贫、发挥了产业支撑扶贫开发的作用；积极参与“一带一路”建设，发展外贸进出口、边民互市贸易、跨境旅游、加工贸易等边贸产业，辐射带动相关产业发展和贫困边民就业增收。第三，组建边贸互助组。提高边民参与边贸比例，组建更多收益佳的边贸互助组，引导边民通过边贸货运、进出口代理发展进出口产品落地加工，以促进边贸进一步发展。第四，创建边境经济合作区。通过打造进出口产品落地加工基地，引导进出口加工业集约、集聚发展，加快加强边贸扶贫产业园区建设，大力发展吸纳能力强的产业和企业入驻。

3. 三产融合模式

龙头企业不断向上下游拓展，完善现代产业链，在产业链中居核心和主导地位。不断拓展产业多功能性，横向拉长产业链，在发展现代化产业的基础上发展旅游业、创意产业、高新技术产业、体验农业等和推动农业与民族文化创意、农业与小城镇建设、传统村落复兴与美丽乡村建设等协同发展，创新三产融合模式，加大投入，拓展产业发展思路，引进社会资本，促进第一、第二、第三产业的深度融合，在纵向和横向同时拓展，既促进现代化产业进一步发展，又带动旅游业等相关产业发展。把第一、第二、第三产业融合，形成产业链，例如积极助力发展循环产业链，把皇鸽养殖与百香果种植相结合，在皇鸽养殖基地周围建设百香果基地，将皇鸽产生的粪便与散落在地的食物利用为百香果的肥料，废物利用，这种做法既保护了环境，又促进了种植业的发展，同时发展以观光生态农业、采摘百香果、品尝皇鸽美食为主农家乐，带动旅游服务业的发展，形成了相互带动发展的产业链，进而形成第一、第二、第三产业融合发展的格局。

创建产业融合发展示范基地，形成多要素集聚、多业态发展、多模式推进的融合发展格局。坚持“强龙头、补链条、聚集群”的产业发展思路，不断引进龙头企业、补齐产业发展短板、拉长产业价值链条，集聚产业发展规模。依托强化搬迁群众主体、强化政府引导、强化企业参与、强化资金整合、强化规范管理的“五个强化”。按照“一业为主、多元开发”，形成种植、养殖、边贸、旅游、工业多元发展的格局，打造出广西深度贫困地区特色的“种、养、贸、游、工”协同发展的产业发展模式。立足广西深度贫困地区实际，充分发挥区域优势，着重挖掘区域特色，大力发展特色产业，尽快达到“一县一业”“一村一特色”“一户一品”的要求；积极鼓励大众创业、万众创新，要求第一书记及扶贫工作队员引导和组织搬迁贫困群众充分利用“双创”的契机，跟上时代潮流利用“互联网+”的机遇；同时，加快催生一批致富带头人、经济能人，兴办一批特色产业，带动、指导贫困群众加入就业创业洪流中，激发他们脱贫致富动力和增强自我发展能力。

三、就业创业驱动，提升搬迁群众发展能力

搬迁群众就业创业是直接关乎易地扶贫搬迁与新型城镇化协调发展的可持续性问题。就业是民生之本，转变为市民的搬迁人口只有有了稳定的就业，生活质量才有保障，才能“住得下、留得住、稳得根”，城镇化才算成为真正的“人”的城镇化。否则的话，城镇化只是表面上的城镇化，搬迁人口也只是换了件市民的“外衣”。著名学者阿玛蒂亚·森也曾指出，贫困不仅是相对地比别人穷，而且还基于得不到某些基本福利物质的机会，即贫困最终不是收入的问题，而是一个无法获得某些最低限度的能力。显然，对于搬迁人口而言，帮助其提升人力资本、提高自我发展能力，是使其“稳得住、能致富”的重要保证。因此，必须利用就业创业的驱动，促进搬迁群众的自我发展能力提升。

第一，建立健全就业创业扶持机制。建立搬迁群众就业保障机制，开办有助于就业、创业的实用技术培训班，加强就业和劳动技能培训，传播新知识、新技能，提升搬迁群众就业技能，实现“孵化”一人，脱贫一家、带动一片的目的，实现搬迁群众脱贫致富从外部“输血”到自我

“造血”的转变，并按规定多渠道安置搬迁群众就业，确保一个搬迁家庭至少安排一个人就业。各级政府整合安排必要资金，对帮助搬迁群众就业创业以及安置区创办企业吸收搬迁群众就业的企业予以支持。要把培训转移就业作为缓解深度贫困地区搬迁贫困群众就业难的重要措施来抓，以提高搬迁贫困群众劳动技能为目标大力开展深度贫困地区劳动力培训转移就业工作力度，力争实现深度贫困地区每一搬迁贫困家庭都有一个以上劳动力转移就业，相关补贴补助优先保障深度贫困地区搬迁贫困群众培训需求，并做到有能力提升的劳动力就业培训全覆盖。建立健全深度贫困地区劳动力培训转移就业奖励机制，切实保证搬迁群众就业。制定并落实支持搬迁群众创新创业政策，包括职业指导、再就业援助、扶持创业、失业人员优惠等政策机制，搭建服务信息平台，为搬迁群众免费提供劳动求职登记、就业培训、职业介绍、创业信息发布等服务，吸引搬迁群众参与创新创业。

第二，营造良好创业环境，鼓励以创业带动就业。应该鼓励创业，为创业者尤其是搬迁人口创业者提供良好的创业环境，提高他们的积极性。为此，应从以下几个方面着手：发动能人创业，引导返乡创业，鼓励大学生创业，支持妇女创业，促进科技人员创业，激励帮助困难搬迁户创业，以带动其他搬迁群众就业；落实自主创业政策，积极建设搬迁群众就业创业示范园，建立创业信息发布平台，让搬迁群众及时获取就业创业信息；建立创业发展绿色通道，让有创业意愿的人群能够快速实现创业，通过扩大创业带动就业增长；进一步加强劳动力市场公共服务建设和建立起城乡一体化的劳务市场，提供更好的就业创业中介服务，健全创业引导和培育制度，吸引更多群体创业，营造创业热潮，以此带动更多人群就业；发挥城镇创业平台作用，充分利用规模经济产生的专业化分工效应，放宽政府管制，降低交易成本，激发搬迁人口创业活力。

第三，通过“扶贫车间”搭建多种类、多形式的就业创业平台，让搬迁群众实现“家门口”就业创业。跳出“只有加工厂才是车间”的思维局限，积极探索“厂房式扶贫车间”“居家式扶贫车间”和“合作社＋搬迁户”式扶贫车间，并在此基础上围绕“种—养—贸—游—工”五大产业扶贫发展思路，把旅游业、贸易业、服务业等与扶贫车间深度融合，拓宽车间辐射面，延长车间链到多种行业，实现扶贫车间多元化、多形式、多样化发展，联动带动搬迁群众就业创业。鼓励和支持有实力的企业、城市资本等入驻搬迁群众比较密集的安置点兴办创业园区或者扶贫车间，辅导搬迁群众创业和引导就业，用知识、技术引导搬迁群众创新创业，提高脱贫能力。

第四，完善就业创业后服务，巩固就业创业成果。通过建立搬迁群众就业创业档案和就业创业信息反馈，跟踪搬迁群众就业创业动态情况，掌握搬迁群众就业创业信息，及时为搬迁群众解决就业创业中存在的问题，动态维护搬迁群众的就业创业率，确保就业创业的稳定性。跟进后续帮扶服务，开展就业创业后的培训工作和就业技能鉴定工作，提供就业创业的法律、政策等方面的支持，并提供劳动保障监察和仲裁的重点及优先服务，帮助搬迁群众解决就业创业后出现的困难。

第二节　社会、文化融入

阿玛蒂亚·森认为，社会协调是这样一个社会，那里成员积极而充满意义地参与，享受平等，共享社会经历并获得基本的社会福利。要使搬迁群众融入城镇，要在城镇社区打造搬迁群众融入社区的平台，社区公共服务、基础设施要对搬迁群众平等开放，保障搬迁群众与城镇居民平等享有政治参与权利和管理权益，实施搬迁群众融入企业、搬迁群众子女融入学校、搬迁家庭融入社区的三大融城战略，以提高搬迁群众的社区文化认同感以及归属感。社会资本归因理论认为，移民所拥有的社会关系网络、社会资本及社会资源等对于其社会融入起决定性作用。

一、营造温情邻里、社区，培育搬迁群众归属感

（一）培育公民文化环境

1. 挖掘特色文化资源，制定社规民约

搬迁社区从农村到城镇的时空重构过程中，从超越经济层面和生计空间转型及加快转移就业三方面完善易地扶贫搬迁后续工作，特别需要加入特定时空条件下的社会文化治理要素，是搬迁人口在传统与现代文化博弈下更好地实现自己的文化实践和文化自觉①，从而更好地融入新社区。从公民社会理论来看，集体性自我意识是社区公民精神的核心，而形成集体性自我意识的关键是增强居民的社区认同感。社区认同感的增强，以挖掘特色文化资源、制定社规民约为前提。挖掘特色文化资源，传播家风民俗，制定社规民约，增强搬迁群众的社区认同感。

贫困群众易地搬迁进入城镇不仅是在空间上向城镇移居，更是城镇化和现代化意义上的“文化移民”，它涉及搬迁群众价值观念、社会心理等方面的文化适应。因此，在文化适应上增强搬迁群众的社区文化认同和归属感是搬迁群众“稳得住”的关键，营造新的社会适应性文化对搬迁群众尤为重要。在社区建设中，以挖掘特色文化为基础，建立一种社区共同文化。引导社区居民由个人到群体，由点到面，将特色文化发展为社区所共有的共同文化，在形成社区共识和达成社区共识的基础上，把社区共同文化上升到政策或行为规范的层面，建立成为社规民约。运用社规民约规范搬迁群众的行为，破除陈规陋习，树立城镇文明的规则意识，卫生意识和生态意识，使其思想跟上城镇发展步伐。

---

① 吴莹．城镇化视阈下少数民族搬迁移民的时空重构与文化变迁［D］. 2016.

2. 搭建新社区，开展新社区文化活动

根据马斯洛需要层次理论，人都有与人交往的需要，这种需要建立在满足生理需要、安全需要基础上的更高层次的需要。搬迁群众的社会交往，是一种建立在生理与安全需求之上的更高层次的需求，是他们从农村迁入城镇后融入城镇的一种进步。促进搬迁群众与城镇社会相融，建立搬迁群众与城镇市民的社会交往网络，是搬迁群众融入城镇的表现。而搭建新社区，开展社区文化活动则是搬迁群众扩大社会交往网络的重要方式。

搬迁社区是由来自不同村落共同体人员组成的异质性社区。社区居民之间相互不熟识，相互联系较少。个体社会化理论认为，个体社会的一个重要步骤是由与同质群体互动扩展到与异质群体互动。因此，通过搭建新型社区、开展新社区文化活动，增强搬迁群众对城镇文化的“认同”，从而增强搬迁群众与城镇居民认同感，不仅可以扩展搬迁群众的社会交往网络，而且能够促进搬迁群众融入城镇的进程。开展新社区文化活动，动员搬迁群众和城镇原居民共同参与社区文化活动，从参加一次活动到多次参加活动，从一次参与到多次参与进而成为社区文化活动的积极分子，关心和参与社区治理，并通过举办促进邻里关系和谐的文化活动，增进搬迁群众与城镇居民的了解，消除冷漠，化解矛盾，减少摩擦，以构建和谐社区。利用电视夜校，加强对搬迁群众日常生活方式、道德素质、安全卫生等进行培训，不断提高搬迁群众的自身素质，促进他们向市民的稳步转变；通过开展如社区春晚、居民议事会等活动和在年末开展针对社区居民的有关公益慈善、文明品德的社区“优秀人物”评比活动，带动搬迁群众文化素质和思想道德的提高，并通过社区教育培训，整合社区、社会资源，大力加强社区教育培训，提高搬迁群众的文化、文明素质；通过社区文化管理，动员和引导搬迁群众参与，对文化娱乐设施进行规划和建设，组织健全各类文体活动组织，鼓励其开展群众性文体活动，以通过群众人人参与的文体活动来凝聚社区所有居民的凝聚力，提高搬迁群众的参与度和认同感。

（二）促进搬迁群众与社区相融，激发“融”的能量

1. 实施社区服务

实施社区服务是推进搬迁群众融入社区主要内容。在调查和了解搬迁群众实际需求的前提下，通过改善社区老人活动中心、文化娱乐场所、阅读室等基础设施，健全社区服务网络，开展便民服务，为搬迁群众提供方便周到的社区服务，构建社区服务体系，形成以综合服务中心为主体的各类服务网络，为搬迁群众提供一站式的就业咨询服务、就业技能培训服务、就业创业信息服务、矛盾协调服务等社区服务，并在为搬迁群众提供医疗卫生、社会保障、文化教育、就业创业等方面入手构建社区公共服务体系。不断强化社区功能，拓展社区服务，在提供医疗卫生、社会保障、文化教育、就业创业等社区服务的同时，增强社区的特殊功能，包括互动功能、人际交往功能、组织和参与功能、互帮互助功能等，以加快促进搬迁群众与社区相融，激发“融”的能量。利用实施社区服务的契机，加强对搬迁群众的了解和关心，帮助其与社区原住居民的交流与沟通，促进社会资本的发展，建立搬迁群众与社区原住居民友好和谐的社会关系。

2. 解决文化、经济、身份角色层面融入难问题

搬迁群众迁入城镇后存在文化层面、经济层面、身份角色层面等融入难问题。

第一，文化层面。搬迁群众从农村进入城镇，由农民成为市民，文化层面出现巨大变迁。贫困文化理论认为，穷人由于长期生活在贫困之中，结果产生了一套特定的生活方式、行为规范和价值体系。这种“亚文化”一旦形成，就具有了扩展性和代际传递性。这对于搬迁群众来说是相当不利的。进行文化引导，对于搬迁群众形成共享价值观、增加相互的认同感和凝聚力的进而破除文化层面的融入难具有不可低估的作用。进行文化引导要以社区文化活动的深化为切入点，积极倡导社会认同的价值观、人生

观，使搬迁群众在社区文化交往活动中融入社区。文化建设是搬迁群众后续发展的内在动力，也是其实现文化层面“能适应、能融入”的重要内容。而社区文化建设的根本任务是形成搬迁群众和社区原住居民共同认同的社区精神，并充分发挥社区精神对搬迁群众和社区原住居民的思想和行为取向的引导作用，从而促进社区发展，最终实现搬迁群众从文化层面融入社区。

第二，经济层面。经济层面的融入也就是搬迁群众生计方式的融入。搬迁群众进入城镇后不再是以利用土地资源作为主要生计方式，也不再以土地资源作为主要保障方式。而稳定就业是搬迁群众生计保障的根本，也是其实现经济层面的“能适应、能融入”的重要内容。以提高搬迁群众文化素质和职业技能为重点，加强文化教育培训和加快职业技能培训，提高搬迁群众的文化素质和劳动素质。引导和鼓励搬迁群众参加各种教育和劳动力培训，提高综合素质能力，有效提高搬迁群众经济层面的适应力。提高搬迁群众文化素质和技能的同时，要加快城镇经济发展，多渠道、多形式、多层面扩大就业需求，拓宽就业渠道；不断释放经济发展的强劲功能，使搬迁群众求职有服务、就业有门路、创业有平台，并实行转移就业扶持一批，实现就业增收。

第三，身份角色层面。身份角色的认同是某一个人或者一个群体在社会系统内得以生存和发展的前提条件①。搬迁群众在文化层面和经济层面的融入在较长时期内得以实现，但相对而言，其自我身份的定位和认同的转变则较为缓慢。引导搬迁群众自觉、自主参与社区事务管理，在参与中更好地融入社区，在参与中更好地增强“社区主人翁”意识，实现市民身份的转变。破解社区阶层化问题，是实现搬迁群众融入社区居民群体中的重要内容，社区原住居民应该转变思维观念，理性看待搬迁群众，不用“有色眼镜”看待他们，不再进行城镇与乡村、农民与市民的区分，理性

---

① 张晨．城市化进程中的“过渡型社区”：空间生成、社会整合与治理转型［M］．广州：广州人民出版社，2014（4）：170.

认同搬迁群众的身份。同时加深对搬迁群众社区生活方式、文化心理、价值观念、行为习惯等的认同，理性接纳搬迁群众。

3. 破解贫困代际传递问题

精准扶贫重在扶志、贵在扶智。以“志智双扶”激发搬迁群众脱贫致富内生动力，从思想上走出贫困，增强搬迁群众脱贫致富的底气，激发搬迁群众发展生产的勇气，共同助推物质与精神“双脱贫”，阻断贫困代际传递。

第一，通过扶志解决精神贫困代际传递问题。习近平总书记指出，如果扶贫不扶志，扶贫的目的就难以达到，即使一度脱贫，也可能再度返贫。斩断精神贫困代际传递必须从源头上消除搬迁贫困群众长期存在的精神贫困问题。把扶贫开发与公共文化服务供给相结合，加大广西深度贫困地区文化供给，多举措丰富深度贫困地区精神文化建设，促进深度贫困地区搬迁群众思想观念的转变。组织文化进社区活动，推动搬迁社区综合文化服务中心建设和文化活动设施建设，满足搬迁群众日益增长的文化需求，并通过开展文化活动，教育并引导搬迁群众摆脱传统、落后的观念束缚，打破“等、靠、要”的陈旧思维桎梏。通过思想教育对深度贫困地区搬迁群众进行思想观念的再洗礼，通过思想教育引导他们提升脱贫致富信心，摒弃“等、靠、要”的不良观念。改进宣传引导方式，努力营造积极向上的精神文明氛围，调动搬迁群众主动脱贫、艰苦奋斗的积极性、主动性，使“要我脱贫”变成“我要脱贫”。

第二，通过扶智解决贫困代际传递问题。习近平总书记指出，抓好教育是扶贫开发的根本之计。扶智重在教育。从根本上破解贫困代际问题，必须紧紧抓住教育扶智这个根本。扩大九年义务教育覆盖面，坚决打通九年义务教育未覆盖的“最后一公里”，确保每个搬迁贫困群众子女都接受良好教育，阻断贫困代际传递。加快补齐深度贫困地区教育短板，改善该地区义务教育薄弱学校的办学条件和教育资源，不断提升该地区基础教育的质量和教育水平。把提高教育水平作为根本任务，引导教育投入向深度贫困地区倾斜，通过把教育设施、经费投入、师资力量等教育资源向深度贫困地区倾斜，逐步实现教育公平。通过建立健全涵盖义务教育、普通高中、职业高中、高等学校家庭经济困难学生资助体系，从制度上保证深度贫困地区贫困家庭学生不因贫失学、辍学，有效地斩断贫困代际传递的链条。动员社会力量参与教育扶贫，构建起政府、社会、市场协同推进教育扶贫模式，促进多元主体积极参与深度贫困地区教育质量提升和教育水平提升之中，并为深度贫困地区提供相关教育资源，保证该地区教育的硬件设施配备。加快落实教育扶贫政策，让教育扶贫政策惠及每一处深度贫困地区、每一户贫困家庭，在此基础上制定和实施“控辍保学”“雨露计划”等教育扶贫措施，并对建档立卡贫困家庭子女从入学到毕业、就业进行全程资助、扶持，不让任何一个贫困家庭子女因贫辍学。

二、提升社区治理能力，提高搬迁群众社会适应度

移民搬迁后，原有村落共同体开始向社区共同体转型，原有村落管理变成了社区管理，新型社区管理的规划理念和策略需要搬迁社区治理规则转型。注重社区治理创新，保障搬迁群众权益，确保“稳得住”。

（一）强化参与，提升参与获得感

1. 完善社区治理参与机制

有效的体制机制是保证社区治理的前提和基础，提高搬迁群众参与获得感首先需要完善社区治理参与机制。首先，建立社区议事机制。由于搬迁群众户籍尚未迁入，凡是涉及社区事务的活动，搬迁群众大多无法真正参与，这严重阻碍了搬迁群众个人利益的实现，因此需要建立户籍居民与非户籍居民共同参与的社区议事机制，引导搬迁群众更广泛地参与民主决策。其次，实施“社区管理 + 居民自治”的管理参与机制。创新实施“社区管理 + 居民自治”的管理参与机制，将迁出地的村委会、党支部等

搬迁到迁入地社区办公，为搬迁群众提供更高效、更便捷的服务，同时充分发挥党员引领作用，设立社区业主委员会，建立各楼楼长及单元长管理制度，搭建搬迁居民自治平台，进一步加强搬迁后续管理服务工作。同时在此基础上，仍然沿用“结对共建＋挂点帮扶”的帮扶机制，对易地扶贫搬迁群众进行结对帮扶，解决搬迁群众生产生活中遇到的问题，确保“留得住”。再其次，建构搬迁群众利益表达机制。建构搬迁群众的利益表达机制，是使搬迁群众在制度层面上融入城镇的前提之一。搬迁群众利益表达机制就是在承认搬迁群众在城镇中主体地位基础上，允许搬迁群众通过正常合法的渠道和方式表达自身利益诉求。建构搬迁群众的利益表达机制需要对相应的法律法规进行整合，使搬迁群众的利益表达权具有较高的法律效力，让他们充分行使利益表达权。最后，创新搬迁群众政治社会化的方式与方法。提高搬迁群众的政治参与意识，社区可利用各种媒介对搬迁群众进行政治知识的宣传、教育和引导工作，并建构搬迁群众的“融城”能力机制，提高他们的政治觉悟和政治参与能力，通过合法的方式表达利益需求。

2. 拓宽社区治理参与渠道

我国传统的治理参与渠道有信访、新闻舆论、网络留言、邮箱留言等，但是对于搬迁型社区治理而言，这些社区治理参与渠道显然不合适。需要拓宽社区治理参与渠道，保障参与渠道多元化。其一，依托居民会议、居民代表会议，开展多形式的社区协商，逐步实现基层协商常态化、规范化、制度化。其二，在互联网高速发展的今天，需要充分利用互联网的作用，鼓励和支持网络参与渠道，开通网络交流平台、社区官方微博、电子邮箱等参与渠道，并保证网络参与渠道的畅通。其三，建立三级社情民意交流平台。通过设立社情民意交流站和社情民意交流室，逐步建立“社区—交流站（室）—群众”三级社情民意交流纵向工作平台，问政于民、问需于民，引导群众积极参与社区治理和服务，畅通群众利益诉求渠道，加强民意表达。

3. 创新社区治理参与模式

“交钥匙”不等于“安居”，贫困群众从祖辈生活的地方搬迁出来，生产生活方式根本改变，在安置区有很多不适应的方面，必须引入社区治理模式。持续帮扶，让搬迁群众更好地融入安置社区，实现由“农民”向“市民”的转变。易地搬迁工程将更多异质性的人口聚集在一起，形成了成员构成复杂的新型生活共同体，原有的社区治理模式已然不适合当前新型生活共同体的发展要求。尤其是搬迁社区集合了来自不同村落共同体的搬迁人口，社区居民的异质性所带来的多元利益诉求也对原有社区治理模式提出了新的要求。从社区治理的模式来看，尽管社区中存在社区居委会、党组织、物业、其他社会组织等多个主体，但是“多元治理”格局仍是雏形，多中心社区治理模式尚未形成。因此，社区治理模式应从“自上而下”的方式向以社区居民为主体的“自下而上”的方式转变，建立以居民为主体、社会参与、政府组织引导的多中心社区治理模式。在治理事务上，充分发挥政府组织的引导作用，尊重社区居民的主体地位，保障社区居民的知情权、参与权；在治理方式上，要注重社区居民自治，培养他们自我管理能力。

4. 理顺关系，稳步推进社区治理

第一，理顺搬迁社区居委会管理的体系和范围。搬迁社区是过渡型社区，介于农村村落与城镇社区之间。由于搬迁社区成员构成的异质性，其社区治理难度大，而且其管理的体系和范围尚未有效理顺。搬迁群众迁入城镇的那一刻开始，其公共教育、医疗卫生、就业创业、社会保障等公共服务应该有城镇以及社区供给，在户籍、社保、医保方面，要积极与迁出地进行衔接，在尊重搬迁群众意愿的前提下，合理处理户籍迁移、社保、医保等事项。为了防止和克服社区工作行政化，需要明确社区自治权、监督权、协管权。社区基础设施建设、发展科教文卫事业、加强社区各项精神文明建设、加强社区“保安、保洁、绿化”建设等工作属于社区居委会的管理和服务范围。第二，理顺搬迁群众与原村委会之间的关系。在搬迁群众的土地流转尚未成功、户籍迁移尚未进行的情况下，搬迁群众在农村的土地资源以及户籍管理仍属于原村委会管理，搬迁群众现居城镇社区，其日常生产生活管理、行为规范管理等由社区居委会管理。厘清搬迁群众在原村委会和现居委会的隶属关系，强化社区社会管理职能，对搬迁群众进行分类管理，即原户籍所在地村委会服务管理土地、林地承包、土地流转等相关权益，现居住地社区居委会服务管理人口和居住房屋。第三，理顺政府与社区组织的职责权限与关系。应该对政府和社区组织关系重新梳理，是对政府与社会组织职责的明确区分，既要厘清基层政府与社区及社区组织的关系，也要合理明确基层政府与社区组织的职能分工，通过资源配置、机构设置与机制设计来厘清社区组织与社区组织的关系，同时以此规范基层政府与社区组织的行为。第四，强化社区管理工作。在条件允许的情况下，可让迁出地村干部或驻村队员负责移民管理工作，或让他们参与社区管理，促使搬迁群众顺利过渡和适应社区生活；在少数民族聚居地区，要重视宗教事务管理工作和尊重少数民族风俗习惯，避免因宗教问题和风俗习惯问题引发社区居民之间的矛盾。

（二）加快转型，提升社区治理水平

1. 社区居委会管理服务理念转变

管理服务理念应该从“管理为主、回应民生”转变为“服务为主、协同管理”。从被动接受社区居民信息、完成上级下达任务的工作理念转变为主动获取社区居民需求信息、协助上级工作、动员社区群众和组织参与治理的工作理念。坚持“以人民为中心”理念，在社区治理过程中把满足搬迁群众美好生活需要，作为工作的出发点和落脚点，解决搬迁群众最关心最迫切、最现实的问题，并且让所有搬迁群众共享与城镇居民同等的公共服务待遇。当前，在就业、医疗卫生、教育、社会保障等方面依然存在城乡差别，严重阻碍搬迁群众的市民化。搬迁群众最关注的是就业、

子女教育、医疗卫生、社会保障等问题，把工作重点放在就业扶贫、产业扶贫、教育扶贫、健康扶贫等方面，着力解决搬迁群众最迫切的问题。

2. 加快社区管理服务方式转变

第一，建立社区工作站（见图8－2），把社区工作站作为搬迁社区居委会与村民委员会的交流枢纽，处理好搬迁初期隶属关系的问题。第二，社区居委会应当转变管理服务观念，对搬迁群众要由社会排斥到城镇容纳，由以管制为主转向以服务为主，把搬迁群众纳入社区管理服务体系，建构和谐的社区关系，逐步改变搬迁群众“双重边缘人”的社会地位。第三，运用社会工作方法服务的模式，成立各种形如就业小组、居住小组、职业规划小组的成长小组，通过整合社会资源、运用社会工作技巧，将搬迁群众难以靠个人力量解决的问题放到小组中解决，帮助他们实现自我服务和服务社会的有机统一。第四，整合资金项目，统一规划、设计、建设搬迁社区党群服务活动中心，落实办公经费、党组织活动经费，建立“社区党组织＋物业公司”的协调管理模式，让搬迁群众实现安居与乐业“双赢”。

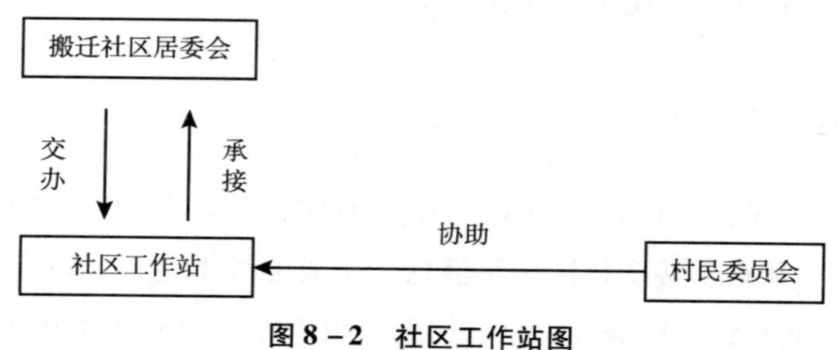

图8－2　社区工作站图

资料来源：课题组成员绘制所得。

3. 强化对搬迁群众市民化引导

社区居委会除了进行管理服务之外，还需要把引导搬迁群众市民化作为一项重要的工作目标。首先，及时帮助搬迁群众办理户口迁移手续。户口是搬迁群众享受当地待遇的证明，是搬迁群众十分关心的问题之一，也是使搬迁群众市民化的重要方式。搬迁群众迁入城镇，生产、生活稳定后，就要及时办理户口迁移手续，搬迁社区要把及时办好搬迁群众户口作为工作的重要内容，并和公安部门跟进户口办理情况。其次，搬迁社区要对社区进行规范化管理。切实解决搬迁群众迁入初期的困难和问题，做好社区原居民接受搬迁群众迁入的思想工作，让搬迁群众尽快与原居民融为一体，解决搬迁群众的社会适应问题。最后，扩大搬迁群众对外交往。搬迁群众能否扩大对外交往是能否顺利实现社会关系上的市民化的关键，搬迁社区要建成一个开放的新型社区，促进搬迁群众在社会交往中相互交流、沟通，在社会关系中不断融入社区。

4. 提升社区工作者的治理能力

首先，加强治理专业化建设，提升社区工作者治理水平。实行“四级一体”网格化管理，建立县、镇、居委会、街道四级网格微信群，派专人管理，通过微信群将上级各项政策迅速下传达至每一位社区管理干部和搬迁群众；选派、任命工作能力强、责任心强的各级网格管理员，网格管理员在微信群可随时为搬迁群众排忧解难、解疑答惑，提供更加精准、综合、优质的服务，畅通社区管理干部和搬迁群众交流渠道，形成第一时间知晓、第一时间上报、第一时间处理的快速管理机制；四级网格管理采取“上下联动、各司其职、各负其责”的管理方式，形成多点合力、多方出力、便捷高效的社区管理模式。其次，加强搬迁社区“两委”班子建设，着力选拔善于应对复杂局面、关心群众、为群众服务的优秀人才队伍进入搬迁社区“两委”。按照习总书记提出的“信念坚定、为民服务、勤政务实、敢于担当、清正廉洁”的要求，必须建设一支苦干、精干、务实的领导班子队伍；实行岗位考核，并将考核结果与工资薪酬直接挂钩，激励社区工作者提升治理能力领导班子的素质能力，尤其是政治素质和政治作风；做好搬迁群众的思想工作，并及时了解和解决搬迁群众反映的意见和存在的困难，打消他们的后顾之忧。再其次，加强宣传引导，强化社区工作者责任意识。通过政策宣传和组织引导，加强社区工作者的责任意识，使他们对搬迁群众不仅“扶上马”，更重要的是“送一程”，一如既往地履行责任。最后，培养和选拔干部参与社区行政管理。从搬迁群众中选出具有一定文化素质和组织能力、执行能力的人员，重点培养，使他们通过制度化渠道参与社区事务，对社区工作者的管理服务进行必要的监督；选拔作风优良、政治素质高、政治觉悟高、群众基础良好、综合能力强的基层干部，为社区配齐配强优秀干部。

第三节　生 态 融 入

贫困群众从生态环境脆弱的地区迁出后，如何利用人与环境关系缓解的时机有效进行生态恢复或者重建生态体系，需要引起足够重视，而贫困群众进入迁入地后，也会存在由于开发或保护不当而引起迁入地生态被破坏的现象，若干年后又需要搬迁的倾向。因此，迁出地生态修复与迁入地生态环境保护问题应该受到重视。按照以迁出地生态修复与迁入地生态保护并重的原则，把尊重自然、顺应自然、保护自然的生态文明理念全面融入易地扶贫搬迁与新型城镇化协调发展过程，坚持发展生态产业实现绿色和可持续发展，严守生态底线，确保迁出地生态系统得到有效保护，优化迁入地生态格局，形成环境友好型生态空间格局，为城镇化发展、生态城镇建设、产业发展提供有力支撑。

一、迁出地生态修复与迁入地生态保护并重

广西深度贫困地区具有国家扶贫的“三区叠加”特征，资源开发、产业发展受到较大限制，因此易地扶贫搬迁与新型城镇化的协调发展过程中首先要考虑迁出地生态环境的修复与迁入地生态环境的保护，减少对生态

环境的破坏、减轻生态脆弱地区的环境承载力，限制产业布局和产业类型。推进易地扶贫搬迁与新型城镇化协调发展必然受到资源环境的约束和胁迫，而两者协调发展的一个重要保证就是不能超过区域资源环境承载能力。这就要求处理好易地扶贫搬迁和新型城镇化协调发展与生态环境保护、生态文明建设的相互制约关系和促进关系，分析区域资源环境效应，揭示易地扶贫搬迁和新型城镇化协调发展与资源环境规律，从而把易地扶贫搬迁和新型城镇化协调发展与区域资源环境承载能力有机结合起来。

（一）迁出地的生态修复

首先，实行生态扶贫搬迁。目前，石漠化地区的人口密度是理论最大可承载人口密度（100 人/平方千米）的两倍，要继续推进城镇化建设，实施生态移民政策，引导农村劳动力输出，缓解脆弱生态的压力。据统计，2016 年，岩溶地区城镇化率达到 45.5%，5 年间年均增长约 2 个百分点，这是因为 2011～2016 年间仅滇桂黔三省通过易地扶贫搬迁安置群众就达 281 万人，通过扶贫生态移民降低了岩溶地区贫困群众对土地的依赖程度，使该地区岩溶石漠化土地得到休养生息，促进生态修复。而且建立工业园区和开展城镇化建设、易地扶贫搬迁等客观上促成石漠化土地的减少。因此，要以居住在深山区、石山区特别是石漠化严重区和生态功能区的贫困群众为主，以生态位置重要、生态环境脆弱地区为主要迁出点，深入实施扶贫生态移民，并与城镇化建设结合，从而降低迁出地土地承载压力。与此同时，积极引导扶贫生态移民转移就业，引导和扶持生态移民从事种植和养殖等特色产业和农副产品加工、乡村旅游等非农产业。

其次，加强生态修复重建。加强迁出地生态修复重建，改善迁出地生态环境恶劣、水土流失严重的现状，通过封山育林、退耕还林、流域治理等促进生态系统结构与功能恢复，严格执行生态保护政策，对中、轻度石漠化区域调整耕作制度，合理布局农业发展。统筹山水林田湖草等各个生态系统治理，继续推进各项重点工程，不断增加生态脆弱地区的林草植被覆盖率，提高岩溶生态系统的生态功能和服务价值。加大产业结构调整力度，减轻贫困人口对土地的依赖程度，让贫困人口从土地中解放出来，减少对石漠化和水土流失严重区域植被破坏程度。加大对石漠化、水土流失的防治力度，全面推进石漠化、水土流失防治工作，提升治理水平。改变政府治理生态环境的单一模式，鼓励和支持社会力量参与到生态修复之中，积极培育营利组织和非营利组织，使其积极参与到生态修复过程中，构建出多元协同的生态修复模式。

再其次，探索生态脱贫新道路。2016 年，国务院出台的《关于健全生态保护补偿机制的意见》指出，在生存条件差、生态系统重要、需要保护修复的地区，结合生态环境保护和治理，探索生态脱贫新路子。在立足广西深度贫困地区生态形势和生态环境状况的前提下，坚持创新、协调、绿色、开放、共享的发展理念，妥善处理经济发展与生态保护的关系，结合区域产业结构调整和生态产业发展，引导发展经果林、草食畜牧业、林下经济、高效农业和生态旅游业等生态经济型产业，加快发展林下经济，积极推广林果、林菌、林药、林畜、林蜂等林下复式经营模式，实现生态发展脱贫一批。挖掘当地生态旅游资源，充分发挥广西深度贫困地区喀斯特地貌风光、田园风光、边关风情等优势旅游资源，打造绿色生态旅游扶贫，创新“易地搬迁 + 生态旅游”模式，引导搬迁群众大力发展生态旅游，走出旅游和扶贫相结合的脱贫新路子。

最后，利用体制机制保证生态修复。在石漠化治理、天然林保护、防护林建设、退耕还林等重点生态工程地区给予项目和资金倾斜，加大这些地区生态环境治理和修复力度，逐渐提升环境承载力。迁出地生态修复是一项复杂的系统工程，地方党委政府要加强领导和统筹协调，将生态修复纳入地方国民经济和社会发展规划，逐步建立地方政府责任机制，严格考核，追责问效。按照以人为本、统筹人与自然和谐发展的要求，通过生态补偿机制，建立迁出地生态、资源补偿机制，增强对限制开发区和禁止开发区的补偿功能，采取形式多样的生态、资源补偿办法和模式，开展生态综合补偿试点，健全公益林补偿标准动态调整机制，让搬迁群众得到必要的生态、资源补偿金用于易地扶贫搬迁，增强广西深度贫困地区保护生态环境和生物多样性的能力，实现迁出地的可持续发展。

（二）迁入地的生态保护

对于迁入地而言，必须处理好开发与保护的关系，要以人与环境协调发展为基本原则进行规划与开发，坚持经济持续性、社会持续性、生态持续性的统一，以避免新的环境问题出现。

落实生态保护新理念，完善国家生态保护策略，也就是落实“保护生态环境就是保护生产、改善生态环境就是发展生产力”的新理念，实行最严格生态环境保护制度，形成与生态保护相适应的生产生活方式。坚持保护优先，自然恢复为主的方针，统筹区域重大生态保护与恢复工程，对人工造林种草等生态建设工程进行科学论证和限制，坚持宜林则林、宜草则草、宜荒则荒的原则。增强城镇和城市群生态功能，强化城镇生态安全意识和要求，在搬迁城镇建设和发展规划中，要体现生态优先的原则，优先确定生态用地、再规划城镇建设用地，在城镇总体规划中增加生态规划专项，建立节约资源、利用可再生资源和循环利用资源的机制和政策，促进城镇化健康发展。

在迁出地生态保护过程中，需要遵循集约、绿色、低碳、和谐的理念，建设人与城镇、人与自然、城镇发展与生态保护相得益彰的新型城镇，以达到经济、社会、环境可持续发展。将生态宜居的理念融入并贯穿于空间布局、建设形态等城镇建设中，加快形成生态化、人性化的城镇空间布局和多层次、多功能的城镇生态体系。在迁出地环境保护中，要以绿色发展为基础，以人为本，科学规划，大力推进生态环境建设，把人居环境、经济发展、社会发展结合起来，建设优美舒适、人与环境和谐的绿色型城镇。大力加强城镇及周边工业园区的绿化，建设生态城镇，全面改善生态环境，提升城镇环境承载能力。

广西深度贫困地区平地少，丘陵多，喀斯特广布，需要按照“产业集聚、土地集约、生态环保”的原则，加快产业集聚，保证土地资源的集约利用，注重生态保护。将生态保护理念融入城镇规划、城镇建设中，合理规划城镇空间布局，增强城镇空间的可达性，并在广西主体功能区规划的指引下，进一步把主体功能区规划理念用于广西深度贫困地区的城镇空间布局，努力营造低碳、高效的城镇空间。

二、发展生态产业，实现绿色和可持续发展

第一，树立绿色生态发展理念。树立“绿水青山就是金山银山”的生态发展理念，建立政府主导、企业和社会各界参与、市场化运作、可持续的生态产品价值实现模式。通过公共生态产品交易的方式，构建更多运用经济杠杆进行生态保护和环境治理的市场体系，例如政府对公共生态产生采购，生产者对公共资源开发有偿使用，消费者对生态环境附加值付费。坚持绿色发展理念，妥善处理经济发展与生态保护的关系，结合区域产业结构调整和易地扶贫搬迁实际以及城镇化建设情况，引导发展经济果林、林下经济和生态旅游业等生态经济型产业，增加搬迁群众收入，助力脱贫攻坚。

第二，发展循环经济。推进生态文明示范区建设，大力发展循环经济，提高资源利用效率和循环经济发展水平，鼓励实施产业园区循环化改造；以政府主导、市场推动原则，推进能源梯度利用、水资源循环利用、土地节约集约利用，同时促进企业循环式生产、产业园区循环式发展、产业循环式组合，构建循环式生态产业体系，以提高资源利用率。循环式生态产业体系的构建要以生态、特色、优质、长效为重点，以建设农村合作社、集体养殖示范基地和家庭农场项目为核心，着力促进产业化经营、规模化生产、标准化建设、信息化支撑，努力打造“生态、休闲旅游型”特色乡镇。产品从源头生产到加工再到终端产品，必须环环紧扣、紧密相连，首先从源头把控种植、养殖，其次精细加工、分级包转，最后终端销售、树立品牌。按照规范化管理、专业化服务、科技化生产，提升产品附加值，延长循环式生态产业体系的效应。创新“公司 + 基地 + 合作社 + 农户 + 市场”的复式发展模式，重点培养经营主体，以龙头企业为核心，带

动循环式生态产业体系做强做优。

第三，调整产业结构。调整产业结构，以环境倒逼机制促进产业转型升级。以严格环境准入推动产业结构调整和发展方式转变。培育发展战略性新兴产业，以重大技术突破和重大发展需求为基础，促进生态保护与新兴产业深度融合，在继续做大做强生态产业基础上把战略性新兴产业培育发展成为先导性、支柱性产业。实现生活空间宜居适度、生态空间山清水秀，推进绿色、低碳、环保的新型城镇化。调整工业结构，在培育和发展优势工业的同时，引导高能耗、高污染企业优化升级工业生产结构，降低能耗、降低污染。促进产业结构由第二产业主导型向第三产业主导型转变，促进生产方式由劳动力密集型向资本密集型、技术密集型转化，这种经济发展结构有利于生态环境的保护，以及产业的可持续发展。优化产业结构，加快淘汰广西深度贫困地区落后生产能力，加快建立重污染、高能耗产业退出机制，推动落后生产设备更新换代。

第四，发展生态旅游产业。当前，生态旅游成为新型产业。广西深度贫困地区虽然贫困，但山清水秀、生态环境优美，民族文化多种多样，发展观光旅游、康养休闲等产业的条件得天独厚。依托得天独厚的生态旅游优势，加快生态旅游产业发展，推动全域旅游发展与生态保护的有机结合，将景区建设与生态城镇建设协调融合，形成以产带生态保护、以产带城镇化建设的长效发展局面。同时，广西深度贫困地区大部分是属于革命老区，红色旅游资源丰富，而且红色旅游属于生态产业，因此发展红色旅游具有很大的优势，要积极利用这种优势，大力发展生态型红色旅游业。

第四节　多元协同

在易地扶贫搬迁与新型城镇化发展过程中，两者之间的关系存在三种类型：易地扶贫搬迁推进城镇化进程；城镇化吸引贫困人口搬迁；介于两者之间的易地扶贫搬迁与新型城镇化协调发展。这三种关系类型随着扶贫开发工作的开展和新型城镇化阶段发展而出现有规律性的变化。从易地扶贫搬迁与新型城镇化的关系来看，两者是紧密联系的，它们通过多元主体、政策保障机制等途径进行连接（见图8-3）。

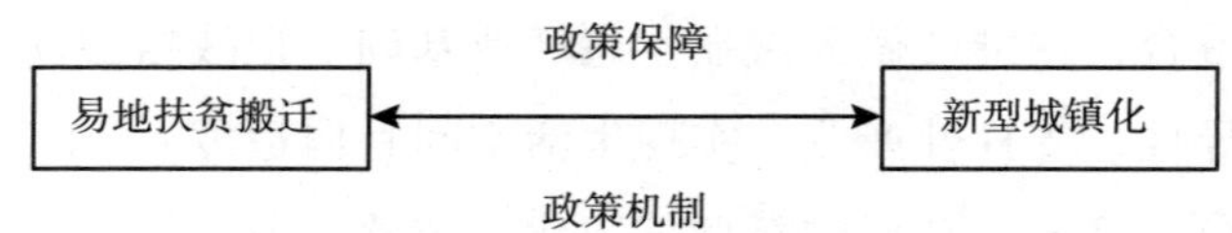

图8-3　易地扶贫搬迁与新型城镇化连接模型

资料来源：课题组成员绘制所得。

该模型反映了易地扶贫搬迁、新型城镇化、多元主体、政策保障机制之间的动态关系，其核心思想是：易地扶贫搬迁与新型城镇化通过多元主体、政策保障机制的积极作用，实现易地扶贫搬迁与新型城镇化协调发展。该模型表明，易地扶贫搬迁和新型城镇化，既是相互独立与自主的系统，又是相互联系与作用的系统，易地扶贫搬迁与新型城镇化相互协调发展的关键在于充分发挥多元主体和政策保障机制的作用，最大限度地扩大易地扶贫搬迁与新型城镇化之间的联系，实现两者的协调、融合发展。

推进易地扶贫搬迁与新型城镇化协调发展是一项复杂的系统工程，涉及社会的各个领域，关乎参与其中的各个角色。由于易地扶贫搬迁与新型城镇化协调发展的整体性较强，考虑到可能存在的诸多问题造成的不可持续发展，这要求改变传统的政府单一治理模式，积极利用市场主体及培育各类社会组织，鼓励非政府力量参与到易地扶贫搬迁与新型城镇化协调发展的推进之中，最大限度地推动易地扶贫搬迁步伐和新型城镇化进程，形成党委领导、政府、企业、社会组织和公众等多元主体协同参与格局。

一、党委领导

第一，坚持党委领导的核心地位。坚持党委领导核心地位，是实现易地扶贫搬迁与新型城镇化协调发展的根本保证。在多元主体协同参与促进易地扶贫搬迁与新型城镇化协调发展的格局中，治理主体多元化，治理主体间利益复杂化，治理方式不断创新，治理难度越来越大，党委更应该发挥总揽全局、协调各方的核心领导作用。这不仅是党委的职责所在，也是其权威所系。党委进一步发挥核心领导作用，需要从全局出发，正确把握易地扶贫搬迁与新型城镇化协调发展的总方向，抓住两者协调发展的重点和关键领域，整合各方力量和协调各方利益。

第二，发挥党委思想引领的作用。党所指出的伟大任务，在党和人民群众中引起强烈的共鸣，得到全国上下各阶层的一致认同。正确的思想引领能够把全党和全国各族人民团结在一起，形成强大凝聚力，而正确的思想引领和凝聚作用的发挥，离不开发挥党的思想引领力。这种力量，能够经受得起外界的糖衣炮弹、各种磨难、挫折、考验，具有“任你风吹或雨打，我自屹立不倒”的精神气魄。之所以强调发挥党的思想引领力，是因为易地扶贫搬迁与新型城镇化协调发展是一项复杂的系统工程，需要党作为思想引领，引导各方力量参与其中。要深刻认识到易地扶贫搬迁与新型城镇化协调发展工程任重而道远，必然会遇到各种考验和面临各式困难，因此必须把发挥党的思想引领作用，用思想引领把党和各方力量团结起来，形成强大的合力，以积极应对不断变化的形势。党委作为思想引领的核心力量，必须明确使命、敢担当、能负责，成为易地扶贫搬迁与新型城镇化协调发展过程中的灵魂所在。这要求各级党委学习和践行习近平新时代中国特色社会主义思想，深入学习党章，把党章精神作为自己的力量武装，把学习的过程变为自我超越、凝聚力量的过程，努力成为公众的表率。

第三，创建能发挥领导核心作用的党支部。促进易地扶贫搬迁与新型城镇化协调发展的重点在于创建一个能发挥领导核心作用的党支部。把党建与扶贫工作相结合，目的是发挥党组织在扶贫工作中的领导核心和思想引领作用。紧紧抓住党组织建设优化的优势，切实把组织优势和政治优势转变为扶贫优势以及发展优势，确保基层党建与扶贫工作深度结合，以此把组织力量汇聚到扶贫工作上，不断壮大贫困地区的经济发展实力，带领贫困群众脱贫致富。利用党组织建设，凝聚各方优势力量，形成强大的合力，并优化党组织建设，压紧压实基层责任，举全党之力推动基层党建和易地扶贫搬迁与新型城镇化协调工作“同频共振”。注重把党建优势转化为产业扶贫优势，大力发挥以党员干部带头创业为主、入党积极分子带头支援为辅、搬迁群众积极参与为关键的创业计划，走出一条特色的“党组织引领兴产业、党组织带头致富”的脱贫致富新路子。运用党支部的引领力量，引导搬迁贫困群众加入产业合作社中，打造“第一书记产业联盟”特色农产品品牌，这种模式实际上是把产业发展与党建工作结合起来，发挥党支部的引领作用，不仅起到解决搬迁贫困群众经济贫困问题的作用，还一定程度上解决了搬迁贫困群众的思想贫困问题。

二、政府统筹

易地扶贫搬迁与新型城镇化协调发展，涉及广西深度贫困地区经济社会发展的方方面面，是一项战略性的系统工程，必须由政府统筹和主导，通过统筹协调、完善机制、加大投入、创新方法，着眼长远来逐步加以实现两者协调发展。

首先，在易地扶贫搬迁与新型城镇化协调发展过程中，政府要统筹兼顾易地扶贫搬迁与新型城镇化的利益，构建易地扶贫搬迁与新型城镇化协调发展连接机制和保障机制，促进两者协调发展。易地扶贫搬迁的利益主要表现为：搬迁人口顺利脱贫、搬迁人口顺利实现市民化；新型城镇化的利益主要是城镇化水平得到提高、城镇化率有效提升。那么，政府在统筹时应该注意：一方面，必须统筹易地扶贫搬迁与新型城镇化，一体化推进。在推进易地扶贫搬迁与新型城镇化协调发展过程中，要因地制宜，尊重事物发展规律，做到易地扶贫搬迁与新型城镇化协调发展；第一，要加快推进易地扶贫搬迁，保证搬迁人口顺利迁入城镇，能够“搬得出”，提高城镇化率；第二，新型城镇化要科学发展，系统解决搬迁人口的就业、户籍、社会保障、子女教育等制度性问题，促进搬迁人口能够在城镇安居“稳得住”。另一方面，更加支持易地扶贫搬迁工作。主要原因是易地扶贫搬迁作为精准扶贫的重要扶贫减贫策略之一，在我国已经到了脱贫攻坚和全面建成小康社会决胜阶段，易地扶贫搬迁任务尤为艰巨。

其次，政府要正确发挥推动易地扶贫搬迁与新型城镇化相互协调发展的作用。政府要更加明确自身的职责和权力范围，转管理型政府为服务型政府，通过合理运用各种有效政策和措施，将人力资本、社会资本、土地、资源等合理有效地分配于城镇建设，提高城镇综合承载能力，并为易地扶贫搬迁提供政策保障，是易地扶贫搬迁与新型城镇化之间达到协同发展的效果。其一，为易地扶贫搬迁与新型城镇化协调发展创造良好的制度环境，如建立城乡公平的社会保障制度、户籍制度、土地制度等；其二，由于搬迁群众属于弱势群体，政府应提供搬迁群众后续生计的优惠政策，如劳动力免费培训政策、就业创业补贴政策、消费补贴政策等；其三，为搬迁群众提供完善的生产生活配套设施，例如，完善的交通设施、文化体育设施、医疗卫生设施、水利和电力设施等。

再其次，政府要健全和完善城镇基础设施、公共卫生服务设施、基本医疗保障设施等，让搬迁人口在医疗、养老、教育等方面与原城镇居民享受同等的权利，赋予搬迁人口以完全的“市民权”。与此同时，政府还要注重发动社会的力量，多种力量协同（见图 8 -4）推进易地扶贫搬迁与新型城镇化协调发展。这些社会力量的作用很显然在一定程度上促进政府统筹下的易地扶贫搬迁与新型城镇化协调发展。实施千企千镇工程，调动企业积极性，引导社会资本参与易地扶贫搬迁与新型城镇化协调发展，促进镇企融合发展、共同成长，更好发挥政府的规划引导作用，防止政府大包大揽。

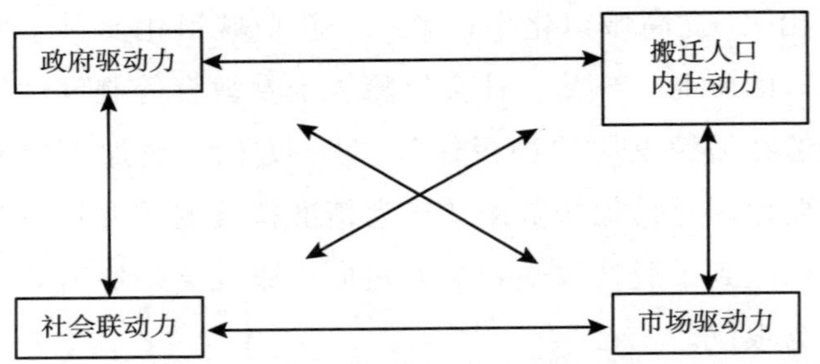

图 8－4　易地扶贫搬迁与新型城镇化协调发展的驱动力

资料来源：课题组成员绘制所得。

最后，政府加强对搬迁社区或城镇的全过程管理，出台配套性安置政策，降低搬迁群众市民化成本，第一，是政府加大对搬迁群众后续权益落地的督导，比如搬迁群众的宅基地、耕地流转权益问题；第二，是针对搬迁群众配套出台土地、用电、用水、金融等优惠政策，以及后续管理、社会保障、公共服务等制度机制，构建包含基本医疗、养老、教育、失业等多重保障体系，确保搬迁群众"稳得住、活得好"；第三，结合当前特色小镇建设、新型城镇化建设，设计建设适合搬迁群众的新型社区和新型城镇。

三、社会协助

作为多元协同中的重要主体之一，即社会组织及其协助，是多元协同系统中的重要环节，对于协同推进易地扶贫搬迁与新型城镇化协调发展及其成效具有莫大的影响。

第一，社会组织是社会力量中的组成重要部分。从易地扶贫搬迁与新型城镇化协调发展的实践中，可以清楚地看到贯穿于其全过程的两条主线：一是政府的行动；二是社会力量。两者的协调发展不是其中任何一方能够单独实现的，而是政府和社会力量协同参与的结果。社会组织作为社会力量中的其中一部分力量，在推进易地扶贫搬迁与新型城镇化协调发展过程中扮演重要角色。随着易地扶贫搬迁与新型城镇化协调发展实践的进一步深入，社会组织在党委和政府的支持下，把社会中零散的组织集合起来，参与行动，通过研究两者协调发展需要具备的条件，协调社会各方力量，充分利用社会资源，共同推动易地扶贫搬迁与新型城镇化的协调发展。

第二，多元协同离不开社会组织的协助。社会组织在易地扶贫搬迁与新型城镇化协调发展领域具有强大的优势，能够增进政府、公众之间的联系、交流，减少矛盾，是政府与公众之间沟通联系的中介。社会组织为增强社区治理与群众自治的有效衔接提供了重要平台，是公众参与易地扶贫搬迁与新型城镇化协调发展的重要载体。社会组织可以独立地从事迁出迁入地的生态修复和生态保护、易地扶贫搬迁政策宣传、贫困群众搬迁动员等工作，承担部分政府和市场转化出来的职能。同时，社会组织可以独立解决在推进易地扶贫搬迁与新型城镇化协调发展过程中发生的矛盾，既可以形成搬迁群众间解决矛盾的平等协商媒介，又可以建立政府与搬迁群众间协商、沟通的中介，实现搬迁群众问题的解决和易地扶贫搬迁政策及其他国家政策的上情下传。

第三，社会组织参与可以减轻政府易地搬迁和城镇化建设的压力。易地扶贫搬迁与新型城镇化的协调发展作为一个复杂的系统，越来越多的事务是政府难以发挥作用的，市场又无法涉及的。在社会组织的介入下，政府可以减少压力。社会组织可以作为易地扶贫搬迁政策的组织者、传播者和易地搬迁的动员者，为易地扶贫搬迁工作提供服务，加强对搬迁人口市民化的支持和对新型城镇化建设的服务，促进易地扶贫搬迁与新型城镇化协调发展。同时，在一定程度上弥补政府和市场“失灵”而造成的缺陷。搬迁城镇基础设施建设与公共服务完善需要发挥市场机制的作用，引导和鼓励社会资本参与城镇建设。

第四，社会组织具有其独特优势和重要性。社会组织具有自发性、自治性、草根性、公益性等特点，是连接政府与搬迁群众的桥梁和纽带，也是搬迁群众表达意愿、诉求利益的重要渠道。由于社会组织特有的草根性，使它们在搬迁群众中具有认同度、亲和力和影响力，在推进易地扶贫搬迁与新型城镇化协调发展更具有独特优势。一方面，在政府职能转移的情况下，社会组织可以发挥其独特优势，承接政府转移的部分职能，并在“后搬迁时代”为搬迁群众提供就业创业支持、扶贫济困、文化体育等服务，促进搬迁群众融入城镇。另一方面，易地搬迁使曾经的“熟人社会”被打破，社会组织发挥其影响力，引导搬迁群众通过参加文体娱乐类、互益服务类社会活动，加强沟通交流，融洽邻里关系，从而增强搬迁群众社区认同感和归属感。

四、公众参与

根据公众参与理论，社会公众参与是社会进步的必然趋势。社会公众的力量应受到普遍尊重，民主参与、自我管理成为一种社会生活方式。因此，提升政府公众的协同合作意识，发挥公众的主体作用，具有重要意义。

第一，搬迁群众在易地扶贫搬迁与新型城镇化协调发展过程中居于主体地位，要树立主体意识，积极参与其中。国内外学者普遍认为，“参与”是参与式治理的关键。这种参与式管理强调利益相关者广泛而积极参与到与自身利益密切相关的公共事务、公共决策中。利益相关者可以包括公民个人、社会团体、企业、社区机构等。因此，在易地扶贫搬迁与新型城镇化协调发展过程中搬迁群众处于主体地位，同时搬迁群众也要树立主体意识，积极参与到其中。从宏观层面来看，让搬迁群众参与到易地扶贫搬迁与新型城镇化协调发展的全过程，从两者协调发展的决策、实施到最后的利益共享，从决策开始搬迁群众要意识到自己责任，关心两者协调发展的方向和未来，共同谋划协调发展策略，并积极参与到两者协调发展的实施过程中，最终由搬迁群众分享两者协调发展带来的利益，实现市民化和脱贫致富；从微观层面来看，要探索形成群众主体的微观治理体系，通过充分发挥搬迁群众的主观能动性，将外部的支持转为搬迁群众积极参与的自我行动。

第二，搬迁群众只有积极参与，才能充分表达自身意愿。公众参与让更多的人享有了“被倾听”的权利，“倾听可以减少自我欺骗”①。在易地扶贫搬迁与新型城镇化协调发展过程中，搬迁群众只有通过积极参与才能够充分表达自身意愿，提出自己的利益诉求，这样才最有可能达到最佳的政治效果，这些最佳的政治效果不仅反映了搬迁群众作为一个整体的广泛判断或特定群体而获得的收获，而且也是其发挥主体作用的表现。

第三，就我国而言，政治、经济以及社会领域的可持续发展离不开广泛的公众参与，而公众参与作为一支重要力量正逐步打破“政府主动、企业被动、公众不动”的尴尬格局。在易地扶贫搬迁与新型城镇化协调发展过程中，搬迁群众作为参与主体，也应积极发挥其主体作用，那么搬迁群众积极参与至少在以下几个方面促进易地扶贫搬迁与新型城镇化协调发展：一是搬迁群众参与促进了制度设计，强化了职能部门对易地扶贫搬迁政策的执行力度和建设新型城镇化的实施力度；二是搬迁群众参与唤起和树立了搬迁群体的主体意识，提高了搬迁群众参与积极性和参与能力，促使公民行动；三是在未来更广泛的搬迁群众参与下，政府在冲突中解决问题和深化民主的能力也将随之提升，而且政府及其部门所做的就业、教育、公共服务、社会保障等方面的决策也更加体现和符合搬迁群众的利益诉求。总之，搬迁群众积极参与对于易地扶贫搬迁与新型城镇化协调发展具有重要的促进作用，并在其积极参与中体现自身意愿和实现利益诉求表达。

第五节　本章小结

易地扶贫搬迁与新型城镇化协调发展过程中，搬迁群众的生存职业、自身素质、思想观念和自我身份定位现状正经历着“脱胎换骨”前的

① 查尔斯·J. 福克斯，休·T. 米勒. 后现代公共行政——话语指向［M］. 楚艳红译. 中国人民大学出版社，2005：52.

“阵痛”，而且其市民化的困境在城乡一体化政策（住房、土地、社会保障、公共服务等政策）安排、产业结构调整、就业创业、变革搬迁型社区治理制度机制和城乡二元结构等方面加以破解。无论是从突破非结构性制约因素和结构性制约因素方面着手，从探析搬迁人口迁入城镇后的经济融入、社会与文化融入、生态融入等方面思考，还是从实现“搬得出、稳得住、能致富”“能适应、能融入”目标进行综合考量，抑或从高位推动中进一步完善国家顶层设计（住房、土地、社会保障、公共服务等政策）方面进行考虑，在易地扶贫搬迁与新型城镇化协调发展过程中需要兼顾多维目标，提出具有针对性、可操作性和前瞻性的策略。易地扶贫搬迁与新型城镇化协调发展过程实际上也是一个由党委、政府、社会力量、搬迁对象等多元主体协同参与、相互影响的过程，因此，两者协调发展也需要借助多元主体的力量，发挥它们各自的职能和作用。

第九章

广西深度贫困地区易地扶贫搬迁与新型城镇化协调发展的政策保障

户籍制度及其相关的一系列制度安排，如劳动就业制度、社会保障制度、土地流转制度、社会保障制度、公共服务制度、住房制度乃至民主权利，直接或者间接地导致了搬迁人口在经济、社会生活、文化心理等方面不能顺利实现市民化，阻碍搬迁人口的“稳得住”。贫困群众易地搬迁到城镇，不仅仅是空间位置的变化、户口性质的变化、生产生活方式的变化，更意味着要能享受与城镇居民同等的公共服务、社会保障等社会福利。现阶段，住房制度影响搬迁人口能否“留得下”，土地制度影响搬迁人口的土地处理方式，就业制度影响搬迁人口在城镇的收入和能否“稳得住”，户籍制度影响搬迁人口享受基本公共服务水平，社会保障制度影响搬迁人口能否“稳得住”。将住房、土地、就业、户籍政策及医疗、养老等社会保障政策协调运作，统筹管理，构建多元主体共同参与的政策实践网络，推动政策执行的资源整合，提升制度影响作用的综合叠加效应。通过城乡协调，促进搬迁人口融入城镇，非农就业，最终解决多维贫困问题、促进迁出地生态保护与修复、加快该地区城镇化发展步伐的政策目标。

第一节 深化住房、土地、就业、户籍等制度改革

深化住房、土地、就业、户籍等方面的制度改革，需要从制度层面、经济制度（就业制度、土地制度）和社会管理制度（户籍制度、住房体系）出发，从制度层面促进搬迁人口市民化，进而推动易地扶贫搬迁与新型城镇化协调发展的进程。

一、完善住房体系

通过完善住房体系，让搬迁群众“住得下、住得稳”。健全搬迁人口的住房保障体系，让搬迁群众住得下来，是搬迁群众市民化的必要制度保障。第一，促进城镇住房保障向搬迁人口倾斜。明确搬迁群众的住房需求，建设专门针对搬迁群众的保障性住房，完善城镇居住条件，妥善解决安居问题。大力实施“百万安居工程建设”行动，继续开展“搬迁群众住房保障”行动，促进解决搬迁群众住房问题。第二，建立和完善城镇住房保障准入条件，逐步把搬迁人口纳入城镇住房保障体系。把进城落户搬迁人口完全纳入城镇住房保障体系，让搬迁人口享受与城镇居民同等的住房保障权利，逐步完善搬迁人口城镇住房保障的政策。完善住房公积金制度，扩大住房公积金覆盖范围，把搬迁群众纳入住房公积金体系。建立专项基金，完善搬迁群众的住房补贴，加快解决搬迁群众的住房问题。第三，构建多元化住房保障。继续完善针对搬迁人口的廉租房、公租房、限价商品房、经济适用房的建设，并实施分类保障的住房保障供应体系，基本满足搬迁贫困人口的住房需求；加大对保障性安居工程建设力度和对旧住宅区综合改造力度，改善居住条件；促进保障性住房建设、农村危房改造、扶贫生态移民房建设深度融合，将保障性住房覆盖面拓展至城市中等偏下收入住房困难常住人口，统筹推进城镇保障房、农村危房和扶贫生态

移民房建设。第四，建立多元化住房保障体系，建立各级财政对保障性住房建设稳定投入机制，坚持政府主导，多渠道、多元筹集保障性住房建设利益，加快保障性住房建设，以扩大保障性住房有效供给。第五，建立多元化住房供应体系，形成供需匹配、结构合理、流转有序的基本住房供应格局，并坚持保障基本、兼顾住房需求差异的原则，满足搬迁群众多层次、个性化需求。

二、改革土地制度

在广西深度贫困地区，土地是贫困群众赖以生存的生产、生活资料。贫困群众向城镇搬迁，如果以牺牲土地为代价，那么他们失去的不仅是土地资源所带来的收益，更是其赖以生存的保障。因此，在合理引导贫困群众易地搬迁、深化城镇化推进的同时，要合理解决搬迁群众的土地问题。

（一）完善土地管理制度

1. 完善土地流转制度

首先，应明确土地所有权归属和土地流转保障。土地流转相关法律法规应明确规定所有权归属及对搬迁群众的土地流转权提供法律保障，对于使用权流转的补偿标准及利益分配、土地流转管理、土地纠纷的处理等难以处理的问题，通过调查研究并运用法律法规予以规定。其次，以改革推动“小块并大块”耕地整治，推动土地流转。政府引导和帮助搬迁群众将分散的责任田集中整合后，重新分配土地经营权，促进土地、资金、技术等生产要素优化组合，以实现农业增效、农民增收。再其次，鼓励搬迁群众进行土地流转和加强土地管理指导并重。鼓励搬迁群众土地承包经营权向专业大户、家庭农场、农村专业合作社有序流转，按照规定，搬迁群众享受粮食直补、良种补贴、畜牧补贴、农机补贴、生态补偿等各类政策。加强迁出地土地资源管理指导，推进拆旧复垦，盘活土地资源，支持推动搬迁群众通过打包开发、规模经营、盘活迁出地土地资源来参与农业种植、乡村旅游、电子商务等。最后，为搬迁群众土地流转创造良好的外部环境。目前搬迁群众仍然把土地作为安身立命的基本生活保障，作为获取收入的来源，作为养老的保障。缺乏健全的社会保障制度，难以从根本上增强搬迁群众离开土地的安全感和适应风险的能力，搬迁群众的土地流转也将严重受阻。因此，必须建立健全社会保障制度，以优化利于搬迁群众土地流转的外部环境。建立健全社会保障制度，包括社会风险、社会救济、社会福利、优抚安置等，逐步弱化土地福利和社会风险功能，以搬迁群众解决土地流转的后顾之忧。

2. 完善土地流转机制

由于保障机制不健全、补偿机制不合理、流转程序不合理等因素影响，出现搬迁群众“不愿”“不敢”流转，这对于土地的流转不利，也限制搬迁群众市民化，而且这种情况下贫困群众搬迁难以带动土地流转。赋予搬迁人口对承包地、宅基地、住房等土地资源的自由处置权，允许农民依法对土地以出租、转让、置换、赠予、作价入股等方式流转。在推进土地流转的同时建立严格而规范的配套机制和措施，必须要严格控制土地的流向，必须严格土地征用制度，完善土地补偿机制，维护搬迁群众的权益。建立公平共享的土地增值收益分配机制。土地增值收益分配问题，关乎社会公平、搬迁群众合法权益保障，必须放在土地制度改革重中之重的地位，因此在建立土地增值收益分配机制的同时，制定土地增值收益的合理分配原则，保障搬迁群众获得公平补偿和土地级差地租。建立合理公平的土地价格补偿机制，以此补偿搬迁群众的土地财产损失、社会保障费用损失、地上附着物损失等。完善土地征收程序，逐步放权于民，赋予搬迁群众知情权和保障其参与权。完善城乡一体的用地市场机制，建设城乡一体化用地市场，在符合规划和用途管制的前提下，要使农村集体经营性建设用地与国有土地同等入市、同权同价，以破除城乡二元结构制约城乡发展的障碍。

3. 稳慎改革宅基地制度

加快探索宅基地所有权、资格权、使用权“三权分置”，落实宅基地集体所有权，保障宅基地搬迁群众的资格权和房屋财产权，鼓励农村集体组织及成员盘活、利用贫困群众易地搬迁后闲置的宅基地和闲置房屋，建立搬迁人口的宅基地使用权取得和退出有偿机制，逐步放宽宅基地使用权的流转，促进促进搬迁人口的土地流转规范、有序，形成城乡统一的土地市场。并以制度的规范、引导、保障和约束机制，促进农村土地的规范流转，降低搬迁人口市民化成本障碍。在宅基地退出机制上，采取自愿退出原则，由集体经济组织按市场价格进行回购。实行宅基地等量置换，按照“建新拆旧、购新退宅”的办法，加快制定宅基地退出和回收机制，实现城乡用地布局的调整和优化。

4. 深化征地制度改革

在完善和规范征地程序的基础上，建立兼顾国家、集体、搬迁人口的土地增值收益分配制度，完善对被征地搬迁人口的合理、规范、多元保障机制，保障被征地搬迁人口个人收益以及其长远发展生计。建立健全搬迁人口的土地征收服务体系和征地纠纷调解、仲裁体系，合理调解征地过程中存在的土地纠纷和土地征收矛盾。要缩小征地范围，扩大国有土地有偿使用范围，减少非公益性用地划拨，以遏制城镇空间无序蔓延。改革征地补偿制度，防止以地生财而随意侵占和损害搬迁人口土地权益。同时，开展城乡建设用地“同价、同权、同收益”的征地制度改革实验，以及探索城乡建设用地增减挂钩、人地挂钩、地区间人地挂钩的“三挂钩”征地方式，并逐步推广。

（二）建立城乡一体化土地流转制度

建立城乡一体化土地流转制度，确保土地制度改革目标的实现（见表9-1）。大力培养城乡统一土地流转市场，建立符合市场经济要求的土地流转机制，培育和发展促进城乡土地流转一体化的中介组织，促使城乡统一土地流转市场有效运行。在确保农村土地归农民集体所有的前提下，建立统一建设用地市场，并有效发挥政府和村集体的职能，以实现集体用地进入市场。尽管土地流转制度的建立可以把土地和劳动力这两个重要的生产要素解放出来，但建立有效的市场机制，促进集体用地进入市场，具有重要作用。城镇与农村的土地资源利用存在很大差别，土地利用中城镇属于高效配置，但农村仍处于建设用地粗放的阶段，那么需要建立城乡一体化土地制度，促进城乡土地资源的节约利用。优化土地资源配置，以及提高土地流转的市场化配置程度，统筹城乡土地资源，从而促进土地资源的集约化。未来，要在城乡一体化发展的视角下，推动城乡一体进步的"一体化土地流转制度"安排，必须要考虑以下几个方面。

表 9－1　　　　城乡一体化下的土地制度改革目标

	制度	城镇	农村	城乡一体化改革的目标
城乡土地市场	土地制度	国有土地制度	集体土地制度	统一土地流转市场
	土地市场	土地市场	阴性市场	集体用地进入市场
	土地利用现状	高效配置	建设用地粗放	节约利用土地
	土地利用潜力	建设用地进行	土地整理潜力大	统筹城乡土地资源

资料来源：根据国家土地制度的相关内容整理所得。

第一，建立城乡统一的土地法律法规。在推动城乡一体化的同时，推进土地流转城乡一体化，制定城乡统一的土地法律法规，为搬迁群众土地流转创造良好的外部制度环境；制定城乡统一的土地法律法规，从而改变土地政策的二元分割格局；赋予和保证农村土地和城市土地同等参与工业化和城镇化的机会与权力，保证"同地、同权、同价"，并赋予农民享有土地非农化过程中的收益权和转让权[1]；建立城乡土地统一管理体制，而

① 罗必良等．产权强度、土地流转与农民权益保护［M］．经济科学出版社，2013.

城乡土地统一管理体制中必须有明确城乡土地流转形式、规范城乡土地流转价格、明确土地流转收益使用范围、明确土地及房屋所有权主体等内容，该管理体制由政府授权其他行为主体统一运行管理；不能把“双放弃”（放弃承包地和放弃宅基地）作为搬迁人口市民化的先决条件，更不能以搬迁人口的市民化权利换取土地权利，尽快从法律层面保障搬迁人口土地使用权的物权性质，在严格用途管制的前提下，赋予搬迁人口对宅基地、农房、集体用地的处置权。

第二，建立新型城乡土地关系。从城乡一体化的本质出发，建立城乡一体化土地流转制度，就是要改变城市偏向的土地政策，从制度上建立新型的城乡土地关系，让土地要素可以在城乡之间依照市场机制自由流动，打破长期形成的制约城乡土地流转的二元土地制度，促进城乡一体化发展。对城乡土地的产权权能、流转范围、使用年限、交易形式等内容进行有效整合，促使城乡土地建立建议，从而促进新型城乡土地关系的建立。对城乡的土地一视同仁，尽快形成城乡统一的土地规划、土地登记、土地管理、土地市场，以实现城乡居民平等的土地权利。

第三，进行合理的土地利用规划。土地利用规划是城乡一体化发展土地资源空间配置的依据，也是建立城乡一体化土地流转制度的重要方式。从长远考虑，只有进行合理的土地利用规划，才能适应城乡发展的要求，统筹城乡发展。改变土地利用规划理念，对城乡土地利用规划要因地制宜，充分考虑农村与城镇的社会经济发展水平，编制符合城乡发展实际的土地利用规划，并积极引导多方主体参与土地利用规划编制，真正做到城乡土地在各部门、各主体的协同推进下实现统一管理与配置。进行合理的土地利用规划，应该要符合市场经济体制和新型城镇化土地资源管理要求，并确保土地利用规划在实际运行中结构合理、运转协调、灵活高效。

第四，建立城乡统一的土地流转市场。土地对搬迁群众具有生产资料和社会保障的双重功能，是搬迁群众迁入城镇后最重要的资产和最大的利益。前文分析已经指出，土地流转市场具有双重性，形成了有差别的城乡土地流转市场。建立城乡一体化土地流转制度的目标之一，就是要建立城乡统一的土地流转市场。在按照党中央、国务院《关于完善农村土地所有权承包权经营权分置办法的意见》和《关于完善产权保护制度依法保护产权的意见》的前提下，加快修改《土地管理法》《农村土地承包法》等法律，应该从法律法规和政策上允许符合土地利用总体规划和经依法批准使用的农村集体建设用地进入市场流转，农村集体或者农民个人可以与征地方进行平等谈判，按照市场规则进行土地交易，从而赋予农民更多的土地财产处置权，让农民带有“可变现”资产易地搬迁。地方政府应放弃对建设用地供应的垄断，允许市场进入建设用地的供应，从而激活城乡统一的土地流转市场的活力。建设城乡土地流转有形市场的基础上，建立城乡统一的土地交易中心，以此探索城乡土地流转的“两种产权、统一市场、统一管理”的新途径。

第五，严格执行土地增减挂钩的政策，提升土地使用价值。充分利用城乡建设用地增减挂钩政策支持易地扶贫搬迁工作，高标准、高质量地进行迁出地的农田整治、宅基地整治，组织拆除旧房、危房，复垦旧宅基地，提高土地利用率，防止土地闲置和浪费。加快推进农村土地确权工作，探索对搬迁群众集体土地分配收益、宅基地增值收益的分配方式，同时做好迁出地荒山、林地的确权工作，确保国家和搬迁群众的土地权益。

三、完善就业制度

生计保障是易地扶贫搬迁人口市民化的前提和基础，如果处理不当或不及时，势必会引起城镇的不稳定，成为影响城镇社会稳定的不利因素。针对广西深度贫困地区搬迁人口就业技能不足、受教育程度低的现状，加大职业教育培训的同时，完善就业制度，营造保障搬迁人口生计问题的制度环境。就业制度是指社会上公民获得就业机会和维护社会就业行为的相关管理制度①。而促使搬迁群众获得就业机会和维护就业行为，重点要解决两大问题，即户籍歧视和搬迁群众就业能力差，为此，需要从如下两个方面进行完善就业制度。

第一，消除非农就业的户籍歧视。城镇用人单位招聘不应以农业户籍和非农业户籍的身份区别对待，而应该是不以户籍身份设限，农业户籍劳动力和非农业户籍劳动力都享有平等获得就业机会的权利。由于大部分搬迁人口都是文化程度低、就业技能不足，与城镇居民相比，在获得就业机会方面明显处于劣势，在消除非农就业户籍歧视的基础上，优先安排合适就业。有序开展公益性岗位，对于搬迁人口，符合城镇就业困难人员条件的，优先安排就业。除此之外，通过建立城乡统一的劳动力市场，逐步消除非农就业的户籍歧视。培育城乡统一的劳动力市场，按照劳动力资源自由流动的原则，取消对农村劳动力以及搬迁群众的就业限制，让劳动力自主选择就业，平等就业。

第二，建立专门针对搬迁群众的就业培训制度。受城乡分割的二元结构体制影响，与城镇居民相比，农村居民文化程度一般较低，就业技能严重缺乏，而且接收到的就业技能培训少之又少，与城镇劳动力的就业竞争中往往处于劣势。搬迁群众作为介于农村居民与城镇居民之间的特殊群体，其在城镇中获得的就业机会则相对更少，享受到的就业技能培训也较少。因此，政府应当建立专门针对搬迁群众的就业培训制度，加强搬迁群众的就业培训规划，保证职业技能培训的针对性，从而使搬迁群众能够有效实现就业，在城镇“稳得住”。与此同时，针对搬迁群众的特点进行分类培训，根据不同年龄结构、文化程度、职业技能高低对搬迁群众进行分层培训，满足不同层次搬迁群众的就业培训需求。

第三，完善就业服务制度。公共就业服务是当前搬迁人口市民化的迫切需求。政府需要从搬迁人口进入城镇后存在“就业难”的现实角度出

---

① 夏丽霞，高君．新生代农民工进城就业问题与市民化的制度创新［J］．农业现代化研究，2011，32（1）：4－45.

发，率先突破“就业难”的瓶颈问题，发挥其职能，加强公共就业与教育培训服务，与此同时，政府应给予搬迁人口就业技能培训的资金支持，把搬迁人口就业培训的资金纳入各级公共财政的支出范围，确保搬迁人口能够经常参加就业技能培训，为搬迁人口的人力资本积累提供重要保障。加大公共就业服务的投入，为就业技能低、学历不高的搬迁人口提供公益性岗位以及免费的再就业培训。针对就业困难搬迁群体，进行专门的就业强化服务，对他们进行“一对一”的就业指导，指导就业信息获取的途径，提供就业咨询服务，并加强公共就业服务信息系统的建设，实现自治区、市、县、镇（街道）四级联网，实现就业信息互通和共享。组织开展“送岗”系列活动，组织搬迁人口专场招聘会，提供免费公共就业服务。结合广西深度贫困地区的主导产业发展需求，遵循“实际、实用、实效”的原则，建构以主要产业发展需求为导向的公共就业服务体系确保搬迁人口掌握的技能符合产业发展的要求。

第四，在城镇实现就业人员一体化政策。对易地搬迁劳动力实现统一的就业政策，彻底消除对搬迁人口的就业歧视。一方面，实现劳动关系一体化的政策。根据用工条件和用工要求招聘就业人员，不根据身份角色招聘就业人员，并像对待城镇居民一样，与搬迁劳动力签订标准的劳动合同，与其确立规范、合法的劳动关系。另一方面，实行一体化的劳动工资政策，实行同工同酬原则。制定城乡统一的工资政策，以消除因身份不同而出现的不发奖金、福利和加班费的经济歧视。除此之外，实行一体化的劳动保障政策。为了保证搬迁人口“稳得住”，维护其合法权益和社会稳定，对包括搬迁劳动力在内的企业在职职工实行统一的劳动保障政策。

第五，完善搬迁人口就业保障制度。完善由城镇户籍人口与搬迁人口共享的公共就业服务信息管理制度和机制，确保搬迁人口在城镇人力资源市场信息网络获得公共就业服务，尽快把搬迁劳动力纳入迁入城镇的公共就业服务体系，在此基础上把搬迁劳动力纳入迁入城镇的就业、失业统计范围，建立包括搬迁劳动力在内的人力资源及就业状况调查统计登记分析制度。建立搬迁人口与所在城镇户籍人口统一、平等竞争的劳动力市场，辅以就业平等竞争机制，以保障搬迁人口的就业公平。

四、改革户籍制度

户籍制度是以人口管控为目标，依托属地制度和单位制度，附着劳动就业、义务教育、基本医疗、社会救济、计划生育、社会治安、政治选举等一系列政府社会管理功能的行政架构①。改革开放以前户籍制度是控制我国人口迁移和城镇化的核心机制。改革开放以来，国家为了推动城镇化建设进程，对户籍制度进行了一些重大改革，但城乡二元结构难以在短时间内根本消除。中国社会科学院院长蔡昉指出，以户籍制度为核心的一系列人口管理政策仍然是制约城乡劳动力流动的制度性障碍，通过户籍制度改革，从制度上保障农民从农村到城镇的有序转移②。要推动以人为核心的新型城镇化，户籍制度必须进行改革③。而且2018年中国的常住人口城镇化率为59.58%，户籍人口城镇化率仅为43.37%，如果以发达国家或地区的平均水平为参照系，从户籍人口角度来说，中国还有近40个百分点的空间。但是户籍制度的存在将大大压缩城镇化空间，所以户籍制度改革，也将进一步打开城镇化的空间。户籍制度改革事关亿万国人的福祉，是一项牵涉范围广、历时时间长、任务之艰巨的基础性改革，极其容易“牵一发而动全身”。因此，户籍制度改革应在改革时间和空间的选择上采取“渐进式”而不是“一步式”的改革模式，这种渐进式改革模式有利于化解其改革阻力，逐步扩大从农民身份转化为市民身份的制度化通道。户籍制度的改革应该是一个长期的、循序渐进的过程，其改革路径应该遵循“剥离—配套——体化”的原则。

---

① 高飞．中国农业转移人口市民化政策研究［M］．北京：科学出版社，2016（10）：71.

② 蔡昉，王德文，都阳．中国农村改革与变迁：30年历程和经验分析［M］．格致出版社，2008：223.

③ 张建军．中国西部区域发展路径——层级增长极网络化发展模式［M］．科学出版社，2010：125－127.

（一）剥离户籍制度的附加功能

传统的户籍制度是导致城乡二元结构形成的最重要的制度之一，是诸如就业制度、福利制度、社会保障制度和住房制度的基础。尽管当前户籍的概念正逐步弱化，但是在全国许多地区的户籍上面依然负载着一定的现实利益功能。我国现行户籍制度还存在与政治、经济、文化、教育等权利挂钩的突出问题，被人为地赋予太多的附加功能，从而也赋予了部分人享有本应属于全体公民享有的公共服务的特权。户籍制度除了与政治、经济、文化、教育等权利相关之外，还与土地制度、社会保障制度、公共服务制度、教育制度等制度相互关联、嵌套缠绕。只有逐步剥离缠绕在农业户籍和非农业户籍的“绳结”，实现从城乡二元结构的制度架构转向城乡一体发展的制度架构，才能够为户籍制度改革构造良好的制度环境。剥离户籍制度的附加功能，只是为了简化户籍制度的功能，使户籍制度从不堪之重中解脱出来，消除户籍制度改革的阻力，为其改革提供前提条件①。剥离户籍制度的附加功能，即剥离户籍福利功能，还原户籍的人口登记、信息记录等基本功能，使户口登记真实反映居民的个人身份、家庭关系、常住地址等信息。与此同时，《国家新型城镇化规划（2014～2020年）》也指出，要逐步消除城乡区域间户籍壁垒，还原户籍人口登记管理功能。只有这样才能减少户籍制度改革的巨大阻力，降低户籍制度改革的难度系数。深化户籍制度改革，就是要逐步剥离户籍制度上附带的各种利益功能，剔除户籍制度不应该承担的政治、经济、社会、文化因素，还原户籍制度的人口登记、信息记录等基本功能，改变各种对非农人口的偏向及对农业人口的歧视条款和规定，逐步淡化户口的福利色彩，使户口制度的原本功能得以回归。

（二）加强配套制度改革

2014年的《关于进一步推进户籍制度改革的意见》强调，要“建立

① 黄锟．深化户籍制度改革与农民工市民化［J］．城市发展研究，2009，16（2）：97－104.

城乡统一的户口登记制度，建立居住证制度，健全人口信息管理制度”。而且从制度起源来看，户籍制度是与其他一系列政策协同发挥作用的①，因此，推动与户籍制度相联系的综合配套的制度改革势在必行。

1. 深化配套制度改革

从一定程度上看，搬迁群众难以真正市民化，易地扶贫搬迁与新型城镇化协调发展受阻，就在于附在户籍上的公共服务所引起的公共成本。户籍制度与教育制度、医疗卫生制度、社会保障制度、就业制度等一系列制度及其所引致的公共成本紧密联系，正是由于这一系列制度紧密联系，深化户籍制度改革难以有效推行。因此，必须加强与户籍制度相联系的教育制度、医疗卫生制度、社会保障制度、就业制度等一系列制度的改革，最终实现户籍制度与配套制度剥离。加强配套制度改革，通过立法调整户籍制度，同时要完善社会保障法、义务教育法和劳动法，消除农业户口和非农业户口的区别，建立以居住地为基准的户口登记制度和系统②。加强配套制度的改革，政府应该统筹兼顾，协调各部门、各群体之间的关系，突出重点，分类分布，从上至下整体推进配套制度改革。

2. 建立搬迁人口居住证制度

城乡二元的户籍制度是阻碍搬迁群众市民化的藩篱。在这一藩篱不易被打破的前提下，适当放宽搬迁人口市民化的条件，是目前较为折中和可行的办法。而且建立搬迁人口居住证制度，是一个过渡性的制度安排，主要是解决已经在城镇居住但尚未落户和实现市民化的搬迁人口在教育、医疗、社保、住房、就业等方面的实际困难，避开了户籍制度的坚固壁垒，柔性解决了搬迁人口的城镇身份问题。从当前来看，可以采取逐步推进的方式放开户籍，从居住证制度、积分管理制度等来探索推动：修补推行居

① 王美艳，蔡昉．进一步促进户籍制度改革的着手点［J］．学术界，2009（1）：306.

② 刘冷．我国户籍制度改革的困境及对策建议［J］．改革与开放，2011（8）：11.

住证制度，居住证持有者在居住地与当地户籍人口同等享受公共教育、公共医疗卫生、计划生育、证照办理等公共服务；对暂时没有落户的搬迁群众实行居住证积分管理制度，并以居住证为载体，建立健全与居住年限等条件相挂钩的公共服务提供机制和社会保障机制，实行“多台阶（进入）”“渐进式（享有）”的权力获得方式，逐渐推进城镇公共服务和社会保障覆盖所有搬迁群众，稳妥赋予相关权力：按照居住地登记原则，形成有户口登记、迁移两项规定，户口簿、出生证、身份证三种证件和常住、暂住和寄住三种户口形式组成的管理系统，从而逐渐消除城镇户籍人口与搬迁人口的社会公民权的差异；辅以人口变动调查制度，加强和完善搬迁人口统计与调查，全面、详细地掌握搬迁人口规模、人员结构、地区分布等情况，分类完善教育、社保、医保、计生、劳动就业等信息，逐步实现迁出地与迁入地之间的跨部门、跨系统、跨地区信息共享和互通，为搬迁人口相关信息的登记和管理提供支持。

（三）建立城乡一体化户籍制度

2014 年 7 月国务院正式颁布的《关于进一步推进户籍制度改革的意见》，标志着进一步推进户籍制度改革开始进入全面实施阶段，标志着中国将逐步建立城乡统一的户籍制度，这意味着城乡二元化的户籍制度将逐步被取消。

首先，推进城乡一体化户籍制度的建立，就要从改革城镇人口管理制度开始，逐步建立城乡统一的居住地登记体制，进而取消农业户口与非农业户口性质区分，建立城乡一体化的居民户籍管理制度，按居民实际居住地统一地登记为居民户口。其次，作为公共物品的供给者，政府有责任建立城乡统一的户籍制度，拆除城乡户籍的藩篱，对所有公民提供公正的户籍制度安排，使农民摆脱制度性的机会不平等束缚；同时，户籍制度有着国家层面的统筹考量，地方也应探索创新户籍管理制度，更侧重于人口管理、社会公平，以此突破城乡居民身份界限和取消搬迁人口落户的种种行政限制与准行政限制。再其次，建立以《中华人民共和国户籍法》为基础的科学户籍法规体系，建立与城乡户籍登记制度相适应的教育、卫生、就业、社保、住房、土地等人口统计制度，实行全国统一的居民户口，取消“农业”和“非农业”户口类型，不再以城乡标准划分户口，推行以身份管理为主的“一元制”户口模式。接着，改变户籍与福利挂钩的管理制度，恢复户籍原本的统计人口功能，包括公民的身份，推行城乡统一的公共服务管理制度。最后，进一步调整户口迁移政策和简化户口迁移手续，推行户口迁移“一站式”办理，实行属地户籍登记，居民办理省内户口迁移只需到迁入地派出所办理，不再到迁出地派出所办理迁出手续。

第二节　完善相关社会保障及公共服务的政策

一、完善相关社会保障政策

从城乡一体化的要求看，应该加快城乡社会保障制度的建设，消除社会保障的城乡差别。我国为社会保障制度的城乡一体化做了努力，《人力资源和社会保障事业发展“十三五”规划纲要》中明确规定，要坚持社会保障全民覆盖、保障适度、权责清晰、运行高效、稳步提高社会保障统筹层次和水平，以“增强公平性、适应性流动性、保证可持续性”为重点，建立健全更加公平、更可持续的社会保障制度；《全面深化改革若干重大问题的决定》中将健全城乡发展“一体化”体制机制，建立公平、可持续的社会保障制度作为十分重要的改革制度。但是由于社会保障制度体系不健全，城乡发展不平衡，现阶段社会保障制度的城乡二元特征依然明显，农业户籍人口易地搬迁受到阻碍，制约着易地扶贫搬迁与新型协调发展进程。此外，除了户籍制度和土地流转制度外，城乡不对等的社会保障制度在一定程度上影响着迁移人口阶层化。推进搬迁人口市民化进程离不开完善的社会保障制度，一方面它能够增强搬迁人口市民化的自觉性，另一方面它也能够提高搬迁人口市民化能力，因此，完善相关社会保障的政策势在必行。

（一）建立城乡衔接的社会保障制度

搬迁群众是介于农村居民与城镇居民之间的特殊群体，他们的社会保障问题也是当前亟待解决的问题，因此要以易地搬迁群众为突破口，实现社会保障制度一体化，建立完善搬迁群众的社会保障法律制度，实现城乡统一的社会保障法律制度的合理衔接，建立城乡可衔接的社会保障制度，衔接最低生活保障、医疗保险、养老保险“三类保障”。建立城乡可衔接的社会保障制度，使其统一为综合型社会保障制度体系，完善最低生活保障、医疗保险、养老保险相衔接的覆盖城乡居民的社会保障制度体系，逐步促进城乡最低生活保障制度的衔接以及最低生活保障标准的统一，逐步实现城镇职工基本医疗保险、城镇居民基本医疗保险和新型农村合作医疗制度的有效衔接及保障水平均等化，促进城乡养老保险制度的衔接与统筹层次的统一。具体来说：第一，衔接好最低生活保障。搬迁群众既别于农民，又不同于城镇居民，成为边缘群体，他们既不享有土地保障，也不能享有同城镇居民同等的社会保障，而最低生活保障是搬迁群众应该享有的基本权利。民政部门要对原已享受农村最低生活保障的搬迁群众，搬迁后按安置地标准享受最低生活保障制度。第二，衔接好医疗保障。目前，医疗费用大幅攀升，给搬迁群众造成巨大压力，因此搬迁群众的医疗保障也是一项重要内容。人社、卫计、民政等部门要做好迁出地与迁入地的城乡医疗保险转接，实现“一站式”即时结算服务，确保搬迁群众享受便捷的基本医疗保险。跨县或市区易地搬迁的群众，可以自主选择参加新型农村合作医疗保险或城镇居民基本医疗保险，实现应保尽保。第三，衔接好养老保障。易地搬迁后，由于劳动能力有限就业机会丧失，搬迁群众的收入来源或收入明显减少，养老问题成为搬迁群众的难题。人社部、财政部门要做好迁出地与迁入地养老保险关系转接。经济家庭困难搬迁群众，缴纳城乡居民基本养老保险费有困难的，迁出地县级财政要整合相关资金给予部分资助，迁入地县级财政整合相关资金给予另外一部分的资助。

实现农村社会保障制度和城镇社会保障制度并轨是确保城乡居民社会保障制度平稳运行的关键，是实现城乡居民社会保障公平性的制度保障，利于缩小城乡差距和加快城乡一体化建设。而农村社会保障制度和城镇社会保障制度并轨的重点在于增强公平性、适应流动性、保证可持续性方面下功夫，坚持广覆盖、保基本、多层次、可持续方针，加快建设全民共享的可持续社会保障体系，实现社会保障对象全民化、管理服务社会化、保障方式多样化、筹资渠道多元化，为易地扶贫搬迁与新型城镇化的协调发展提供坚实的政策保障。同时，搬迁群众迁入城镇后，不愿流转土地的重要原因之一，是把土地作为城镇生活难以维持之后的最终保障，那么如何让搬迁群众不再依赖土地的保障功能，放宽搬迁群众社会保障的准入条件是促使社会保障制度城乡衔接的较好方法，全面落实搬迁人口的基本养老保险、基本医疗保险和最低生活保障制度，解决搬迁群众后顾之忧。

（二）重构统筹城乡的社会保障体系

鉴于当前国家二元经济发展的现状和历史遗留问题等，要把搬迁群众全部涵盖于城镇社会保障体系框架之下，实行与城镇居民同等的社会保障待遇显然难度很大。搬迁群众是一个介于农村居民与城镇居民之间的特殊群体，他们搬离了农村区域，不具备传统意义上农村居民的身份，但同时又没有完全融入城镇并享有城镇居民的一切权利。搬迁群众的市民化具有过渡性，在搬迁群众尚未完全市民化之前要实现公平的社会保障制度体现城乡居民的平等权，重构统筹城乡的社会保障制度体系是突破口之一。重构统筹城乡的社会保障制度体系，其内在推动力应该是搬迁群众对社会保障的需求，而不是单纯由政府主导，或者由搬迁群众单方面推动。城乡社会保障制度的融合，如果没有改变其依托的经济基础，在收入、保障水平、医疗价格、服务质量、资源配置等方面存在差距的情况下，寻求形式上简单合一的一体化路径，是违背基本规律的，也是难以取得成功的。因此在重构统筹城乡的社会保障制度体系，需要分为三个阶段：第一，保持城乡二元并行，调整各制度的衔接接口，加强资金效率管理，逐步提升社会保障水平；第二，逐步提升城乡参保的强制性，建立农村保障增长机制，提高筹资标准；第三，在经济发展和城镇化率提升到一定水平时，建立较高实际补偿比、全国统一的社会保障制度。

在重构统筹城乡的社会保障体系中，推进城乡社会保障制度及服务的整合具有特别突出的地位。首先，加快城乡社会保障制度的整合。城乡社会保障制度整合的内容包括基本养老保障制度、基本医疗保障制度、社会福利制度和社会救助制度等的城乡整合。在实现城镇基本养老保障制度与农村基本养老保障制度的整合的基础上，推进城镇居民基本养老保险制度与新型农村社会养老保险制度的整合，进而推进城镇职工基本养老保险制度与城乡居民基本养老保险制度的整合；在城镇居民基本医疗保障制度与新型农村合作医疗制度整合的基础上，推进城镇基本医疗保险制度与农村基本医疗保险制度的整合，进而实现城镇职工基本医疗保险制度与城乡居民基本医疗保险制度的整合；在城乡居民最低生活保障制度整合的基础上，推进城乡居民医疗救助、住房救助等制度的衔接。其次，推进城乡社会保障服务的整合。城乡基本社会保障服务的整合，包括基本养老服务、基本医疗服务和社会福利服务的城乡整合。在实现城镇基本养老保障服务与农村基本养老保障服务的整合的基础上，推进城镇居民基本养老保险服务与新型农村社会养老保险服务的整合，进而推进城镇职工基本养老保险服务与城乡居民基本养老保险服务的整合；在城镇居民基本医疗保障服务与新型农村合作医疗服务整合的基础上，推进城镇基本医疗保险服务与农村基本医疗保险服务的整合，进而实现城镇职工基本医疗保险服务与城乡居民基本医疗保险服务的整合；在实现城乡特殊群体社会福利服务整合的基础上，推进城乡居民普惠性公共福利服务的发展。最后，城乡社会保障制度及服务的整合提供有效的配套机制。城乡社会保障制度及服务的整合需要提供有效且完善的法律机制、财政机制、管理机制。应完善社会保险法，尽快颁布实施覆盖城乡居民的基本社会保障制度及服务整合内容的社会救助法和社会福利法；提高基本社会保障制度的城乡统筹层次，完善社会保障公共预算支出结构，明确政府的财政责任；完善包括决策、监督、实施在内的城乡基本社会保障制度及服务管理机制。

（三）实行属地参保和属地服务

根据目前情况来看，由于户籍制度的限制，搬迁群众需要在户籍所在地参保，按户籍所在地标准补偿，尽管他们是在国家政策的主导下进行的搬迁，但是统筹账户无法一并转移。随着新型城镇化的推进，应该逐步实现属地参保，以有效解决搬迁群众有保险无保障、缴费与待遇水平不一致的问题，降低“低逆向”再分配效应。户籍改革是新型城镇化的核心，依户籍参保已经不适应现有经济的发展，社会保障制度改革也应顺应这一变化。健全易地扶贫搬迁人口社会保障政策，搬迁后搬迁人口转为城镇居民的，实行属地管理，与当地城镇居民享有同等的医疗卫生、教育、社会保险、社会救助、社会福利等社会保障政策；搬迁后搬迁人口仍保留农村户籍的，搬迁人口在迁出地享受的最低生活保障、养老保险、农村医疗等保障政策不变。在建立可转移、易接续的搬迁人口社会保障制度的基础上，出台搬迁人口可在居住地或者工作地门诊和住院报销费用的政策，从而调动搬迁人口的参保积极性。

二、完善相关公共服务政策

由前文论述可以知道，我国经济社会结构及其制度二元城乡分割性的确是城乡公共服务供给失衡、城乡公共服务享受不均的制度历史根源。但遗憾的是，公共服务供给、公共服务分配方面长期固化并一直存在的城乡二元结构，某种意义上来说反而固化和加剧了本来就非均等化的城乡公共服务局面。党的十九大报告提出了到2035年基本实现公共服务均等化目标；2019年《政府工作报告》高度重视城乡公共服务均等化问题，并进行了安排和部署；《关于2018年国民经济和社会发展计划执行情况与2019年国民经济和社会发展计划草案的报告》特别强调，要促进路、水、电气、通信等城乡基础设施一体规划、互联互通，推动公共服务向农村延伸；2019 年 4 月国务院颁布的《关于建立健全城乡融合发展体制机制和政策体系的意见》要求，到 2020 年公共服务均等化水平稳步提高，到 2035 年公共服务均等化基本实现。很显然，推进城乡公共服务均等化是一项高难度的系统工程，不能一蹴而就，需要在找出短板、差距和难点所在的基础上，通过建立健全城乡公共服务供给制度、城乡一体化公共服务制度、城乡公共服务普惠共享的体制机制等公共配套制度，在城乡一体化的整体思路下完善相关公共服务政策，重建制度体系新框架，才能有效地改善城乡公共服务供给失衡和享受不均的局面，促进城乡公共服务接轨和均等化目标的实现。

（一）建立健全公共服务供给制度

1. 建立公共服务多元供给制度

过去由政府作为公共服务供给领域垄断者的单中心供给模式早已发生改变，政府的作用是有限的，在公共服务供给领域，应积极鼓励市场和社会的力量共同参与到公共服务供给中来，由政府、市场和社会团体组成的多维中心来进行供给，从而逐渐形成由政府、市场和社会团体构成的多元供给模式。

第一，引导社会组织及社会资本参与公共服务供给。在坚持政府在公共服务供给中的主体地位的前提下，充分发挥市场与社会的力量。首先，积极应用 PPP（公私合作）模式。PPP 模式是指政府部门与非政府组织或主体之间的合作伙伴关系，其合作的目标是政府利用非政府主体所掌握的资源来生产公共产生，从而实现政府公共部门提供公共服务职能的同时，改善公共服务供给①。其次，引导民间组织发育，增强供给力量。城乡居

① 贾康，孙洁．公私伙伴关系（PPP）的概念、起源、特征与功能［J］．财政研究，2009（10）：2－10.

民的对公共服务需求是多元化的，单一供给主体难以满足需求，引导民间组织参与公共服务供给，可以增强供给主体的力量。对于公益性较强的非基础性公共服务，民间组织或者其他社会力量可以承担供给责任。再次，积极引入社会资本，完善以政府供给为主，民间资本广泛参与的基本公共服务供给机制，可以利用政策鼓励民间资本积极参与，弥补政府供给的不足，实现公共服务供给主体多元化。

第二，探索公共服务市场供给的有效模式，在公共服务领域引入市场机制。在公共服务领域，可以借鉴国外公共服务市场化和公共服务社会化的经验，引入市场机制，发挥市场主体灵活性供给作用，对政府的公共服务供给查漏补缺，填补政府制度内公共服务供给的盲区。我国公共产品和公共服务的供给主体主要是政府单一主体，缺乏外界竞争和约束，供给效率低下，因此要实现公共服务供给的高效供给和城乡公共服务均等化，需要在公共服务领域引入市场机制，采取竞争方式提供公共服务，弥补政府供给的不足，打破公共服务供给的城乡差别，最终满足城乡居民的公共服务多样化、多层次需求。在引入市场机制时，需要明确政府部门和社会其他行为主体应该各自分担在公共服务上应该承担的责任及合作形式，纯公共服务由政府直接提供，准公共服务（如电网改造、成人教育、自来水通达等）可以考虑通过准市场机制，由社会其他行为主体提供，同时引导社会行为主体将资金向农村地区倾斜，这就一定程度上缓解城乡公共服务供给不均的状况。

第三，完善政府、市场、社会以及公众在公共服务供给中的分工。建立公共服务多元供给制度不可能一蹴而就，需要经历一个缓慢而逐渐适应的过程。建立公共服务多元供给的目标是实现以教育、医疗、养老、就业等为主要内容城乡公共服务供给均等化。为此，政府应该进一步完善政府、市场、社会在公共服务供给中的分工，明确各自的职责范围与权限。其中，政府在城乡公共服务供给中居于主导地位，担负整个城乡公共服务供给的主要责任，相对于公益性较强的基础性公共服务，政府应承担主要责任；市场、社会以及公众是城乡公共服务供给机制中的重要组成部分，能够弥补政府供给不足或“政府失灵”的缺陷，满足城乡对公共服务的多元需求，对于公益性较强的非基础性公共服务，市场或社会组织可以承担供给责任，对于公益性较弱的基础性公共服务企业和公众可以承担供给责任，对于一些成本较低的公共服务，可以由公众自己来承担相应费用。

第四，建立政府与民间组织在城乡公共服务供给中的合作伙伴关系。为了实现以教育、医疗、文化、养老、就业、住房等为主要内容的城乡公共服务均等化目标的实现，应该进一步加强政府和社会民间组织之间的合作伙伴关系。这种合作伙伴关系也就是一种政府与社会民间组织之间取长补短的合作伙伴关系。对于一些公益性较强、服务性较强以及社会性较强的公共服务，政府鼓励一些社会民间组织积极参与，或者与这些社会民间组织合作承担供给任务。政府可以通过招标采购、特许经营等形式，将原属于政府的部分职能交予市场社会民间组织来行使，从而营造政府与社会民间组织通力合作城乡公共服务供给的氛围。

2. 建立城乡统筹的公共服务供给制度

建立城乡统筹的公共服务供给制度就是指要变农村公共服务的制度外供给为制度内供给，让政府主要承担起农村公共服务的供给责任，让农民在公共服务享用上获得国民待遇①。要从根本上消除城乡二元结构对公共服务供给的影响，要解决的首要问题就是建立城乡统筹的公共服务供给制度，把城乡作为一个整体来通盘考虑公共服务供给的制度设计。为此，建立城乡统筹的公共服务制度直接关系到城乡之间公共服务均等化的实现。

全国长期存在的城乡二元管理体制，是造成广西深度贫困地区城乡之间公共服务供给不均衡的重要原因。在广西深度贫困地区城乡间非均衡状态日益加深的情况下，逐步实现公共服务均等化关系到该地区易地扶贫搬迁与新型城镇化协调发展的问题。对于广西深度贫困地区而言，建立城乡

① 王谦．城乡公共服务非均等：原因分析与政策取向［J］．经济理论与政策研究，2008：72－89.

统筹的公共服务供给制度是形成公共服务均等化的制度基础，也是政府从源头上遏制城乡公共服务供给失衡的制度保障。合理、统一的制度安排是城乡公共服务发展走向均等化和一体化新格局的必要前提。因此，需要尽快形成制度统一、有效对接的、覆盖城乡居民的公共服务供给制度，尽快消除实现城乡公共服务均等化的体制障碍、制度障碍和政策限制，从而根本上改变公共服务城乡二元供给制度。

首先，要坚持城乡统筹发展原则。根据城乡统筹发展原则，让农民分享现代化建设成果和国家的公共资源，取消对农民有歧视的体制障碍、制度障碍和政策限制，给农民以公平的公共服务待遇。其次，实现农村倾斜型公共服务供给常态化。切实加大对农村道路、水利工程设施、电力、农村社区设施等非竞争性和非营利性社会公共项目的投入力度；把基础教育、就业服务、公共医疗卫生等公共事业性服务的供给向农村倾斜，逐渐打破公共服务供给重城市轻农村的局面；在公共财政资源配置上，综合考虑城乡发展，统筹配置公共财政资源，加大公共财政资源对“三农”发展的支持力度和对困难地区的扶持力度，从而保证城乡居民均等化享受公共财政所提供的公共服务。再其次，加大养老保险、医疗保险、最低生活保障、教育和就业服务等公共服务供给的城乡统筹力度，调整原来城市偏向型的公共服务供给制度，并逐步加大对农村地区尤其是深度贫困地区政府的财政转移支付，以确保当地政府能够有足够的资金保证公共服务供给的数量。最后，阿瑟·奥肯在《平等与效率》中提到，源于机会不平等的经济不平等，比机会均等时出现的经济不平等，更加令人不能忍受①。因此，城乡公共服务供给中日益突出的公平性问题需要逐步解决，树立社会主义公平观，实现从效率优先到公平与效率兼顾的转变。

（二）建立城乡一体化公共服务制度

2019 年《政府工作报告》明确提出，抓好农业转移人口落户，推动

① ［美］阿瑟·奥肯．王奔洲译．平等与效率：重大抉择［M］．华夏出版社，1987：68.

城镇基本公共服务覆盖常住人口。这就意味着，要将城镇常住农业转移人口全部纳入城乡基本公共服务范围，统筹城乡公共服务制度的协调，对于逐步实现搬迁人口市民化目标具有重要意义。与发达地区相比，广西深度贫困地区属于“老、少、边、山、穷”地区，经济基础、物质基础、社会福利水平相对低下，文化背景、受教育程度、社会发育程度相对滞后，拥有更多的贫困人口、弱势群体和边缘化个体，为此必须建立城乡一体化公共服务制度，从制度上解决城乡公共服务的公平与正义，为广西深度贫困地区提供机会公平、程序公平的公共服务大环境。

首先，实现城乡公共服务制度的对接。以加快提高农村公共服务水平作为城乡公共服务制度对接的基础条件，在公共服务政策和制度设计上，预留城乡公共服务制度的衔接口，借鉴发达地区经营，试点推行，逐步实现城乡公共服务制度对接。其次，逐步提高农村公共服务水平。将农村公共服务体系纳入城镇公共服务体系，在此基础上逐步提高农村公共服务水平，以缩小城乡公共服务的水平差距。再其次，实施城乡公共服务标准化管理。各级政府要制定一定时期内城乡公共服务需要达到的标准，作为衡量城乡公共服务差距的标准，并对城乡公共服务需要达到的标准在一定时期内作出技术上的调整，使城乡公共服务标准化管理更具有现实性和实践性。最后，完善稳定的公共服务资金投入保障机制。为实现城乡公共服务的一体化，在增加有效供给、优化城乡供给结构的前提下，促进公共服务资金投入向农村地区倾斜并利用公共服务资金投入保障机制切实保证公共服务资金向农村地区投入。

（三）建立城乡公共服务普惠共享的体制机制

1. 建立教育资源均衡配置机制

第一，优先发展农村教育事业，多渠道增加乡村普惠性学前教育资源，推行城乡义务教育学校标准化建设，建立以城带乡、整体推进、城乡一体、均衡发展的教育事业发展体系。第二，推动教师资源、教学设备、教育信息资源等向农村倾斜，通过“联动方式”促进优质教育资源在城乡之间、校际之间共享，并通过打造公共教育资源共享立体格局，有效促进师资力量的区域内均衡配置。第三，建立合理的师资流动制度，对农村地区和偏远地区的教师给予一定的补贴，并提高农村地区和偏远地区的教师待遇，加强教师向农村流动。第四，通过推进类似于“平准化”政策，在教育基础设施、物质投入上加大对条件较差的薄弱学校改造，促进城乡学校之间硬件设施的均衡发展。第五，完善城乡学校合作交流机制和高中招生制度，使城市优质资源向农村延伸，从而切实提高农村基础教育质量和服务水平。

2. 健全城乡公共文化服务体系

第一，加大统筹城乡公共文化服务供给力度，对农村公共文化服务供给加大支持力度，把文化事业的投入向农村倾斜，包括设施设备资金、文体活动开展基金、文化活动中心建设等。第二，统筹城乡公共文化设施布局、队伍建设、文化资源供给，提高公共文化服务的覆盖面和适用性。第三，立足基层，实行文化下乡，支持民间文化团体到农村开展符合农村特点的文化活动，并开展“六送”（送电影、送图书、送故事、送戏剧、送展览、送春联）下基层，满足农村居民日益多样化的文化需求。第四，投资建设多种文化服务设施，加快基层文化设施建设，建设社区文化活动中心和村级文化室、乡村阅览室、便民报亭、乡镇综合文化站等文化服务设施，并向城镇和农村居民开放。

3. 完善城乡统一的社会保险制度

首先是扩大社会保险覆盖面。利用广播、电视、报纸、网络等宣传手段，宣传社会保险知识，提高社会保险知晓度；为了避免出现逆向选择实施捆绑式参保方式，对于城镇居民和农村居民，通过制度的完善引导居民自主参与社会保险。其次是建立城乡社会保险制度间的转移接续制度。在易地搬迁初期，搬迁群众尚未完全完成市民化，无法参加城镇居民社会保险，那么需要制定城镇企业职工社会保险、城镇居民社会保险和新型农村社会保险制度这三种制度间的转移接续制度，做好社会保险关系转移接续工作，保证搬迁群众能够有均等机会参加社会保险。再其次是城乡社会保险金调节机制。城乡之间不仅社会保险制度不一致，而且保障水平差距大，通过物价的变动和劳动者工资的变动建立城乡社会保险金调节机制，提高对居民缴费补贴力度，实行多缴多补。最后是探索建立城乡社会保险之间的对口援助和协作互助机制，缩小城乡社会保险差距，使农村社会保险服务水平得到切实提高，防止搬迁群众因灾致贫和因灾返贫。

4. 建立城乡基础设施一体化机制

解决区域性整体贫困问题，首先应该加强该区域的重大基础设施建设，为2020年解决区域性整体贫困问题，提供有力的支撑。首先，根据广西深度贫困地区的基础设施建设现状，有针对性地规划该地区重大基础设施建设，重点解决大型水利设施、能源设施、交通基础设施、环境基础设施等，并坚持以城带乡，重点推进交通网络、信息网络、公交服务网络、电信通信网络等城市基础设施向农村延伸。其次，重视基础设施建设组织平台的建设，支持有条件的地方政府将城乡基础设施项目整体打包，实行一体化开发建设和推进重点基础设施项目的城乡对接和共享，实现城乡基础设施共享共投共建。再其次，由于城乡基础设施均等化建设以大量的农村基础设施投入为基础，因此需要加快农村基础设施建设，合理配置农贸市场、文化活动中心、公园、停车场等公共基础设施。接着，实行分级分类投入，对供水、垃圾污水处理和农贸市场建设等有一定收益的基础设施，实行政府投入和引入社会资本相结合；对供电、电信和物流等经营性为主的基础设施，建设投入以企业为主。最后，实行城乡基础设施一体化规划建设，统筹规划城乡基础设施，一体化规划布局道路交通、电力电信电网、垃圾污水处理等基础设施和统筹规划学校、医院、文化娱乐等公共服务设施，从而提高城乡公共基础设施的利用和共享，合理配置公共基础设施，以及避免城乡之间出现公共基础设施的重复建设或者不合理建设。

第三节　构建多元主体协同的政策实践网络

易地扶贫搬迁与新型城镇化协调发展离不开多元主体协同的政策实践网络的作为保障。在发挥政府主导作用的基础上，还要重视整合社会资源，发挥社会组织、社会团体、公民等主体的作用，让社会各界积极参与到易地扶贫搬迁与新型城镇化协调发展过程中来，为扶贫开发与新型城镇化建设提供资金和人力、物力支持，形成政府主导、社会参与的多元主体协同的政策实践网络。多元主体协同的政策实践网络融合了“多中心”与“协同”的核心内涵，认为只要把多元主体联结在某一个节点上，就可以产生优于彼此脱节的总体效果，强调把“多元主体治理”和“协同治理”有机结合起来，倡导综合运用政府力量与社会其他力量，开展多形式、多方面的易地扶贫搬迁与新型城镇化协调发展推进行动。从“单一行政性主导”到“多元主体协同”，表明了政策实践网络发生了“突变”，由“一元”到“多元”、由“弱治”到“强治”的转变，形成了“一元主导、多元参与、协同治理、交互作用”的基本政策网络格局。广西深度贫困地区的易地扶贫搬迁与新型城镇化协调发展，极具有广泛的公共性，又具有任务的艰巨性，由政府、社会组织、社会团体、公民等多元主体共同打造一个易地扶贫搬迁与新型城镇化协调发展的多元主体协同的政策实践网络，具有历史必然性。

一、组织主体

易地扶贫搬迁与新型城镇化的协调发展要求建立起以政府为主导，有营利组织、非营利组织、社会公众等多元主体协同参与的政策实践网络。在政府、营利组织及非营利组织、社会公众等多元主体协同参与的政策实践网络中，各组织主体扮演的角色相对于在传统的以政府为单一主体的管理模式中扮演的角色发生了较大的改变。政府是从“管理者”向“服务者”的身份转变，营利组织和非营利组织是从“被动接受者”向“合作与协作者”的身份转变，社会公众是从“被管理者”向“主动参与者”的身份转变，政府与其他社会主体的关系则从“管理者”与“被管理者”的关系向“服务者”与“合作伙伴”的关系转变。在多元主体协同参与的政策实践网络中，各个组织主体通过协商、沟通、交流等形式共同解决易地扶贫搬迁与新型城镇化协调发展过程中存在的各种问题，并不断平衡与协调多元主体间的利益目标。

二、职能范围

（一）促进政府职能转变

易地扶贫搬迁与新型城镇化的协调发展要求政府对自身职能定位做出调整。转变职能，合理确定政府与社会关系、政府与其他组织主体关系，减少微观事务管理后，政府可以腾出更多时间、精力进行宏观调控，把好“方向舵”。政府及有关部门应该建立起“自上而下”的政策实践体系，政府主要起宏观统筹作用，宏观引导职能、社会管理职能、公共服务职能等。

易地扶贫搬迁与新型城镇化协调发展离不开政府的宏观引导。政府应根据易地搬迁的情况与城镇化建设的现状，加强对两者协调发展的宏观引导。制定促进易地扶贫搬迁与新型城镇化协调发展的长远规划，强化土地利用规划、产业发展规划、城乡公共服务与社会保障一体化发展规划等各类规划。强化土地利用规划，探索土地资源流转，盘活搬迁后闲置的土地和宅基地，既增加搬迁群众收益，又促进搬迁群众市民化；强化产业发展规划，因地制宜引导产业结构调整升级，构建绿色产业链，打造特色产业品牌，建立有序的产业发展环境；强化城乡公共服务与社会保障一体化规划，政府在城乡之间均衡配置公共资源，破除城乡二元的公共服务与社会保障结构，促进城乡之间公共服务与社会保障协调发展。对于政府而言，转变社会管理职能是实现多元主体政策实践网络有效运行的重要途径之一。政府在强化执行职能的前提下，依靠营利或非营利的社会组织、公众等多元主体共同管理社会公共事务，大力支持和培育服务性、公益性社会组织，鼓励社会公众参与社会管理，在社会协同、公众参与基础上，落实各项社会管理服务工作；推进社会管理职能转变，变管理型政府为服务型政府，变全能政府为有限政府，将集中于自身的公共权力适当合理地下放，以调动其他主体的公共参与积极性。易地扶贫搬迁与新型城镇化的协调发展要求，转变政府公共服务职能，推进城乡公共服务均衡发展，实现社会公平正义，让搬迁群众迁入城镇后共享现代化发展成果。主要包括统筹城乡教育、医疗、卫生、社会保障等公共资源供给，协调城乡道路、水利、网络等基础设施建设。

（二）激发社会组织活力

从公民社会的角度来看，公民社会的核心是非营利组织的社会组织，而培育基层社会的主体就是各类社会组织。所以，激发社会组织的活力，发挥社会组织在易地扶贫搬迁与新型城镇化协调发展过程中的促进作用具有重要意义。

社会组织活力的激发，不仅关系到其能否更好地发挥公共事务治理的作用，还关系到多元主体政策实践网络的顺利运行，因此激发社会组织的活力尤为重要。激发社会组织活力和动力，要求政府进一步简政放权，社会组织能有效承担公共性事务，发挥市场的作用鼓励社会组织的协同参与，通过市场化手段推进易地扶贫搬迁与新型城镇化协调发展，使社会治理资源配置更加有效合理。搭建多元主体协同参与的协调、决策、执行平台和构建政府与社会组织、公众等主体的合作机制，促进各方有效合作，推动政府间、政府与社会组织间、政府与社会公众间的交流、沟通，激发其他组织主体的参与积极性。优化社会组织结构，加强社会组织的能力建设，提升专业技能服务水平与管理效率，充分发挥社会治理的协同力。积极培育社会组织，将其打造为促进易地扶贫搬迁与新型城镇化协调发展的主体之一和履行公共责任的载体。改革社会组织管理制度，鼓励和支持社会力量参与易地扶贫搬迁与新型城镇化协调发展的过程，激发社会组织活力。积极培育社会组织的主体意识，强化社会组织社会公共责任与公共意识，并完善社会组织参与治理的相关制度，以保障其参与公共事务的权利、责任、义务。从制度安排上支持社会组织发展，对不具备登记条件服务性、公益性、互助性社会组织提供办理备案手续，在组织运作、活动场所等方面为其提供支持和帮助，并为社会组织的发展提供相关政策的鼓励和支持。引导和支持社会组织参与到促进易地扶贫搬迁与新型城镇化协调发展的过程中，并且在此过程中社会组织自身也不断规范化、组织化，在政府、公众之间建立一种信任关系。

（三）扩大社会公众参与

公众参与不仅培养了公众自主精神和自治能力，而且推进了多元协同政策实践网络的形成，有助于协同治理格局的形成，可见，公众参与具有重要意义。因此，需要扩大公众参与，发挥其在多元协同政策实践网络中的主体作用。

第一，维护公众权益。建立公众权益维护机制，以激发公众参与积极性。在多元协同政策网络实践中，公众有着其自身利益诉求，如果他们的利益诉求得不到有效维护或者回应，其参与积极性将大大较弱，因此需要建立健全公众权益维护机制。建立公众权益协调机制，确保各种社会问题的解决顺乎民意，以化解矛盾。建立民意表达机制，通过及时发布对公众参与至关重要的信息，告知公民规则和计划、公众如何满足自身利益诉求的渠道和进行民意表达的方式，从而有效维护公众权益。第二，畅通公众参与渠道。从公众角度来讲，扩大公众参与社会治理是唤醒公共精神和社会责任感的过程。畅通公众参与的渠道，提高公众参与的有效性。公众可以通过政府热线、微信、微博等网络媒体积极为社会治理建言献策，并反映公众诉求和监督政府部门，有效行使公众参与社会治理的权利，提升参与能力和增加参与经验。要让公众主动有效地参与社会治理，除了参与机制创新、拓宽沟通渠道外，还需要积极培育公民社会，倡导公共精神，从观念上树立合作观，才能增强公众的团结合作精神。培育公众的参与观和责任观，鼓励公众尽自己的力量积极参与社会治理，发挥更大的凝聚力，更好地发挥合力进行社会治理。

三、协作方式

第一，积极拓展多元合作领域，构建起多元主体参与的合作网络。十九大报告提出，“要完善党委领导、政府负责、社会协同、公众参与的社会治理体制”。因此，要积极拓展多元合作领域，构建起多元主体参与的合作网络。为了能够有效克服易地扶贫搬迁与新型城镇化过程中各领域、各主体、各方面的分散封闭、交叉重复等分散化治理现象，需要跳出条条框框的限制、克服主体间的“间隔”，实现政府、企业、社会组织、搬迁群众等多元主体之间的有效协同，改变了政府单一治理的局面，推进了包括制度创新、扶贫方式创新、扶贫理念创新在内的协同创新，最后形成以党委领导为核心、政府综合统筹大局、企业及社会组织全力协助、搬迁群众积极参与的多元主体参与的合作网络。开辟党委、政府、企业、社会组织、搬迁群众之间沟通协商的渠道，通过沟通协商，实现治理权威多元化，避免了多头领导的问题，最大限度地减少了治理主体之间的摩擦和意见分歧，达成了思想共识和形成了治理合力。

第二，创新成本分担机制。中共中央、国务院印发的《国家新型城镇化规划（2014～2020 年）》强调，要建立健全由政府、企业、个人共同参与的农业转移人口市民化成本分担机制，并明确分担责任。农业转移人口市民化涉及城乡二元户籍制度改革、就业以及社会保障等问题，需要政府、企业、城市市民、社会组织、农业转移人口等主体积极参与、共同分担所需要的各种成本，发挥“共治”合力以切实推进农业转移人口的市民化[①]。同时，农业转移人口市民化的成本问题，需要政府、企业、个人与社会间建立一种资源共享、通力合作的协同分担机制，以促进农业转移人口市民化的顺利实现[②]。很显然，搬迁人口作为农业转移人口群体中特殊的一类群体，其市民化的成本支出也是一个长期的过程，需要加快建立政府主导、多方参与的搬迁人口市民化协同分担机制和成本分担机制。重视企业、社会组织、搬迁人口等在搬迁人口市民化成本分担中的作用，动员这部分社会力量，构建多元主体分担机制。政府要转变观念和管理模式，在搬迁人口市民化的成本分担机制中，找准定位，而且随着搬迁人口的增加，政府还需要承担搬迁人口市民化在义务教育、就业创业、医疗卫生保障、住房保障、基础设施建设等方面的公共成本，承担相应的财政支出责任，增强城镇综合承载力。社会组织要发挥其组织优势，不断完善内部为搬迁人口市民化提供保障和服务的机制，并适当承担搬迁人口就业技能培训、社会保障等方面的成本支出。企业承担起应有责任，注重搬迁人口的劳动合同、工资福利、劳动保障等权益保护，依法为搬迁人口缴纳"五险一金"，落实搬迁人口与城镇职工同工同酬、同工同时、同工同权制度，落实企业就业培训制度。搬迁人口注重自身职业技能的提升，积极参与职业技能培训和参加职业教育，提升自己的文明素养和道德水平和提升自身融入城镇社会的能力，加快自身市民化的转变。

第三，完善社会参与机制。在推动易地扶贫搬迁与新型城镇化协调发展过程中，为确保搬迁人口融入城镇，应该完善体制机制，加强统筹协调，凝聚其全社会的最大合力，扎实把易地扶贫搬迁与新型城镇化协调发展推向深入。应用社会参与机制，推动搬迁人口融入企事业、子女融入学校、家庭融入社区、群体融入社会。广泛动员全社会力量参与扶贫开发，积极引导搬迁人口参加党组织、工会、社会团体组织，有序参与参政议政

① 谌新民，周文良．农业转移人口市民化成本分担机制及政策涵义［J］．华南师范大学学报（社会科学版），2013（5）：134－141＋209．

② 纪春艳，张学浪．新型城镇化中农业转移人口市民化的成本分担机制建构——以利益相关者、协同理论为分析框架［J］．农村经济，2016（11）：104－109．

和社区治理。鼓励搬迁人口参与社区公共活动、社区治理，加强对搬迁人口的人文关怀，增强其社会责任感、认同感和归属感，实现由“农村人”向“城市人”的转变。建立专门为搬迁人口提供公共服务的社会组织，在搬迁人口的就业能力培训、心理疏导、社会适应、社会保障等方面提供专门的服务，提高他们的素质、就业能力和适应能力。

第四，借助协调机制。推进多元主体协同的政策实践网络，使易地扶贫搬迁与新型城镇化协调发展的多元主体真正发挥相应的作用，产生“1 + 1 > 2”的效果，避免陷入各自为政和相互掣肘的局面，就必须要有一套完善的协调机制。首先，多元主体的协调在易地扶贫搬迁与新型城镇化协调发展过程中的重要性越来越明显，而且两者协调发展的任务繁重、事务多、情况复杂，很难由单一主体解决，需要多元互相协调、资源共享、通力合作，进而实现既定政策目标。其次，多元主体作为政策实践网络中的重要组成部分，他们的协调程度影响易地扶贫搬迁与新型城镇化协调发展的推进效率，关乎两者协调发展目标的实现，因此要借助协调机制的作用，通过协调多元主体利益、统筹政策资金、统筹管理创新等方式，促进资源整合、人才集聚、要素聚合，确保各主体“同频共振”，解决责任不清、职能交叉等问题。最后，随着易地扶贫搬迁与新型城镇化协调发展进程的加快，各方利益差别逐渐扩大，利益分化也不断加剧，这种利益的差别和分化所带来的各主体之间逐利意识的强化从而导致的利益冲突与矛盾，将给易地扶贫搬迁与新型城镇化协调发展带来前所未有的难度，因此，需要借助协调机制，协调各主体的关系和协调各主体的利益。

第四节　构建以五个效应为内容的评估体系

易地扶贫搬迁与新型城镇化协调发展能否达到既能推进扶贫开发工作又能推进城镇化的预期效果，需要构建以经济效应、整合效应、生态效应和社会效应为内容的评估体系，以此评价易地扶贫搬迁与新型城镇化协调发展是否具有现实可行性和实际效果性。

一、经济效应评估

易地扶贫搬迁后，从优化产业配置、产业发展路径、产业差异化竞争水平、产业结构调整、产业化转型升级以及土地资源集约、增加搬迁群众收入、提升搬迁群众生活水平等方面进行动态衡量。大力推进产业集聚发展，优化产业园的空间布局，促进土地资源集约发展，以承接产业转移和产业集聚发展。结合广西深度贫困地区产业资源优势，大力促进工业转型升级，坚持绿色发展、集聚发展、特色发展，推动产业加速转型升级，并发挥龙头企业的主导和带动作用，加强企业培育，打造一批自主创新、专业化生产、集约化经营的成熟企业，带动广西深度贫困地区经济发展。易地扶贫搬迁后，积极促进产业集群成员尽量沿产业链纵向互补化分工合作、产业协同提升、高技术水平转化、积极培育产业致富带头人、物流商流等方面进行转化，以优化产业资源配置，促进产业结构优化升级。以产业发展带动搬迁群众就业创业，搬迁群众通过积极就业创业增收致富；大力发展农副产品加工业，促进搬迁群众成为职业工人；有序开发公益性岗位，对搬迁群众符合城镇就业困难条件的优先安排就业，推进城镇基础设施和服务体系建设，为提高搬迁群众生活水平奠定基础。

二、整合效应评估

结合美丽乡村建设、绿色城镇化质量、人文城镇化质量、农村发展活力、住房保障建设等方面进行综合评价。在易地扶贫搬迁与新型城镇化协调发展过程中，统筹城乡发展规划，突出解决搬迁人口市民化和城镇化建设问题，加强美丽乡村建设，注重绿色城镇质量和人文城镇质量，激活农村活力，引导贫困人口就地城镇化，强化住房保障建设，让搬迁人口“住得下”“住得稳”。创新制度建设，强化政策引导，消除城镇化发展的政策障碍。统筹城乡发展、推进新型城镇化建设，坚持开放创新，加快平台建设，推进产业集聚集群集约发展，增强城镇综合发展竞争力，夯实发展基础，提升城镇综合承载能力。坚守生态底线，加快建设生态文明先行示范区。加强搬迁人口城镇化发展的组织管理，创新社区建设和管理模式，扩大开放，增强要素聚集发展动力，提升发展支撑能力。

三、生态效应评估

构建生态经济、生态环境、生态宜居、生态文化、生态制度五个方面的生态文明建设成效评估体系。从迁出地和迁入地的生态系统土壤保持、水源涵养功能变化、水资源总量、环境绿化工程成效、退耕还林生态修复工程、植被覆盖率、石漠化治理和水土保持等方面进行效应评估。在易地扶贫搬迁与新型城镇化协调发展过程中，必须树立尊重自然、顺应自然、保护自然的生态文明理念，把生态文明理念融入易地扶贫搬迁与新型城镇化协调发展之中和纳入中国特色社会主义事业“五位一体”总体布局之中，并融入经济建设、社会建设、文化建设的方方面面。充分考虑迁出地与迁入地人口、资源、环境条件，建设资源节约型、环境友好型社会，促进城镇定位从产业型向节约环保型转变，走可持续、集约式的城镇化道路，从而促进生产空间集约高效、生活空间宜居适度、生态空间山清水秀。加快生态型城镇建设力度，通过城镇产业结构调整，转变生产方式，推进循环经济发展和清洁生产体系建设，切实保护好城镇生态环境，走环境友好型的城镇化道路。重点把握好迁出地的生态系统土壤保持工程、环境绿化工程、退耕还林生态修复工程，坚守迁出地的生态红线，严禁不符合生态修复的开发活动，使自然环境资源得到切实有效的保护。

四、社会效应评估

《国家新型城镇化规划（2014～2020年）》指出，要保障随迁子女平等享有受教育权利、要完善公共就业创业服务体系、要扩大社会保障覆盖面、要改善基本医疗卫生条件、要拓宽住房保障渠道等。同时，新型城镇化不是简单的农村人口进城，而是将户籍制度的破题与中小城市和城镇发展结合在一起，并赋予搬迁人口同等的教育、社保、就业等权利。综合上述，需要结合在易地扶贫搬迁与新型城镇化协调发展过程中的就业创业、入学教育、住房保障、医疗卫生、社会融入、身份转换、社区治理等方面内容，对搬迁群众的就业方式、居住环境、医疗社保、公共服务、社会融入等方面进行评估。大力发展教育、医疗、文化、体育和社会保障等事业，全面建成覆盖城乡居民的社会保障体系，按照“应保尽保、按标施保”的原则，将符合最低生活保障条件的搬迁群众纳入最低生活保障体系中，推动城镇最低生活保障体系覆盖所有搬迁群众，促进搬迁群众迁入城镇后安居乐业、社会长治久安。进一步健全覆盖城乡的公共服务网络，继续推进医疗服务卫生体系、就业创业服务体系、住房保障服务体系，加快解决搬迁人口子女入学教育问题，加快完善搬迁人口教育保障机制，让搬迁人口子女与城镇居民享受同等的教育。引导社区居民由个人到群体，由点到面，将特色文化发展为社区所共有的共同文化，在形成社区共识和达成社区共识的基础上，把社区共同文化上升到政策或者行为规范的层面，以完善社区治理和促进搬迁群众融入社区。运用社规民约规范搬迁群众的行为，破除陈规陋习，树立城镇文明的规则意识，卫生意识和生态意识，加快其从“农民”向“市民”的身份转化。

根据上述分析可以发现，易地扶贫搬迁与新型城镇化的协调发展需要构建以经济效应、整合效应、生态效应和社会效应为内容的评估体系。而所建立的评估体系在产生作用后，逐渐促进易地扶贫搬迁与新型城镇化协调发展，具体情况是：第一，产业经济基础以第二、第三产业为主，有一定规模的产业园区和经营项目，易地搬迁劳动力的主体已经进入第二、第三产业，其收入结构和消费结构已经接近城镇标准；第二，进城方式或者居住方式是搬迁人口集中“上楼”，进驻集中建设的城镇居民小区，迁出地的传统村落和搬迁人口宅基地的属性和权益逐步消亡，集中“上楼”

搬迁人口的住房有保障；第三，搬迁社区的社会组织结构和社区治理方式逐渐城镇化，原有的村民自治组织逐渐转化为城镇社区自治组织；第四，社区和生态环境仍然保留传统村落的历史文脉和文化特色，但贴近大自然的宜居环境也逐渐城镇化，而且城镇有乡土气息，有自然生态，有宜居条件，有周到服务。

第五节　本章小结

本章节分为三大部分内容进行阐述，每一部分内容都是促进广西深度贫困地区易地扶贫搬迁与新型城镇化协调发展的政策保障。第一部分以深化住房、土地管理、就业、户籍等制度的改革，保障易地扶贫搬迁与新型城镇化协调发展；第二部分以完善医疗、养老等社会保障政策及公共服务制度，促进易地扶贫搬迁与新型城镇化协调发展；第三部分以构建多元主体协同的政策实践网络，巩固易地扶贫搬迁与新型城镇化协调发展。同时，易地扶贫搬迁与新型城镇化协调发展的实际作用离不开效果的评估，因此，构建了以经济效应、整合效应、溢出效应、生态效应和社会效应为主要内容的评估体系，对易地扶贫搬迁与新型城镇化协调发展进行可行性分析。

第十章

结论评述与研究展望

关注和研究易地扶贫搬迁与新型城镇化协调发展是推进易地扶贫搬迁工程和新型城镇化建设的迫切要求，也是易地搬迁及新型城镇化研究领域一项新的学术课题，更是促进广西深度贫困地区加快摆脱贫困、完成脱贫任务以及加快新型城镇化建设步伐的重要路径。基于既有的相关文献和前期的实证调查，这部著作以广西深度贫困地区的大规模实施易地扶贫搬迁工程和新型城镇化建设为载体，以人口迁移理论、可持续生计理论、可持续发展理论为指导，从理论基础、经验借鉴出发，以易地扶贫搬迁现状和新型城镇化建设情况分析为主线，以路径优化为重点，综合运用多种学科和多种研究方法，较为全面地剖析了易地扶贫搬迁的现状、新型城镇化建设的情况和阻碍易地扶贫搬迁与新型城镇化协调发展的主要制约因素。研究跳出了以往的仅从易地扶贫搬迁角度或仅从新型城镇化角度研究的单一视角的窠臼，主要从易地扶贫搬迁与新型城镇化双重视角出发，同时也结合公共部门、非政府组织、公众等多元主体协同治理的角度，对以广西深度贫困地区为代表的易地扶贫搬迁与新型城镇化协调发展的推进实施及其效果进行了多维度、多层面的剖析和总结。

第一节　本书的研究结论

鉴于广西深度贫困地区发展状况和贫困现状与其他深度贫困地区的状况基本相似，推动广西深度贫困地区易地扶贫搬迁与新型城镇化协调发展，为其他深度贫困地区提供成功范本，这对于加快其他深度贫困地区更好地治理贫困、完成脱贫任务和推动新型城镇化建设具有重要的启示和借鉴意义。如果对本研究进行进一步的阐释和适当延伸的话，那么这部著作所形成的以下观点和结论具有普遍意义和启发价值。

结论之一：易地扶贫搬迁与新型城镇化协调发展不仅是一种创新型易地扶贫模式，还是一种新型的城镇化推进模式。由于广西深度贫困地区资源环境承载能力较弱，人口居住条件差以及各类自然灾害频发，以往的扶贫方式难以真正取得实效，只有通过促进易地扶贫搬迁与新型城镇化协调发展，才能更好地摆脱贫困，才能更好地处理短期脱贫与长期脱贫的关系，而通过把易地扶贫搬迁与新型城镇化相结合，实现贫困群众“挪穷窝、换穷业、断穷根”，促使贫困群众长期可持续脱贫，既能巩固易地扶贫搬迁成果、推动新型城镇化建设、又能减少自然灾害对贫困群众的威胁、减轻深度贫困地区的环境承载能力。很显然，易地扶贫搬迁与新型城镇化协调发展是一种至少“三赢”的决策，是脱贫攻坚中一项重大的政治抉择。

结论之二：从政策的层面来看，其对易地扶贫搬迁与新型城镇化协调发展的阻碍作用较大。在中国城乡二元结构体制背景下，形成了城乡二元化的户籍制度、社会保障制度、就业制度、公共服务制度、土地流转制度等，这些制度对易地扶贫搬迁与新型城镇化协调发展具有阻碍作用。政策层面上，户籍制度本身就是对人口迁移的限制，城镇公共服务体系对搬迁人口的排斥使搬迁群众难以享受与城镇居民同等的公共服务，城镇就业机会对搬迁劳动力的排斥，城乡二元的社会保障制度和公共服务制度，使搬迁群众游离于城镇社会保障体系之外。而心理层面上，根深蒂固的城乡二元结构让城镇居民有着天生的自我优越感，这种优越感让本就自卑的搬迁人口心理上更是低人一等，在迁入城镇后在心理层面上表现出了“适应难、融入难”。显然，在易地扶贫搬迁与新型城镇化协调发展过程中，搬迁人口融入城镇并顺利实现市民化，必须在政策和心理层面发生变化，但是阻碍易地扶贫搬迁与新型城镇化协调发展的政策层面难题涉及国家顶层设计的问题，在无法从根本上触及或改变国家顶层设计的基础上，政策层面的难题对易地扶贫搬迁与新型城镇化协调发展具有较大的阻碍作用，而且心理层面更易于操作和看到实际效果，在国家不改变顶层设计的情况下政策层面的变化难以看到实际效果。

结论之三：广西深度贫困地区在易地扶贫搬迁工作和新型城镇化建设方面都具有代表性和典型性，通过对易地扶贫搬迁与新型城镇化协调发展的路径研究，使易地扶贫搬迁与新型城镇化“双轮”推进。通过全书的深入分析和总结，本书提出易地扶贫搬迁与新型城镇化协调发展既是一种易地扶贫模式，也是城镇化推进模式，还是一种贫困治理和灾害治理的新型方式。通过分析阻碍易地扶贫搬迁与新型城镇化协调发展的结构性制约因素和非结构性制约因素，提出两者协调发展的路径，并通过培育模式和政策保障促进易地扶贫搬迁与新型城镇化协调发展。

结论之四：城乡二元结构对易地扶贫搬迁与新型城镇化协调发展具有较大的阻碍作用。由于现行的城乡二元体制的阻滞，贫困人口易地搬迁到城镇，不能直接转化为市民，而是经历“农民—非农化—市民化”的阶段性转化过程，阻碍了城乡一体化的进程。如果大量易地搬迁人口长期停滞在“农民”或“非农化”状态而未能市民化不仅影响到贫困问题的解决和城乡统筹发展的进行，更是关系易地扶贫搬迁与新型城镇化协调发展能否健康、有序地推进。

第二节 研究不足与展望

一、研究不足之处

尽管最大能力进行了研究，但由于研究能力和研究条件等方面制约，成果仍然存在一些不足，还有一些需要深入研究的问题。一是由于广西深度贫困地区不仅地域广大、内部情况和发展环境复杂，而且地理位置特殊、贫困程度深、致贫原因复杂，对广西深度贫困地区易地扶贫搬迁与新型城镇化协调发展的整体准确把握还有待进一步提高。二是从理论上定义易地扶贫搬迁与新型城镇化协调发展的内涵、协调发展的准确度还需要进一步完善。三是当前已经进入脱贫攻坚与乡村振兴的交汇期，在此背景下的广西深度贫困地区易地扶贫搬迁与新型城镇化的研究存在不足。四是搬迁群众迁入城镇后融入城镇、融入社区过程中所暗藏的风险问题，尚未得到很好地分析，主要包括社会融合、文化融合、心理融合等内容所暗藏的风险问题，在以后的研究中也应把搬迁群众融入城镇、社区所存在的社会风险问题进行微观研究。五是对于承载能力的分析，尽管本研究做了一些分析，但是还存在一些不足，尚未从整体上分析承载能力的问题，具体而言，尚未对迁出地环境、资源、人口承载能力和迁入地环境、资源、市民化成本承载水平进行综合分析和评价。这些既是本书成果存在的不足，也是未来需要深入研究的问题。

总之，研究不足之处将成为笔者今后继续努力和研究的方向，笔者将会在后续的研究中以此为戒，吸取经验和教训，探索更加广阔的研究空间，争取在易地扶贫搬迁与新型城镇化协调发展研究中取得理想进展。

二、进一步的研究展望

作为一项以“易地扶贫”为特色，以促进新型城镇化建设为目的的区域性工程项目，这项工程由于缺乏较为成熟的理论指导和缺少可供借鉴的经验，广西深度贫困地区的易地扶贫搬迁与新型城镇化协调发展在一定程度上还处于“摸着石头过河”的阶段，还应该进行更为深入的研究和探索。如果就易地扶贫搬迁与新型城镇化协调发展的本身来论述，本书已经对此进行了一定的研究和理论呈现，但是整体而言，本书进行的研究和理论呈现仅仅是一个开头或冰山一角。换言之，因受到研究条件和研究能力等因素制约，本书其实还有进一步探讨和完善的空间。因此，最后对本书未来的深化研究进行了简要论述与科学展望。展望主要包括：

其一，搬迁群众后续发展及“后搬迁时代”问题研究。新型城镇化背景下易地扶贫搬迁与新型城镇化协调发展问题是当前研究的一个热点。但是到2020年后的“后搬迁时代”有很多问题需要解决，比如“后搬迁时代”搬迁人口市民化问题和市民化成本问题、搬迁人口融入城镇问题和搬迁群众后续生计问题、易地扶贫搬迁成果巩固问题、城镇的综合承载能力问题等。搬迁群众后续发展问题，主要涉及产业支撑、就业创业、户籍迁移及管理、教育等方面，而且在此过程中涉及政府及其部门、相关企业、社会力量、搬迁群众等各类主体的相关利益以及这些主体的相关利益该如何厘清。除此之外，国内外尤其是其他深度贫困地区在推动易地扶贫搬迁与新型城镇化协调发展比较好的经验有哪些以及如何引入、借鉴等问题也需要引起重视。而这些问题将是未来研究需要关注和探索的重点问题。

其二，由于研究变量的选取和研究方法的使用等，本文的研究存在一些不足和缺陷。本文的作者希望国内外学术界的学者能从定性方面和定量方面上，从理论模型和计量模型上，能进一步分析相关具体因素对易地扶贫搬迁与新型城镇化协调发展的影响程度和实质，从而为促进我国各个地区的易地扶贫搬迁与新型城镇化协调发展提供宝贵的建议和意见。

其三，关于巩固脱贫攻坚成果和可持续性问题。当前已经进入脱贫攻坚与乡村振兴的交汇期，在此背景下的广西深度贫困地区易地扶贫搬迁与新型城镇化的研究存在不足。这既是本书成果存在的不足，也是未来需要深入研究的问题。实施新型城镇化是一项长期且艰巨的任务，而易地扶贫搬迁目标需要在2020年确保实现。为此，需要短期脱贫与长期可持续相结合。还应看到，在脱贫攻坚与乡村振兴的交汇期间，绝对贫困问题已基本解决，但是反贫困问题是一个永恒课题，需要更加注重相对贫困和多维贫困的问题，未雨绸缪做好解决相对贫困和多维贫困问题的战略设计。在2020年实现脱贫攻坚目标后，易地扶贫搬迁工程也将告一段落，中国将进入巩固脱贫攻坚成果的全新阶段，而乡村振兴和新型城镇化是巩固脱贫攻坚成果的重要战略，必须把巩固脱贫攻坚成果嵌入到新型城镇化战略和乡村振兴战略的框架中，统筹谋划、一体推进。为此，应该尽快研究和制定2020年以后即“后搬迁时代”巩固脱贫攻坚成果嵌入到新型城镇化战略和乡村振兴战略框架中的具体路径，以及研究和探索乡村振兴与新型城镇化统筹发展的新战略。

其四，新型城镇化发展趋势和城镇化最佳承载水平的预测问题。大规模的易地扶贫搬迁工程要顺应城镇人口变化的格局和城镇的空间布局，将新型城镇化的发展趋势以及城镇的最佳承载水平进行更加科学的预测。要有时间维度，特别是长远眼光，充分考虑未来“后搬迁时代”中城镇的公共服务水平、产业发展等所主导的人口分布格局或走向，以及新型城镇化发展的未来走向，从而使“后搬迁时代”新型城镇化的布局更加合理、科学以及城镇化水平更加高质量，而且在背景下的“后搬迁时代”如何把易地扶贫搬迁及搬迁人口市民化与新型城镇化更好地结合也需要考虑。因此，如何从时间维度对“后搬迁时代”的搬迁活动与新型城镇化建设进行更多的、更深层次的探讨将成为今后笔者需要努力的方向和领域。

其五，搬迁人口的相对贫困问题。有学者指出，2020年后我国开启全面建设社会主义现代化的新征程，由于区域和城乡发展不平衡、不充分长期存在，相对贫困将长期存在于多元化、差异性的经济社会空间内[①]。而且中共中央、国务院颁布的《乡村振兴战略规划（2018～2020年）》明确指出"加快建立健全缓解相对贫困的政策体系和工作机制"[②]。因此，2020年后解决相对贫困问题将成为党和国家工作的重点。在"后搬迁时代"，易地扶贫搬迁政策推动下进入城镇的搬迁人口由"农民"转化为"市民"，而他们作为城镇的"后来者"，无论是物质资本（住房、土地等）、人力资本（教育、就业技能等），还是社会资本（重新建立的社会交往网络）、金融资本（储蓄、投资等），都与城镇原住居民有较大差距，很显然，相较于城镇原住居民，搬迁人口则成为城镇中的相对贫困人口。因此，2020年后或在"后搬迁时代"，治理搬迁人口的相对贫困问题进而建立缓解相对贫困的政策体系和工作机制也将是未来研究的重点方向。

总之，在研究易地扶贫搬迁与新型城镇化协调发展的过程中，笔者深刻认识到，开展研究要从全局的角度看问题，不管是在时间维度上，还是在空间维度上，不能仅仅就问题看问题。每个问题的背后都会有时间上的短期与长期之分和空间上的宏观、中观、微观的区别，既要从时间维度思考问题，也要从空间维度思考问题，把握全局观。本书对易地扶贫搬迁与新型城镇化协调发展的探索研究只能算是一个不完满的呈现，未来很长一段时间内还需要进行修整和完善，尤其是要从更广阔的视角和有更长远的目光，研究和改进研究过程中所存在的问题和不足之处。

---

① 凌经球．乡村振兴战略背景下中国贫困治理战略转型探析［J］．中央民族大学学报（哲学社会科学版），2019，46（3）：5－14.

② 中共中央，国务院．乡村振兴战略规划（2018～2020年）［N］．人民日报，2018－9－27（1）.

参考文献

[1] [美] 阿瑟·奥肯，王奔洲译．平等与效率：重大抉择 [M]．华夏出版社，1987：68.

[2] 奥斯卡·刘易斯．五个家庭：墨西哥贫困文化案例研究 [M]．上海译文出版社，1959.

[3] 白燕，李静．新疆生态移民城镇化效应研究 [J]．新疆社会科学，2016 (5)：49－55.

[4] 白永秀，宁启．易地扶贫搬迁机制体系研究 [J]．西北大学学报（哲学社会科学版），2018，48 (4)：62－74.

[5] 蔡昉，王德文，都阳．中国农村改革与变迁：30年历程和经验分析 [M]．格致出版社，2008：223.

[6] 查尔斯·J. 福克斯，休·T. 米勒．后现代公共行政——话语指向 [M]．楚艳红译，中国人民大学出版社，2005：52.

[7] 陈全功，程蹊．关于减贫的可持续性问题的探讨 [J]．湖北社会科学院，2015 (9)：80－85.

[8] 陈胜东，蔡静远，廖文梅．易地扶贫搬迁对农户减贫效应实证分析——基于赣南原中央苏区农户的调研 [J]．农林经济管理学报，2016，15 (6)：632－640.

[9] 陈锡文．以新型城镇化与新农村建设双轮推进城乡一体化 [J]．求索，2017 (11)：4－10.

[10] 陈小君，蒋省三．宅基地使用权制度：规范解析、实践挑战及

其立法回应［J］. 管理世界，2010（10）：1－12.

［11］陈政，陈思华. 山地特色新型城镇化研究［M］. 成都：西南财经大学出版社，2016（7）：13.

［12］谌新民，周文良. 农业转移人口市民化成本分担机制及政策涵义［J］. 华南师范大学学报（社会科学版），2013（5）：134－141＋209.

［13］程丹，王兆清，李富忠. 易地扶贫搬迁研究——以山西省五台县为例［J］. 天津农业科学，2015，21（1）：70－73.

［14］单卓然，黄亚平. "新型城镇化"概念内涵、目标内容、规划策略及认知误区解析［J］. 城市规划学刊，2013（2）：16－22.

［15］丁文. 论土地承包权和土地经营权的分离［J］. 中国法学，2015（3）：159－167.

［16］董晓峰，杨春志，刘星光. 中国新型城镇化理论探讨［J］. 城市发展研究，2017，24（1）：26－34.

［17］段成荣. 人口迁移研究理论与方法［M］. 重庆：重庆出版社，1998.

［18］方少勇. 拉文斯坦移民法则与我国人口的梯级迁移［J］. 当代经济，2009（3）：44－46.

［19］方素梅. 易地搬迁与民族地区反贫困实践——以广西环江毛南族自治县为例［J］. 西南民族大学学报（人文社科版），2018，39（9）：8－15.

［20］费孝通. 爱我家乡［M］. 群言出版社，1996：59.

［21］费孝通. 乡土中国［M］. 北京：人民出版社，2008.

［22］冯丹. 城镇化中迁移人口的社会建构［M］. 北京：中国工人出版社，2016（12）：24.

［23］冯有兰. 中国哲学简史［M］. 天津：天津社会科学学院出版社，2008.

［24］高飞. 中国农业转移人口市民化政策研究［M］. 北京：科学出版社，2016，10：71.

[25] 戈大专，龙花楼，屠爽爽，李裕瑞．新型城镇化与扶贫开发研究进展与展望［J］．经济地理，2016，36（4）：22－28＋5．

[26] 耿敬杰，汪军民．易地扶贫搬迁与宅基地有偿退出协同推进机制研究［J］．云南社会科学，2018（2）：109－116．

[27] 辜胜阻，简新华．当代中国人口流动与城镇化［M］．武汉大学出版社，1994．

[28] 辜胜阻．新型城镇化与经济转型［M］．科学出版社，2014：145．

[29] 广西壮族自治区人力资源和社会保障厅课题组．广西农民工社会保障调查研究报告［J］．人事天地，2014（8）：6－9．

[30] 郭剑平，施国庆．环境难民还是环境移民——国内外环境移民称谓和定义研究综述［J］．南京社会科学，2010（11）：93－98．

[31] 郭梦霞，陈子琪，董俊芳．从社区行为视角看拆迁安置社区的治理困境及出路［J］．黑龙江农业科学，2017（12）：88－93．

[32] 何得桂．山区避灾移民搬迁政策执行研究：陕西的表述［M］．北京：人民出版社，2016．

[33] 何得桂．西部山区避灾扶贫移民型社区管理创新研究——基于安康的实践［J］．国家行政学院学报，2014（3）：97－101．

[34] 何玲玲，吕翠丽．广西易地扶贫搬迁与人口市民化耦合机制研究［J］．玉林师范学院学报，2018，v.39；No.186（1）：52－57．

[35] 贺立龙，郑怡君，胡闻涛．如何提升易地搬迁脱贫的精准性及实效——四川省易地扶贫搬迁部分地区的村户调查［J］．农村经济，2017（10）：80－85．

[36] 贺立龙，郑怡君，胡闻涛，於泽泉．易地搬迁破解深度贫困的精准性及施策成效［J］．西北农林科技大学学报（社会科学版），2017，17（6）：9－17．

[37] 侯芮．贫困代际传递的理论分析［J］．商，2015（25）：295．

[38] 胡卫华．西部城镇化和农业现代化相互协调发展研究［M］．北京：中国社会科学出版社，2017（12）：25．

[39] 黄开腾. 新型城镇化推进精准扶贫：内在逻辑及实现途径 [J]. 西部论坛，2018，28 (1)：29-37.

[40] 黄锟. 深化户籍制度改革与农民工市民化 [J]. 城市发展研究，2009，16 (2)：97-104.

[41] 黄普绵. 贫困山区易地搬迁推进城镇化建设的思考 [J]. 新经济，2014 (20)：55-56.

[42] 黄启学；凌经球. 滇桂黔石漠化片区贫困农民可持续生计优化策略探究 [J]. 西南民族大学学报 (人文社科版)，2015，36 (5)：30-37.

[43] 黄祖辉等. 推进工业化、城镇化和农业现代化协调发展 [J]. 中国农村经济，2013：3.

[44] 纪春艳，张学浪. 新型城镇化中农业转移人口市民化的成本分担机制建构——以利益相关者、协同理论为分析框架 [J]. 农村经济，2016 (11)：104-109.

[45] 贾康，孙洁. 公私伙伴关系 (PPP) 的概念、起源、特征与功能 [J]. 财政研究，2009 (10)：2-10.

[46] 解安，朱慧勇. 新型城镇化：内涵式城镇化发展之路 [J]. 中国党政干部论坛，2013 (12)：97-98.

[47] 景喆，李新文，高举廷. 西部易地扶贫搬迁管理模式与村镇建设——以甘肃省靖远县刘川乡为例 [J]. 小城镇建设，2007 (6)：62-65.

[48] 赖光宝，赵邦宏. 基于"推拉理论"的农村人口流动原因探讨——以河北省为例 [J]. 商业经济研究，2015 (17)：48-49.

[49] 李博，左停. 遭遇搬迁：精准扶贫视角下扶贫移民搬迁政策执行逻辑的探讨：以陕南王村为例 [J]. 中国农业大学学报 (社会科学版)，2016，33 (2)：25-31.

[50] 李倩，李小云. "分类"观念下的内倾性社会交往：失地农民市民化的困境 [J]. 思想战线，2012 (5)：43-47.

[51] 李雯. 易地扶贫搬迁面临的困境及其破解——基于山西部分贫困乡村的调研分析 [J]. 中共山西省委党校学报，2017，40 (4)：50-53.

[52] 李迎生．社会转型与社会保障——工业化国家现代社会保障制度演变的启示 [J]. 学海，2004 (2)：64 - 69.

[53] 李宇军，张继焦．易地扶贫搬迁必须发挥受扶主体的能动性——基于贵州黔西南州的调查及思考 [J]. 中南民族大学学报（人文社会科学版），2017，37 (5)：156 - 159.

[54] 李忠斌，郑甘甜．民族地区新型城镇化发展的现实困境与模式选择 [J]. 民族研究，2017 (5)：27 - 41 + 124.

[55] 凌经球．可持续脱贫：新时代中国农村贫困治理的一个分析框架 [J]. 广西师范学院学报（哲学社会科学版），2018，39 (2)：97 - 111.

[56] 凌经球．乡村振兴战略背景下中国贫困治理战略转型探析 [J]. 中央民族大学学报（哲学社会科学版），2019，46 (3)：5 - 14.

[57] 刘冷．我国户籍制度改革的困境及对策建议 [J]. 改革与开放，2011 (8)：11.

[58] 柳建文．新型城镇化背景下少数民族城镇化问题探索 [J]. 西南民族大学学报（人文社会科学版），2013，34 (11)：16 - 22.

[59] 龙翠红，易承志．新型城镇化与城市发展方式转型：动因分析与路径选择 [J]. 经济问题探索，2014 (7)：28 - 36.

[60] 龙花楼，屠爽爽，戈大专．新型城镇化对扶贫开发的影响与应对研究 [J]. 中国科学院院刊，2016，31 (3)：309 - 319.

[61] 卢庆芳．四川民族地区新型城镇化发展研究 [M]. 北京：北京理工大学出版社，2017 (9)：29.

[62] 吕翠丽，何玲玲．易地扶贫搬迁与新型城镇化耦合发展研究 [J]. 经济师，2018 (9)：14 - 16.

[63] 吕翠丽，何玲玲．易地扶贫搬迁与新型城镇化耦合发展研究 [J]. 经济师，2018，No. 355 (9)：16 - 18.

[64] 罗必良等．产权强度、土地流转与农民权益保护 [M]. 经济科学出版社，2013.

[65] 马流辉．易地扶贫搬迁的“城市迷思”及其理论检视 [J]. 学

习与实践，2018（8）：87－94.

[66] 毛丹．赋权、互动与认同：角色视角中的城郊农民市民化问题[J]．社会学研究，2009（4）：28－60.

[67] 梅丽，倪新生．新型城镇化的内涵与特征[J]．市场周刊，2019（1）：172－173.

[68] 宁静，殷浩栋，汪三贵，王琼．易地扶贫搬迁减少了贫困脆弱性吗？——基于8省16县易地扶贫搬迁准实验研究的PSM－DID分析[J]．中国人口·资源与环境，2018，28（11）：20－28.

[69] 牛文元，毛志锋．可持续发展理论的系统解析[M]．武汉：湖北科学技术出版社，1998.

[70] 潘建伟．中国牧区经济社会发展研究[M]．中国经济出版社，2010：141.

[71] 彭玮．当前易地扶贫搬迁工作存在的问题及对策建议——基于湖北省的调研分析[J]．农村经济，2017（3）：26－30.

[72] 乔宇．生态贫困视域下民族生态脆弱地区减贫研究——以武陵山片区为例[J]．贵州民族研究，2015（2）：125－128.

[73] 色音，张继焦．生态移民的环境社会学[M]．北京：民族出版社，2009：7.

[74] 石宏伟．中国城乡二元化社会保障制度的改革和创新[M]．北京：中国社会科学出版社，2008（9）：139.

[75] 世界自然保护同盟，联合国环境规划署，世界野生生物基金会．保护地球[M]．北京：中国环境科学出版社，1992.

[76] 宋连胜，金月华．论新型城镇化的本质内涵[J]．山东社会科学，2016（4）：47－51.

[77] 孙永珍，高春雨．新时期我国易地扶贫搬迁安置的理论研究[J]．安徽农业科学，2013，41（36）：14095－14098.

[78] 孙永正．加快新型城镇化进程的困境与对策[J]．经济问题，2017（2）：56－62.

［79］唐兴和．从贫困到跨越的战略抉择——甘肃新型城镇化道路研究［J］．兰州大学学报（社会科学版），2014，42（4）：97－106.

［80］唐志红．基于人口空间分布特征的新型城镇化路径分析——以四川省为例［J］．西北农林科技大学学报（社会科学版），2015，15（1）：54－58＋64.

［81］王琛．从利益相关者理论解读农业转移人口市民化［J］．经济社会体制比较，2015（3）：81－91.

［82］王春光．中国职业流动中的机会不平等问题研究［J］．中国人口科学，2003（2）：1－13.

［83］王春蕊．易地扶贫搬迁困境及破解对策［J］．河北学刊，2018，38（5）：146－151.

［84］王宏新，付甜，张文杰．中国易地扶贫搬迁政策的演进特征——基于政策文本量化分析［J］．国家行政学院学报，2017（3）：48－53＋129.

［85］王金涛，陈琪．动员力度、心理聚合与搬迁绩效——以陇中某地易地搬迁为例［J］．中国行政管理，2016（9）：82－87.

［86］王静．深度贫困地区易地扶贫搬迁及政府精准扶贫策略分析——以山西省吕梁市兴县精准扶贫成效第三方评估分析为例［J］．沈阳农业大学学报（社会科学版），2018，20（1）：6－10.

［87］王谦．城乡公共服务非均等：原因分析与政策取向［J］．经济理论与政策研究，2008：72－89.

［88］王谦，吴楠楠．改变城乡二元制度是实现城乡公共服务均等化的关键［J］．经济论坛，2011（7）：12－14.

［89］王曙光．易地扶贫搬迁与反贫困：广西经验模式研究［J/OL］．西部论坛：1－13［2019－06－27］．http：//kns.cnki.net/kcms/detail/50.1200.C.20190606.1015.002.html.

［90］王晓毅．易地扶贫搬迁方式的转变与创新［J］．改革，2016（8）：71－73.

［91］王美艳，蔡昉．进一步促进户籍制度改革的着手点［J］．学术

界，2009（1）：306-306.

[92] 王艳飞，刘彦随，李裕瑞．环渤海地区城镇化与农村协调发展的时空特征[J]．地理研究，2015，34（1）：122-130.

[93] 王应春．破解城乡二元体制对公共服务均等化的制约路径探析[J]．现代妇女（下旬），2014（10）：107-108.

[94] 王志章，刘天元．连片特困地区农村贫困代际传递的内生原因与破解路径[J]．农村经济，2016（5）：74-79.

[95] 魏文松，宋才发．民族地区易地扶贫搬迁方略的实施及法治举措探讨[J]．广西社会科学，2018（7）：120-124.

[96] 文兵．如何处理好易地扶贫搬迁与新型城镇化和农业现代化的关系[N]．中国民族报，2017-01-06（8）.

[97] 邬巧飞．人的城镇化及实现路径研究[J]．求实，2015（2）：65-70.

[98] 邬巧飞，邹丽萍．人的城镇化及其实现路径探论——马克思主义人学的视角[J]．理论导刊，2014（11）：8-10.

[99] 吴丰华，于重阳．易地移民搬迁的历史演进与理论逻辑[J]．西北大学学报（哲学社会科学版），2018，48（5）：112-120.

[100] 吴江．城乡统筹视阈下中国新型城镇化的路径选择——基于重庆的实证[M]．西南大学出版社，2014：132.

[101] 吴莹．城镇化视阈下少数民族搬迁移民的时空重构与文化变迁[D]. 2016.

[102] 夏丽霞，高君．新生代农民工进城就业问题与市民化的制度创新[J]．农业现代化研究，2011，32（1）：4-45.

[103] 谢文慧，邓卫．城市经济学[M]．北京：清华大学出版社，1996.

[104] 徐锡广，申鹏．易地扶贫搬迁移民的可持续性生计研究——基于贵州省的调查分析[J]．贵州财经大学学报，2018（1）：103-110.

[105] 徐晓军．“四化同步”发展新型城镇化：主要困境及推进路径

[J]. 江汉大学学报（社会科学版），2015，32（1）：13-19+122.

[106] 徐选国，杨君. 人本视角下的新型城镇化建设：本质、特征及其可能路径 [J]. 南京农业大学学报（社会科学版），2014，14（2）：15-20.

[107] 严志强. 广西小城镇可持续发展研究 [M]. 桂林：广西师范大学出版社，2007（5）.

[108] 杨静，张光源. 推进“三个同步转变”的新型城镇化——以农民工市民化为突破口 [J]. 中州学刊，2014，No. 210（6）：41-46.

[109] 杨静. 中国新型城镇化发展路径探析 [J]. 学术交流，2014（7）：111-116.

[110] 杨菊华. 中国流动人口经济融入 [M]. 北京：社会科学文献出版社，2013：113.

[111] 姚巧华. 贫困地区推进新型城镇化的政策取向——以河南省为例 [J]. 学习论坛，2014，30（2）：30-33.

[112] 姚士谋，张平宇，余成，李广宇，王成新. 中国新型城镇化理论与实践问题 [J]. 地理科学，2014，34（6）：641-647.

[113] 叶青，苏海. 政策实践与资本重置：贵州易地扶贫搬迁的经验表达 [J]. 中国农业大学学报（社会科学版），2016，33（5）：64-70.

[114] 于瑞红. 经济新常态下新型城镇化发展的推进路径 [J]. 经济纵横，2016（9）：58-60.

[115] 余江，叶林. 中国新型城镇化发展水平的综合评价：构建、测度与比较 [J]. 武汉大学学报（哲学社会科学版），2018，71（2）：145-156.

[116] 曾小溪，汪三贵. 打赢易地扶贫搬迁脱贫攻坚战的若干思考 [J]. 西北师大学报（社会科学版），2019，56（1）：123-131.

[117] 曾小溪，汪三贵. 易地扶贫搬迁情况分析与思考 [J]. 河海大学学报（哲学社会科学版），2017，19（2）：60-66+91.

[118] 张晨. 城市化进程中的“过渡型社区”：空间生成、社会整合

与治理转型［M］. 广州：广州人民出版社，2014（4）：170.

［119］张红霞，田建华. 生态移民和城镇化发展探析——以商洛市为例［J］. 西部财会，2018，No. 423（6）：76－78.

［120］张建军. 中国西部区域发展路径——层级增长极网络化发展模式［M］. 科学出版社，2010：125－127.

［121］张建. 运动型治理视野下易地扶贫搬迁问题研究——基于西部地区X市的调研［J］. 中国农业大学学报（社会科学版），2018，35（5）：70－80.

［122］张曼，杨燕绥，王巍. 论社会保障内涵［J］. 学术论坛，2010（6）：94－96.

［123］张明斗. 新型城镇化面临的潜在危机与治理方向——以农村病、城镇病和城市病为研究链条［J］. 郑州大学学报（哲学社会科学版），2015，48（2）：71－75.

［124］张明珠. 新型城镇化下基本公共服务均等化探讨［J］. 宏观经济管理，2016（2）：64－66.

［125］张卫，糜志雄. 我国新型城镇化的发展趋势、挑战及对策［J］. 宏观经济管理，2018（8）：47－53.

［126］赵强社. 城乡基本公共服务均等化制度创新研究［M］. 北京：中国农业出版社，2014（12）.

［127］赵双. 易地扶贫搬迁在推进城镇化进程中面临的主要问题及对策探析——以X乡为例［J］. 小城镇建设，2018，36（12）：11－17.

［128］郑娜娜，许佳君. 易地搬迁移民社区的空间再造与社会融入——基于陕西省西乡县的田野考察［J］. 南京农业大学学报（社会科学版），2019，19（1）：58－68＋165.

［129］中共中央，国务院. 乡村振兴战略规划（2018～2020年）［N］. 人民日报，2018－09－27（1）.

［130］中国（海南）改革发展研究院. 人的城镇化——40余位经济学家把脉新型城镇化［M］. 北京：中国经济出版社，2013（6）：37.

[131] 中华人民共和国国家发展和改革委员会. 易地扶贫搬迁“十二五”规划 [Z]. 2012-07-25.

[132] 周恩宇, 卯丹. 易地扶贫搬迁的实践及其后果——一项社会文化转型视角的分析 [J]. 中国农业大学学报 (社会科学版), 2017 (2).

[133] 朱金鹤, 崔登峰. 城乡公共服务均等化实现机理与路径研究——基于新疆视角 [M]. 北京: 经济管理出版社, 2016 (1): 15.

[134] 朱婷, 何得桂. 摆脱贫困: 西部地区易地扶贫搬迁质量提升机制研究 [J]. 特区经济, 2018 (5): 43-46.

[135] 邹英, 向德平. 易地扶贫搬迁贫困户市民化困境及其路径选择 [J]. 江苏行政学院学报, 2017 (2): 77-82.

[136] Amacher G, Hydes. Migration and theenvironment: the case of Philippine Up lands [J]. Journal of Philippine Development, 1996, 23 (2): 75-78.

[137] Amacher G S, Gruz W, Donald L G, etal. Environmental motivations formigration: population pressure, poverty and deforestation in the Philippines [J]. Land Economics, 1998, 74 (1): 92-101.

[138] Ashok Swain, “Environmental Migration and Conflict Dynamics: Focus on Developing Regions”, Third World Quarterly, Vol. 117, No. 5, 1996.

[139] Banfield Edward C. The Moral Basis of a Backward Society [M]. New York: Free Press, 1958: 156.

[140] Beeker Gary and Nigel Tomes. “Human Capital and the Rise and Fall of Families”, Journal of Labor Economics, Vol. 3, 1986.

[141] Bruce C Glavovic, Saskia Boonzaier. Confronting coastal poverty: building sustainable coastal livelihoods in South Africa [J]. Ocean&Coastal Management, 2007, 50 (1/2): 1-23.

[142] Carolyn transnational urbanism in the reform-era Chinese city: landscapes form shenzhen [J]. urban studies, 2002 (9): 1513-1532.

[143] Chambers R, Conway G R. Sustainable rural livelihoods: Practical-

conceptsfor the 21st century [J]. IDS Discussion Paper NO. 296. Brighton, insti.

[144] Choprak, Gulatisc. Environmental degradation, property rights and population movement: hypothesis and evidenc from Rajasthan [J]. Environment and Resource Economiics, 1997, 9 (4): 383 - 408.

[145] E. Durkhein, Suicide, Free Press, 1951, p. 12.

[146] Essam EI-hinnawi. Environmental Refugees [Z]. Nairobi: UNEP, 1985.

[147] Essam El - Hinnawi, Environmental Refugees, Nairobi Kenya: United Nations Environment Programme, 1985)、(Norman Myers, "Environmental Refugees", Population and Environment, Vol. 19, No. 2, 1997).

[148] Everett S. Lee. Atheory of migration [J]. Demography, 1966 (1): 47 - 57.

[149] Graeme Hugo. "Environmetal Concerns and International Migration", International Migration Review, Vol. 30, No. 1, 1996.

[150] Hirsch. Urban economic analysis [M]. New York: McGraw - Hill, 1973.

[151] International Organization for Migration (IOM) [R]. Discussion Note: Immigration and the Environment, 2007 (11).

[152] Kym Anderson and Yujiro Hayami. The Political Economy of Agricultural Protection, East Asia in International Perspective [M]. Sidney London. Boston: Allen&Unwin in association with The Australia - Japan Research Center, Auustralian National University, 1986.

[153] Lester Brown, Mc Grath Patricia, and Bruce Stokes, "Twenty - Two Dimensions of the Population Problem" . Worldwatch Institute Worldwatch Paper 5, 1976.

[154] Markos Ezra. 埃塞俄比亚的生态恶化，农村贫困和人口迁移的分析 [R]. 2001. www. popcouncil. org/pdfs/wp/149. pdf.

[155] Mcdowwell C, De H A. Migration and sustainable livelihoods: a

criticalreview of the literature [J]. IDS Worlzing Paper, 1997, 100 (6): 512-514.

[156] Northam R M. Urban geography [M]. New York: Wiley, 1975.

[157] Ravenstein, E. G. the Law of Migration [J]. Lournalof the Royal Statistical Society, 1889 (2): 167-22.

[158] Samucl. Astouffer. intervening opportunitics [J]. Demography, 1940 (6): 845-867.

[159] Tisdale Eldridge H. The Process of Urbanization [J]. 1956.

[160] Wirth Louis. Urbanism as a way of life [J]. American journal of sociology, 1938: 1-24.